U0630992

陇上学人文存

LONGSHANG XUEREN WENCUN

陇上学人文存

郗慧民 卷

郗慧民 著 戚晓萍 编选

甘肃人民出版社

图书在版编目（ＣＩＰ）数据

陇上学人文存. 郗慧民卷 ／ 范鹏，马廷旭总主编；
郗慧民著；戚晓萍编选. -- 兰州：甘肃人民出版社，
2021.12（2024.1重印）
ISBN 978-7-226-05773-5

Ⅰ. ①陇… Ⅱ. ①范… ②马… ③郗… ④戚… Ⅲ.
①社会科学－文集 Ⅳ. ①C53

中国版本图书馆CIP数据核字(2021)第268550号

责任编辑：张　菁
封面设计：王林强

陇上学人文存·郗慧民卷

范鹏　马廷旭　总主编

郗慧民　著　戚晓萍　编选

甘肃人民出版社出版发行

（730030　兰州市读者大道568号）

德富泰（唐山）印务有限公司印刷

开本 890 毫米×1240 毫米　1/32　印张 10.625　插页 7　字数 252 千
2022 年 3 月第 1 版　　2024 年 1 月第 2 次印刷
印数：1001~3000

ISBN 978-7-226-05773-5　定价：60.00 元
（图书若有破损、缺页可随时与印厂联系）

《陇上学人文存》 第一辑

编辑委员会

名誉主任：陆　浩　刘伟平
主　　任：励小捷　咸　辉
副 主 任：张建昌　张瑞民　范　鹏
委　　员：张余胜　吉西平　魏胜文　高志凌
　　　　　张　炯　安文华　马廷旭

学术指导委员会

王希隆　王肃元　王洲塔　王晓兴　王嘉毅
傅德印　伏俊琏　李朝东　陈晓龙　张先堂
郝树声　贾东海　高新才　董汉河　程金城

总 主 编：范　鹏
副总主编：魏胜文　马廷旭

《陇上学人文存》第二辑

编辑委员会

名誉主任：刘伟平
主　　任：连　辑　咸　辉
副主任：张建昌　张瑞民　范　鹏
委　　员：张余胜　吉西平　魏胜文　高志凌
　　　　　张　炯　安文华　马廷旭

学术指导委员会

王希隆　王肃元　王洲塔　王晓兴　王嘉毅
傅德印　伏俊琏　李朝东　陈晓龙　张先堂
郝树声　贾东海　高新才　董汉河　程金城

总　主　编：范　鹏
副总主编：魏胜文　马廷旭

《陇上学人文存》第三辑

编辑委员会

名誉主任：刘伟平
主　　任：连　辑　张广智
副 主 任：张建昌　范　鹏　马成洋
委　　员：管钰年　吉西平　王福生　陈双梅
　　　　　朱智文　安文华　刘进军　马廷旭
　　　　　张亚杰　李树军

学术指导委员会

王希隆　王肃元　王洲塔　王晓兴　王嘉毅
傅德印　伏俊琏　李朝东　陈晓龙　张先堂
郝树声　贾东海　高新才　董汉河　程金城

总 主 编：范　鹏
副总主编：王福生　马廷旭

《陇上学人文存》第四辑

编辑委员会

名誉主任：刘伟平
主　　任：连　辑　　夏红民
副 主 任：张建昌　范　鹏　　高志凌
委　　员：管钰年　吉西平　王福生　陈双梅
　　　　　朱智文　安文华　刘进军　马廷旭
　　　　　张亚杰　李树军

学术指导委员会

王希隆　　王肃元　　王洲塔　　王晓兴　　王嘉毅
傅德印　　伏俊琏　　李朝东　　陈晓龙　　张先堂
郝树声　　贾东海　　高新才　　董汉河　　程金城

总 主 编：范　鹏
副总主编：王福生　　马廷旭

《陇上学人文存》第五辑

编辑委员会

名誉主任：林 铎
主　　任：梁言顺　夏红民
副 主 任：张建昌　范　鹏　彭鸿嘉
委　　员：管钰年　王福生　朱智文　安文华
　　　　　马廷旭　王俊莲　张亚杰　李树军

学术指导委员会

王希隆　王肃元　王洲塔　王晓兴　王嘉毅
傅德印　伏俊琏　李朝东　陈晓龙　张先堂
郝树声　贾东海　高新才　董汉河　程金城

总 主 编：范　鹏　王福生
副总主编：马廷旭

《陇上学人文存》 第六辑

编辑委员会

名誉主任：林　铎
主　　任：陈　青
副 主 任：范　鹏　彭鸿嘉　王福生
委　　员：管钰年　朱智文　安文华　马廷旭
　　　　　王俊莲　王　琦　方忠义　李树军

学术指导委员会

王希隆　王肃元　王洲塔　王晓兴　王嘉毅
田　澍　刘进军　伏俊琏　张先堂　陈晓龙
李朝东　郝树声　傅德印　程金城　蔡文浩

总 主 编：范　鹏　王福生
副总主编：马廷旭

编 辑 部 主 任：董积生　周小鹃
编辑部副主任：赵　敏　胡圣方
学 术 编 辑：丁宏武　丹　曲　王志鹏　艾买提
　　　　　　庆振轩　孙　强　李君才　李瑾瑜
　　　　　　汪受宽　郭国昌

《陇上学人文存》第七辑

编辑委员会

名誉主任：林　铎

主　　任：陈　青

副 主 任：范　鹏　　王成勇　　王福生　　陈富荣

委　　员：管钰年　　刘永升　　朱智文　　安文华
　　　　　马廷旭　　王俊莲　　王　琦　　尚友俊
　　　　　李树军

学术指导委员会

马建东　　王希隆　　王洲塔　　王海燕　　尹伟先
田　澍　　伏俊琏　　刘进军　　李朝东　　张先堂
陈晓龙　　郝树声　　傅德印　　程金城　　蔡文浩

总 主 编：范　鹏　　王福生　　陈富荣
副总主编：马廷旭

编 辑 部 主 任：董积生　　周小鹍
编辑部副主任：赵　敏　　胡圣方
学 术 编 辑：杨小兰　　杨光祖　　杜　琪　　李敬国
　　　　　　易　林　　看本加　　郝　军　　俞树煜
　　　　　　黄正林　　常红军

《陇上学人文存》第八辑

编辑委员会

名誉主任：林　铎
主　　任：陈　青
副 主 任：范　鹏　　王成勇　　王福生　　陈富荣
委　　员：刘永升　　安文华　　马廷旭　　王俊莲
　　　　　王　琦　　董积生　　李庆武　　李树军

学术指导委员会

马建东　　王宗礼　　王学军　　王海燕　　尹伟先
田　澍　　刘进军　　杨文炯　　张先堂　　陈晓龙
李朝东　　赵利生　　姜秋霞　　韩高年　　蔡文浩

总 主 编：范　鹏　　王福生　　陈富荣
副总主编：马廷旭

编 辑 部 主 任：周小鹃
编辑部副主任：赵　敏　　胡圣方
学 术 编 辑：王光辉　　王俊莲　　李天保　　何玉红
　　　　　　张先堂　　周玉秀　　屈直敏　　曹陇华
　　　　　　焦若水　　韩晓东

《陇上学人文存》第九辑

编辑委员会

主　　任：范　鹏　　王福生
委　　员：刘永升　　安文华　　马廷旭　　王俊莲
　　　　　王　琦　　董积生　　李树军　　李庆武

学术指导委员会

马建东　　王宗礼　　王学军　　王海燕　　尹伟先
田　澍　　刘进军　　杨文炯　　张先堂　　陈晓龙
李朝东　　赵利生　　姜秋霞　　韩高年　　蔡文浩

总 主 编：范　鹏　　马廷旭

编 辑 部 主 任：刘玉顺　　周小鹃
编辑部副主任：赵　敏　　胡圣方
学 术 编 辑：巨　虹　　买小英　　成兆文　　刘再聪
　　　　　　　何文盛　　王学军　　杨代成　　赵青山
　　　　　　　姚兆余　　胡　凯　　戚晓萍

总　序

陇者甘肃，历史悠久，文化醇厚。陇上学人，或生于斯长于斯的本地学者，或外来而其学术成就多产于甘肃者。学人是学术活动的主体，就《陇上学人文存》（以下简称《文存》）的选编范围而言，我们这里所说的学术主要指人文社会科学研究。《文存》精选中华人民共和国成立以来，甘肃人文社会科学领域成就卓著的专家学者的代表性著作，每人辑为一卷，或标时代之识，或为学问之精，或开风气之先，或补学科之白，均编者以为足以存当代而传后世之作。《文存》力求以此丛集荟萃的方式，全面立体地展示新中国为甘肃学术文化发展提供的良好环境和陇上学人不负新时代期望而为我国人文社会科学事业做出的新贡献，也力求呈现陇上学人所接续的先秦以来颇具地域特色的学根文脉。

陇原乃中华文明发祥地之一，人文学脉悠远隆盛，纯朴百姓崇文达理，文化氛围日渐浓厚，学术土壤积久而沃，在科学文化特别是人文学术领域的探索可远溯至伏羲时代，大地湾文化遗存、举世无双的甘肃彩陶、陇东早期周文化对农耕文明的贡献、秦先祖扫六合以统一中国，奠定了甘肃在中国文化史上始源性和奠基性的重要地位；汉唐盛世，甘肃作为中西交通的要道，内承中华主体文化熏陶，外接经中亚而来的异域文明，风云际会，相摩相荡，得天独厚而人才辈出，学术思想繁荣发达，为中华文明做出了重要贡献。

近代以来，甘肃相对于逐渐开放的东南沿海而言成为偏远之地，反而少受战乱影响，学术得以继续繁荣。抗日战争期间作为大后方，接纳了不少内地著名学府和学者，使陇上学术空前活跃。新中国成立之后，人文社会科学领域的专家学者更是为国家民族的新生而欢欣鼓舞，全力投入到祖国新的学术事业之中，取得了一大批重要的研究成果，涌现出众多知名专家，在历史、文献、文学、民族、考古、美学、宗教等领域的研究均居全国前列，影响广泛而深远。新中国成立之后，人文社会科学几次对当代学术具有重大影响的争鸣，不仅都有甘肃学者的声音，而且在美学三大学派（客观派、主观派、关系派）、史学"五朵金花"（史学在新中国成立之后重点研究的历史分期、土地制度史、农民战争史等五个方面的重点问题）等领域，陇上学人成为十分引人注目的代表性人物。改革开放以来，甘肃学者更是如鱼得水，继承并发扬了关陇学人既注重学理求索又崇尚经世致用的优良传统，形成了甘肃学者新的风范。宋代西北学者张载有言："为天地立心，为生民立命，为往圣继绝学，为万世开太平"，此乃中华学人贯通古今、一脉相承的文化使命，其本质正是发源于陇原的《易》之生生不已的刚健精神，《文存》乃此一精神在现代陇上得到了大力弘扬与传承的最佳证明。

《文存》启动于中华人民共和国成立六十周年之际，在选择入编对象时，我们首先注重了两个代表性：一是代表性的学者，二是代表性的成果，欲以此构成一部个案式的甘肃当代学术史，亦以此传先贤学术命脉，为后进立治学标杆。此议为我甘肃省社会科学院首倡，随之得到政界主要领导、学界精英与社会各界广泛认同与政府大力支持，此宏愿因此而得以付诸实施。

为保证选编的权威性，编委会专门成立了由十几位省内人文社会科学领域著名学者组成的专家指导委员会，并通过召开专题会议研讨、发放推荐表格和学术机构、个人举荐等多种方式确定入选者。为使读者对作者的学术成就、治学特色和重要贡献有比较准确和全面的了解，在出版社选配业务精良的责任编辑的同时，编委会为每一卷配备了一位学术编辑，负责选编并撰写前言。由于我院已经完成《甘肃省志·社会科学志》（古代至 1990 年卷，1990 至

2000 年卷）的编辑出版工作，为《文存》的选编提供了坚实的基础和基本依据，加之同行专家对这一时期甘肃人文社会科学发展的研究，使《文存》能够比较充分地反映同期内甘肃人文社会科学的基本状况。

我们的愿望是坚持十年，《文存》年出十卷，到 2019 年中华人民共和国成立七十周年之际达至百卷规模。若经努力此百卷终能完整问世，则从 1949 至 2009 年六十年间陇上学人以"人一之、我十之，人十之、我百之"的甘肃精神献身学术、追求真理的轨迹和脉络或可大体清晰。如此长卷宏图实为新中国六十年间甘肃人文社会科学全部成果的一个缩影，亦为此期间甘肃人文社会科学学术业绩的一次全面检阅，堪作后辈学者学习先贤的范本，是陇上学人献给祖国母亲的一份厚礼。此一理想若能实现，百卷巨著蔚为大观，《文存》和它所承载的学术精神必可存于当代，传之后世，陇上学人和学术亦可因此而无愧于我们所处的伟大时代，并有所报于生养我们的淳厚故土。

因我们眼界和学术水平的局限，选编过程中必定会出现未曾意料的问题，我们衷心期望读者能够及时教正，以使《文存》的后续选编工作日臻完善。

是为序。

2009 年 12 月 26 日

目 录

编选前言 ……………………………………………… 戚晓萍

"花儿"研究

"花儿"的格律和民间文学工作的科学性 ……………………… 003

临夏"花儿"艺术性的考察研究 ………………………………… 015

关于"花儿"的类型 …………………………………………… 041

"花儿"的内容与文学观念
　　——两种类型"花儿"对比研究之一 ……………………… 056

关于对西北民歌"花儿"的认识 ……………………………… 066

"花儿"的衬词 ………………………………………………… 084

多系统文化融合的结晶
　　——"花儿"渊源探寻 …………………………………… 102

感情浓烈撼人心肺的心灵之歌
　　——河州型爱情"花儿"的内容及其特点 ……………… 125

"花儿"的搜集整理和民间文学工作的科学性 ……………… 142

"花儿"研究与"花儿学" ……………………………………… 154

"花儿"物质民俗的文化内涵 ………………………………… 161

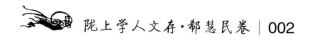

歌谣研究

甘肃草原歌谣 ……………………………………………… 183

甘肃歌谣概观 ……………………………………………… 192

从歌谣观念到歌谣的定义 ……………………………… 201

教学论

理论教学应当坚持科学性、系统性和实践性
　　——关于《文学概论》内容改革的探索 ……………… 217

关于研究生教学的思考和实践 ………………………… 226

附录一　专著及田野作业成果 ……………………… 234

花儿 ………………………………………………………… 234

西北花儿 …………………………………………………… 242

西北花儿学 ………………………………………………… 251

西北民族歌谣学 …………………………………………… 262

中国歌谣集成·甘肃卷 …………………………………… 270

附录二　郗慧民先生年谱 …………………………… 300

编选前言

引言

所谓"花儿"百年学术史，是指自 1925 年"北大"《歌谣周刊》发表袁复礼的文章《话儿》及其搜集的三十首"花儿"开始，直至当下的"花儿"研究历史。在 1949 年以前，从事"花儿"研究的著作唯有一部，即张亚雄先生编撰的《花儿集》，该著被誉为"花儿"研究第一书。"十七年"时期，由研究者个体完成的"花儿"著作编撰只有寥寥几部，分别是唐剑虹的"花儿"编撰处女作《西北回族民歌选》(1950 年)，紫辰整理的《青海民歌》(1951 年)，唐剑虹、周健编撰的《甘肃民歌选（第一辑）》(1953 年)，朱仲禄编撰的《花儿选》(1954 年)，唐剑虹、周健编撰的《甘肃民歌选（花儿）》(1956 年)，郗慧民编撰的《花儿》(1963 年)，雪犁编的《好不过毛泽东时代》(1966 年)，汪玉良编的《幸福的大道共产党开》(1966 年)。

在这段历史时期的"花儿"研究者中，地方学者集中发力。在这其中

图 1　1959 年郗慧民先生自画像

却有一位来自非"花儿"文化区的"他者"异军突起引人注目,相较于同期其他研究者,只有他直至 21 世纪初期,在"花儿"百年学术史余后的数个历史阶段每一阶段都有问鼎"花儿"研究金字塔尖的代表作问世。他便是郗慧民先生。可以说从《花儿》开始,郗慧民先生在"花儿"学科史上的学术地位已然奠定:佼佼拔萃、无可撼动——起步早、起点高,成果经典、育人成栋。

一、生平简介

先生郗慧民原名郗惠民,祖籍陕西省华阴县南洛村,1934 年 11 月 13 日出生于西安市,2007 年 1 月 22 日病逝于兰州市。

南洛村的郗姓家族历史悠久。由先生上溯五代,即他的天祖父经营中药材发了家,其十子分居十处,分别为大宅、二宅以至十宅。二宅

图 2　郗先生与母亲合影(1936 年 2 月摄于华阴县南洛)

由庄基高低之别又分为高二宅和低二宅,先生一支即为高二宅后代。又因先生父亲自幼过继给八宅,故先生又属八宅之后。先生的父亲名之云,是京师大学堂师范馆 1923 年 6 月第十一届毕业生(1923 年 7 月该校改组为国立北平师范大学——编者注),毕业后曾先后在陕西省的教育界、军政界任职,1944 年去世。先生的父亲曾编

辑、撰写过人文历史方面的著作和论文，比如有 1933 年 12 月的《陕西推行体育之过去情形与将来计划》，1936 年的《临潼名胜古迹考》。先生的母亲叫赵雅亭，是先生父亲的续弦。郗先生的原生家庭有良好的教育传统和革命传统，家里的孩子除了参军就是读书，不论男女都接受过良好教育。除了两位早逝的姐姐，兄妹中有抗战前参加革命的副部级老革命，有 1948 年即毕业于军医学校大学部的、享受国务院"特贴"的儿科专家，有中学和大学教师，有厂矿企业的工程师和管理者。就郗先生个人而言，他是家中男孩里最小的一位，虽然在 10 岁前失去了父亲，但仍接受了系统的现代教育。1949 年 6 月，他在西安市百花村小学完成了小学学业，这时距他父亲去世已经过去了 5 个年头。郗先生的父亲生前出任过国民政府的县长，这个身份在一段历史时期内曾给郗先生带来很大影响。1949 年至 1953 年，先生在西北大学附中浐灞中学完成了中学学习，其中初中和高中的学制各两年。1953 年 7 月，先生进入西北大学中文系学习，在那里度过了四年大学时光。1957 年大学毕业后，因工作分配来到兰州。

　　1957 年，郗先生进入甘肃人民出版社工作，同年 12 月任甘肃人民出版社文艺编辑。1958 年"八一"建军节与陈泽翠（1935.11—2010.7）结为伉俪。陈先生出身于浙江吴兴陈氏望族，祖父陈其大（元章），父亲陈祖与（号财夫，又名陈宝骅）。陈先生幼时在上海生活，1943 年元月举家迁往重庆，抗战胜利后返回上海。1950 年元月在抗美援朝运动中加入中国人民解放军，经上海市保送到解放军武汉电讯工程专科学校（后改名为解放军第四通信学校）学习无线电工程，1951 年 11 月毕业。1953 年元月退伍，分配到北京市中央气象局工作。1957 年 12 月支援大西北，调至甘肃人民出版社担任校对和编辑工作。1962 年 11 月郗先生与陈先生唯一的孩子郗萌出生。

　　1968 年底，郗先生夫妻二人被下放至甘肃省武都地区武都县

图 3 郗先生一家三口（1963 年 10 月摄于甘肃人民出版社家属院）

"五七"干校劳动。刚满 6 岁的郗萌被独自一人留在兰州,当时他刚上小学二年级,在兰州市城关区东岗西路第二小学上学。1972 年,郗先生夫妻二人调任甘肃省武都县汉王公社文艺宣传队指导老师。1973 年,郗先生调回兰州,在《甘肃文艺》月刊编辑部(后改名《飞天》杂志社)任理论编辑,陈先生则继续留在汉王公社。此时的郗萌已经 11 岁,独自一人在兰州生活了 5 年,升入兰州第十四中学读初一了。又过了一年,郗萌初中毕业(当时初中学制两年),于 1974 年底来到武都县汉王公社沧源大队插队,直到 1977 年又回到兰州市第十八中学上学。陈先生则在汉王公社待到了 1978 年,在这一年郗先生夫妻二人调至西北民族学院汉语系任教。此时,分别了十年的一家三口才再次团聚。

自此以后,郗先生的工作和生活逐渐回归正常,科研工作再次启航,进入研究成果采撷丰产期,也培养、带动了一批青年科研人才进入"花儿"研究的行列。在西北民族学院开始教学工作的郗先生,主要讲授《文学理论》《歌谣学》《花儿学》和《写作学》等课程;陈先生主要从事马列文论与美学的教学科研工作。其中郗先生在 1978 年至 1982 年任西北民族学院学报编辑部副主任,是西北民族学院学报创始人之一;其后又担任西北民族学院教授、硕士生导师;自 1992 年起享受国务院批准的政府特殊津贴。郗先生还曾担任过一些社会职务,包括:甘肃省民间文艺家协会常务理事、甘肃省花儿研究协会副会长等。

二、学术成就

早在大学学习期间,郗先生就博学强记,尤其在文艺学方面打下了坚实的理论基础;在甘肃人民出版社长期从事编辑工作的经历又使他的文艺鉴别能力和文字功力得到了很好的锻炼。这些都为他从事"花儿学""歌谣学"的研究工作奠定了良好的基础,也影响到他学术成果的完成方式——编撰与著述并重。

就学术著作而言,郗慧民先生的代表性成果有编撰性著作《花儿》《西北花儿》《中国歌谣集成·甘肃卷》,和著述性著作《西北花儿学》《西北民族歌谣学》。就学术论文而言,先生的代表性成果主要分为三类,一是"花儿"研究论文,二是歌谣研究论文,三是教学实践研究论文。此外在个人学术生涯早期,先生发表过文艺学研究论文,还为连环画《李贡》写过文学脚本。

20世纪50年代中期,郗先生在大学就读期间与同学们合办校内刊物《长风报》,并担任主编。自那时起,郗先生在文艺创作、编辑方面的才华已渐渐显露,及至大学毕业被分配到甘肃人民出版社。担任专业编辑后郗先生如鱼得水,开始文学评论的研究和写作。其后,根据工作需要,步入"花儿"辑录、研究的行列。从一个不知"花儿"为何物的异乡人,直至成长为一名具有里程碑意义的著名的"花儿学"专家。

郗慧民先生自大学毕业进入甘肃人民出版社工作后,首先就接受了担任由季成家等编选的《青海山歌》一书责任编辑的工作。接着"接受了编辑一本能代表'花儿'基本面貌的'花儿'选本的任务"(曲子贞,1988),从此走上了"花儿"研究的道路。1963年9月,甘肃人民出版社出版了由郗慧民先生编选的《花儿》。全书收录"花儿"例词700余首,在编排体例上采用先一分为二,再一分为三的结构设置。即将所选"花儿"区分为临夏"花儿"和洮岷"花儿"两大类，每一类又以时间、内容为序区分为解放前部分、解放后部分、情歌三辑（第六辑为莲花山情歌对唱），全书共六辑。《花儿》不但成为郗先生从事"花儿"研究的学术起点，更以其突出的时代价值、学术价值奠定了郗先生在"花儿"百年学术史中的第二阶段——"十七年"时期的学术领先地位。

《花儿》出版后获得有关领导的高度赞扬，在学界也获得好评。当时分管中央意识形态工作的胡乔木同志对这本书高度赞扬，他在1964年向负责民间文学工作的贾芝同志建议将《花儿》重版，"选入你们的丛书"。他对贾芝同志说：

> 甘肃人民出版社出版的《花儿》编得还好，我很感兴趣。作品选得还好。如莲花山庙会有情歌对唱。这些情歌表现的感情相当真诚……这本书引起我很大兴趣……我不知道何其芳同志看到这些花儿没有，他要看到了我想一定很高兴。何其芳同志所说的三个字的尾，两个字的尾，有固定的规格。这些民歌里就是这样。第二、第四句里是两个字结尾，从这本书里选的民歌看，这种民歌是很特别的。我发现了这种情况很高兴。中国民歌、《诗经》是四言，现在怎么一下变成七言的？是不是中国没有其他体裁？从花儿里可以看到诗歌形式的某些变化。①

贺川（此为化名，即当时在《民间文学》编辑部工作的吴超——编者注）在《文学评论》1964年第3期撰文，向广大读者推介这本书。他说：

> 我们介绍这本书，不仅因为在我国的民歌中，"花儿"有

---

① 魏泉鸣著：《中国"花儿"学史纲》，兰州：甘肃人民出版社，2005年，第140—141页。

独特的思想艺术成就,同时也因为这个集子编得比较好,有它自己的特色。编者广泛地搜集了甘肃地区的新旧"花儿"的材料,经过较严格的选择与适当的编排,才汇集成书。因此,摆在读者面前的,可以说是一本比较能够代表甘肃"花儿"基本面貌的集子。我们从这本书中可以听到这些地区的劳动人民在旧社会里的苦痛的呼声和愤怒的抗议,以及他们向往美好生活与追求自由、追求真挚的爱情的歌唱;我们更可以看到解放了的广大群众对党和毛主席的满腔热情的赞颂,看到他们在建国以来各个时期的革命激情的表达。这不是一本很厚的书,但它从不少重要方面,表现了人民群众在新旧社会的截然不同的遭遇,表现了他们的生活和斗争,更表现了他们崭新的精神面貌,并且大多表现得十分鲜明、生动,很有诗意,给读者留下了深刻的印象。

可以说《花儿》成就了郗先生,但同时它也使郗先生本就多舛的命运变得举步维艰。由于众所周知的原因,在那个时代,《花儿》不但重版如泥牛入海再无音讯,而且仅出版数月就被停止发行,更成为给它的编者罪加一等、罗织罪名的力证。直到1984年,郗先生以《花儿》为基础,选编了一本《西北花儿》,作为内部资料铅字印刷,才使《花儿》时隔二十余年重见天日。新版的《西北花儿》与老版的《花儿》相比有几个变化,一是选编数量加大,由初版的700余首扩充至916首,新增作品主要来自于文献搜集和友人提供;二是选编体例做了微调,将第六辑由原来的《莲花山情歌对唱》更改为《洮岷风情》;三是选编内容做了删减、增补的改动。

自1978年以来,郗先生在"花儿"研究的方法上有了突破,从以往的文献法转变为文献与田野调查相结合的研究方法。新的研究方法的采用,使得郗先生在"花儿"采集、研究方面如虎添翼。加之重获新生的个人际遇、欣欣向荣的社会氛围、奋发向上的工作环境、温馨和谐的家庭生活等诸多积极因素的影响，郗先生在 20 世纪 80 年代进入"花儿"研究高产期。相继发表了论文《"花儿"的格律和民间文学工作的科学性》（1980 年），《临夏"花儿"艺术性的考察研究》（1982年），《关于"花儿"的类型》（1984 年），《关于对西北民歌"花儿"的认识》（1986 年），《"花儿"的内容与文学观念——两种类型"花儿"对比研究之一》（1987 年），《"花儿"的衬词》（1987 年），《多系统文化融合的结晶"花儿"渊源探寻》（1988 年），《感情浓烈撼人心肺的心灵之歌——河州型爱情"花儿"的内容及其特点》（1989 年）。并且于 1989年出版了《西北花儿学》。它首次以专著的形式提出"花儿学"这一学科称谓，是第一部富有开拓性、建设性的"花儿学"专著，对于"花儿学"的学科发展意义非凡。这部 30 多万字的著作全面、系统地论述"花儿"，建构了相对完整的花儿研究理论体系，引导读者建立"花儿"认识的系统化和科学化，成为一定历史时期内人们从事"花儿"学习、研究的教科书式读物。它以资料的丰富、分析的细致和论证的科学赢得了学术界的一致好评，奠定了郗先生在"花儿"研究史上的学术地位。曲子贞先生从学科建设的角度对《西北花儿学》一书大加肯定。他说："过去我曾有过一些想法，花儿流行的地区这么多（甘、宁、青、新），历史又这么久远，回族、东乡族、保安族、撒拉族还有部分汉族、藏族对它又是那么热爱，内容那么多彩，曲调又是那么丰富……为什么不能专门创建一门学科，来用科学的态度研究它。我的想法提出后响应的人不少，成果也有，郗慧民同志的《西北花儿学》就是个突出的例子。"①花儿学术史研究专家魏泉鸣先生认为《西北花儿学》是"至今还

①曲子贞：《风雨世纪行 曲子贞文集》，北京：中国文联出版公司，1995 年，第 496 页。

处于重要地位的一部有影响颇受评论家青睐的划时代意义的力作，是作者花儿学理论研究的代表作"①。西北民族大学的傲东白力格老师借鉴《西北花儿学》中讲到的"花儿"构思方式，提出了青海蒙古族民间歌谣的兴体构思方式，并指出"以前在很长的时间里，不少著述对歌谣的社会意义阐释较多，而对歌谣本身的艺术构思方式做专门研究却很少。郗慧民先生在他的《西北花儿学》一书中富有创造性的独特研究。开拓了这个新领域"②。一些工具书也对《西北花儿学》高度肯定。据《甘肃省志·社会科学志（古代至1990卷）》记载："匡扶、王沂暖高度评价该书是关于花儿研究的'富有开拓性、建设性的力作''前所未有的研究成果'。"③《西北花儿学》以其突出的学术贡献，获得了1989年中国民间文艺家协会甘肃分会授予的"'十年'民间文学作品一等奖"，1990年甘肃省教育厅授予的"甘肃省高等学校1979—1989年度哲学社会科学优秀成果一等奖"，1990年中国当代文学研究会授予的"新时期当代文学研究成果奖"，1993年甘肃省人民政府授予的"甘肃省第三次哲学社会科学优秀成果二等奖"，2001年中国文联授予的"中国民间文艺'山花奖'首届学术著作奖二等奖"。

进入20世纪90年代以来，郗慧民先生的研究视野进一步拓展，由"花儿"研究向歌谣研究过渡。产生的论文成果有《"花儿"的搜集整理和民间文学工作的科学性》（1992年），《甘肃草原歌谣》（1994年），《甘肃歌谣概观》（1994年），《从歌谣观念到歌谣的定义》（1995年），

---

① 魏泉鸣：《中国"花儿"学史纲》，兰州：甘肃人民出版社，2005年，第279页。

② 傲东白力格：《谈谈青海蒙古族歌谣的兴体构思及其特点》，载《青海民族研究》，1998年第1期。

③ 甘肃省地方史志编纂委员会编纂：《甘肃省志·社会科学志》（古代至1990卷），第334页。

《"花儿"研究与"花儿学"》(2002年),《"花儿"物质民俗的文化内涵》(2005年)等等。

20世纪80—90年代,郗先生参与了"三套集成"中甘肃歌谣的调查搜集与选编,是《中国歌谣集成·甘肃卷》的主编。他与黄金钰、郭郁烈及全省歌谣工作者齐心协力,出色地完成了甘肃歌谣省级卷本的编撰。该著2000年由中国ISBN中心出版发行。其后,郗先生又出版了个人学术专著《西北民族歌谣学》(北京:民族出版社,2001年)。

三、教书育人

郗先生在"花儿"学、歌谣学研究方面成就卓著,而且他也是将"花儿"研究推上"花儿学"的扛鼎者之一,是"花儿学"学科建设历程

中的里程碑式人物。他在高校首次面向大学生开设"花儿学"课程,后来又升格为研究生的专业课程,郗先生自20世纪70年代末走上大学的讲台后,直至2007年元月去世前,在近40年的人生岁月里一直从事着教书育人的工作。实际上直到生命末尾,他还在指导关门弟子完成硕士学位论文。他去世半年后,这位关门弟子顺利通过毕业答辩,拿到了硕士学位。可以说,郗先生在教学和人才培养方面真正做到了鞠躬尽瘁,死而后已。

图4 郗先生着导师服留念(1999年6月摄于西北民族大学)

郗先生在教学上,强调学科

知识的体系性,重视理论联系实际,长于从文学现象的具体分析中引出结论,寓理论思考能力的教育于传授知识之中。这种教学思想和方法深受学生们的欢迎。20 世纪 80 年代,他在进行高校《文学概论》课程的授课过程中结合文学的学科发展形势积极尝试教材改革,着力提高教学内容的科学性、系统性和实践性,打破常规提出诸多新观点。其一,关于文学与政治的关系问题,当时国内文学界的固有认知是"文学从属于政治并为政治服务",郗先生则提出文学与政治之间是相互影响的关系。其二,再提文学的主观性问题,打破过去《文学概论》教材突出文学的客观性忽视文学的主观性这一弊端,提出文学具有客观与主观双重属性,二者缺一不可。其三,结合教学实践改革《文学概论》的固有教材体系,提出新的"理论框架"。其四,提高课程实践性,指导学生将文学理论与文学实践紧密结合,以理论说明实践,以实践印证理论。

郗先生在去世前曾长期担任西北民族大学的硕士研究生导师,对民间文学、民俗学专业的研究生倾尽心血培养指导。他在从事研究生教育的工作中,所奉行的教学思想是以研究生的研究能力培养作为工作核心。对于什么是研究生的研究能力,先生进行了界定;对于研究生如何提高个人研究能力,先生进行了设计;对于如何在教学环节中培养研究生的研究能力,先生进行了创新。

> 我院中国民间文学硕士研究生是以培养西北少数民族文学、民俗学方面的研究人员为专业方向的。这个专业方向蕴含着下面一些具体内容:从研究对象的范围说,它是西北的、少数民族的、民间的文学和民俗,其中包括四方面的因素;从培养目的来说,是培养在以上四个因素对象范围的具有研究能力的人才,其核心内容是培养研究生的研究能力。
>
> ——郗慧民

郗先生认为：研究生的研究能力即对事物规律的探求和发现能力。那么研究生如何提高研究能力呢？先生认为首先要处理好行与知的关系，即实践与理论的关系。要面对研究对象本身，对它进行调查研究，在分析、综合、归纳、概括的基础上完成对对象的规律性认识。其次要建立科学的研究工作程序：先不断地积累研究对象的资料，再在此基础上开展研究，从而在科学的程序中锻炼和提高研究能力。为了提高研究生的研究能力，郗先生采用了双向教学的授课模式。双向教学也可称之为交谈式教学，即在有问有答的教学活动中探讨获取具体研究能力的途径和过程。

明确以上教学思想后，先生在具体的教学活动中加以实践和探索。比如在给民俗学(含中国民间文学)专业的研究生讲授《歌谣学》这门课程时，先生秉承以上教学思想，帮助研究生建立和提高个人的研究能力。首先，先生带领研究生自主设计《歌谣学》的理论框架，包括该学科的主要内容以及各内容之间的理论关系。在此过程中辅助研究生们建立对于"歌谣学"的知识体系和思维能力。其次，由导师梳理、建构《歌谣学》的理论体系，并带领研究生们分析其各自所设计理论体系的成绩和不足，以此弥补他们对于"歌谣学"内容范围的认识盲点，提高他们的理论思维能力。通过如上教学实践，先生既向研究生们传播了"歌谣学"的学科知识，也教会他们如何宏观认识事物。在进行《歌谣学》每个章节的具体教学过程中，先生在带领研究生们探讨每个理论问题时，都包含着相应的能力教育。比如在《第一章 什么是歌谣》的教学中，蕴含着定义的方法和下定义的能力培养；在《第二章 歌谣的分类》的教学中，蕴含着归纳能力的培养。如此种种，不一而足。

四、写在后面的话

　　郗慧民先生是我的老师。先生生前曾于民俗学(含民间文学)专业硕士研究生课堂上给我们班讲授过《花儿学》课程。他对"花儿"研究及相关教学科研工作的忠贞追求令我终生难忘,那种知识分子的赤子之心令我钦佩之至。其时先生因脚部旧疾等病患的影响出行不便,每次上课同学们轮流到先生家将他用轮椅推到教室。天气晴暖时,先生也曾与我们在旧文科楼前的丁香林里上课。先生虽身体羸弱,但讲起课来神采飞扬,满头白发一身布衣难掩他英才满腹灼灼其华。天上白云悠悠,地上绿草茵茵,同学们围绕在先生身边听他传道解惑,微醺的清风把众人之晏晏言笑传播开来。这般惬意的"花儿"授业图印在了我的心上。

　　后来,我亦步入"花儿"研究、甘肃歌谣研究的行列。与郗先生相同的是,我们都是作为"他者",在第二故乡甘肃从事了地方特色文化研究的工作,在学习和探索"花儿"、歌谣的旅途中甘之如饴。此次《陇上学人文存·郗慧民卷》能由我为先生做文存选编,我感受到了学术传承的鼓励与鞭策,幸甚至哉!在编辑中我时时感受先生之风骨与学养,又深知文存诸卷珠玉在前,故不敢丝毫懈怠;然则自身生性驽钝,虽穷尽所能以尽事,亦难免错漏。还望先生理解、读者原谅。

　　在此卷文存选编过程中,我多次向先生独子郗萌请教,得到细致答复,并获其图片、资料协助,深表谢意!暑往寒来,须臾又是一年,先生诞辰在即,谨以此前言对先生表达最诚挚的敬意和最深刻的缅怀!

戚晓萍
2021 年 11 月 6 日

"花儿"研究

"花儿"的格律和民间文学工作的科学性

"花儿"是流传在甘肃、青海和宁夏一些地区的一种颇有特色的民歌,新中国成立以后,随着民间文学工作的开展,它已为越来越多的人们所知晓了。然而,"花儿"这种民歌在形体上究竟有些什么特点?怎么样的歌才能算做"花儿"?这个相当根本的问题,即使在"花儿"产区之一的甘肃也还不是研究得十分清楚的。由于"花儿"研究工作的一向薄弱和介绍工作的粗疏,这个原来并不十分清楚的问题把人们搞得更糊涂了。这就不能不使人产生这样的担心:后来的研究者们能否认清"花儿"的真面目。

"花儿"的形体特点主要表现在它的格律上。为了消除和防止由于以讹传讹所产生的对"花儿"形体特点的误解,认真而深入地探讨它的格律,是"花儿"研究中的一个重要而迫切的问题。

一

探讨"花儿"的格律,应当从对它的节奏的考察入手。

我国古代诗歌几乎全是能够歌唱的乐歌。研究诗歌的格律,也就是考察它们的音乐性的规律。格律包含句、节奏、声调(平仄)和韵脚等几个方面,而节奏是它的主体。历来的诗歌格律研究者,大都是着重从字数的角度着眼的,这就是人们通常讨论的四言、五言、七言等问题。如果说,这种以字数为单位的考察格律的方法原是产生在以单音词为主的语言时代,那么随着历史的发展,在复音词逐渐取得了统

治地位的新情况下,这种方法就越来越显得陈旧了。不幸的是,大多数"花儿"的研究者仍然袭用这种方法来考察"花儿"的格律,他们大都陷入了烦琐的不能说明太多问题的纯字数的变幻中,而没有触及"花儿"格律的本质特点。因此,研究"花儿"的格律,应当摒弃这种单纯在字数问题上做文章的方法,而采用更能适应于语言发展变化了的新时代的考察方法,这就是近代诗歌研究者常常所采用的、从节奏入手以停顿为单位来考察诗歌格律的方法。

不久之前,读到汪曾祺同志一篇探讨"花儿"格律的论文①,这是我所见到几乎最早的不单纯从字数出发研究"花儿"格律的文章,它触及"花儿"格律的本质特点。一个外地民间文学研究者在西北民歌方面取得了这样的成果,是难能可贵的。但是,这篇文章对"花儿"格律的探讨并没有取得完满的结果。

节奏,原是音乐上的用语,指声音有规律的均匀的运动;用于诗歌则指诗句声音的规律性,具体来说,就是考察诗句中的节拍和节拍中的音节的规律性。节拍即诗句中的停顿(也有人称为音组),是节奏的基本单位,它在考察诗歌格律中起着重要的作用。在我看来,用停顿即节拍来考察我国古诗的发展,情况应当是这样的:

四言诗:关关|雎鸠|

在河|之洲|

五言诗:白日|依山|尽—|

黄河|入海|流—|

七言诗:朝辞|白帝|彩云|间—|

千里|江陵|一日|还—|

①汪曾祺:《"花儿"的格律》,载《民间文学》,1979 年第 6 期。

四言诗是每句两顿：每顿两个音节即两字。从四言到五言增加了一个停顿，这是一个发展；同时，末顿的音节有所变化，由双音节变为单音节，即由两字尾变为单字尾。从五言到七言又增加了一个停顿，这同样是一个发展；而这时末顿的字数没有变化。这样来考察我国古代诗歌的格律，既可以看出它们形体的发展，也能够觉察出富有特点的句尾字数的变化，比较清晰地反映了不同诗体格律的不止一个方面的特点。

我对"花儿"格律的考察，就是以对诗歌格律基本原理的这种理解为指导的，考察结果曾归纳出几条规律，写在由我编辑的《花儿》（甘肃人民出版社，1963年）一书的"前言"里，其基本观点如下："花儿"按流行地区可分为两大流派。一是以甘肃临夏地区的"花儿"为代表的临夏"花儿"，一是以甘肃临潭（即洮州）、岷县地区的"花儿"为代表的洮岷"花儿"，两派"花儿"的格律是全然不同的。

临夏"花儿"的流行范围较广，包括甘肃的临夏、东乡，青海的同仁、循化，宁夏的吴忠、固原等地。它的基本样式是每首四句，前两句比兴，后两句本题。比兴有的对本题起着比喻或衬托作用，有的与本题毫不相干，只是为了借韵叶律。例如：

　　一对的｜白马儿｜沿山根｜过，
　　我当了｜山上的｜雾了；
　　这两个｜小姊妹｜地边里｜坐，
　　我当了｜白牡丹｜树了。

其中一、三两个上句的结构相同，每句四个停顿；二、四两个下句的结构相同，每句三个停顿。各句除末顿外的每一顿中的字数（即音节，下同），一般是最多不能超过三字，最少不得少于二字；而上句的末顿必须是一个字，即单字尾，下句的末顿必须是两个字，即双字兄。

临夏"花儿"还有每首六句的，这种样式民间称为"两担水"或"折断腰"，即在一、二和三、四句之间各增加一个半截句。这其实不过是四句"花儿"的一种变体，其结构格式以及停顿数、顿中的字数，都与四句样式完全相同；只是增加的两个半截句都各分为两顿，前顿二至三字，后顿一字。例如：

> 园子里｜长的是｜绿韭｜菜，
> 不要｜割，
> 就叫它｜绿绿地｜长着；
> 尕妹是｜阳沟｜阿哥是｜水，
> 不要｜断，
> 就叫它｜慢慢地｜淌着。

临夏"花儿"的格律是十分严格的，违反了它的规律，就会失去临夏"花儿"的特点，不能入令、上口（配上曲调演唱），也就不能称之为临夏"花儿"了。

洮岷"花儿"主要流行在甘肃省境内，包括临潭、岷县、临洮、康乐等地。它的基本样式是每首三句，第一句比兴、后两句本题。例如：

> 天边｜里的｜红云｜彩，
> 这个｜妹妹｜好人｜才，
> 俊得｜活像｜牡丹｜开①。

三句的结构相同，都是每句四个停顿。每顿的字数，除末顿一字外，其余一般是每顿两字，也有少数是三字的，很有些像一般快板诗的节奏。此外，洮岷"花儿"还有四句、五句、六句一首的，以四句的比较多见，其句法、停顿都同基本样式的"花儿"完全相同。洮岷"花儿"每句

---

①诗歌的节奏主要是按节拍即音节划分的，音组与词义有时一致，有时不一致，这里就有不一致的情况。

中的停顿，不像临夏"花儿"的停顿那么严格，有时可以适当增加。每增加一个停顿也即增加了两至三字，这种情况一般出现在末句。

从以上考察来看，两派"花儿"格律的特点泾渭分明，是绝不会混淆的，其中洮岷"花儿"的节奏，同其他地方的民歌几乎没有什么差别；而临夏"花儿"的节奏却是相当特别的。临夏"花儿"的这种特别处，可以归结为这样两句话：上句四个停顿，单字尾；下句三个停顿，双字尾；每顿中二至三字。这种不同的停顿与不同的句尾的交错，形成了一种既异于四、五、七言古诗，又和当代任何地方的民歌都不相同的独特节奏，这样的节奏是新鲜的、活泼的、富有变化的。如果新诗要从民歌中吸取营养以创造新诗体，临夏"花儿"倒在这方面为我们提供了一个很好的借鉴。

临夏"花儿"格律的这种特别性，并不是无根之水，如果我们把它同我国古代诗歌相对比，也可以找出它的渊源来。以每句的停顿和句尾来说，古代四言诗每句两顿，双字尾；六言诗每句三顿，双字尾；五言诗每句三顿，单字尾；七言诗每句四顿，单字尾。显然，临夏"花儿"的不同句中的不同停顿和句尾，都是对不同古诗停顿和句尾的继承。单就一首诗歌中同时出现单字、双字两种句尾来看，临夏"花儿"比四、五、六、七言诗都进了一步；在这一点上，它很有点像词，所不同的，是词的句和停顿比它的变化更复杂多样罢了。

另外，我们把临夏"花儿"每个停顿中的字数同我国古代诗歌相比，又可以看出它在继承中的发展。我国古诗从四言到七言，再到词，除句尾外的所有停顿，几乎全是两个字；到了散曲，除句尾外的绝大多数停顿，仍是两个字，但已有少量每顿三字的情况出现。而临夏"花儿"则除句尾外，每顿三字已经大量出现，甚至可以说是以每顿三字为主了。诗句停顿中字数的增加，显然是社会生活日益复杂，汉语中多音词越来越多的现象在诗歌发展上的反映。

上面提到的汪曾祺同志的文章在考察"花儿"的格律时,是涉及了节奏问题的;他使用了"节拍"这个词,认为"节拍"指的是句尾的字数,即诗句最末一个节打的音节数。正因为文章作者所理解的节拍特别注意了句尾的字数,它发现了"花儿"具有"双字尾"这一独特现象。然而作者对"节拍"的这种理解是欠恰当的,它把"节拍"局限在句尾的窄小范围里,这不仅模糊了节拍本身的概念,更重要的是忽视了对整个停顿的全面考察。文章最后提出"花儿"实际上是一种六言诗的见解,就是离开对节奏的考察,又折回到从字数看格律的古老框框所产生的必然结果。把这种见解同"花儿"的实际相印证,其谬误是十分明显的。以临夏"花儿"的基本样式为例,上句共四个停顿,除去末顿一字外,其余各顿姑且全按最少的两字计,则全句至少七字;下句共三个停顿,也全按上法计,则全句至少六字,就这样,也明明是上七、下六,怎么是六言呢?而洮岷"花儿"同样按最少字数计,每句七字,同样不能说是六言诗。至于汪文为了证明他的"花儿"是六言诗的论断,无视"花儿"的具体实际,硬要"削足适履"地把"花儿"的虚字、衬字任意删去,就更没有什么道理了。自然,所以造成汪文只发现"花儿"的某种独特格律现象而未能找出这些现象的规律性的更重要的原因,还在于作者不了解"花儿"有两个流派之分这个事实。

"花儿"用韵方式多样,汪文认为"花儿"用仄声韵者较多,这个观点对我是有启发的。根根这个观点,我曾把两派"花儿"和陕北民歌"信天游"未经选择地各找出了一百首,做了一番粗略地考察,情况是这样的:临夏"花儿"用平声韵和仄声韵的比例是 32∶68,洮岷"花儿"是 42∶58,而"信天游"是 45∶55。从这几个数字看,洮岷"花儿"和"信天游"的平、仄声用韵对比相差不大,而临夏"花儿"的仄声韵却是平声韵的两倍。这说明上述观点在临夏"花儿"的范围内是符合实际的,是有道理的。我们如果把洮岷"花儿"的用韵情况和它的每句的停顿、单字尾等联系在一起来看,还可以得出这样一个结论:洮岷"花儿"在样式上其实同大部分的汉语民歌是差不了太多的,而这又更显示出临夏"花儿"样式上的特别性。

二

洮岷"花儿"的格律以及同它的格律有关的某些特点,是同它的演唱方式有密切的关系的。

洮岷"花儿"的演唱方式是相当特别的。它一般采用对唱与轮唱相结合的方式,而且主要在甘肃康乐县的莲花山(或其他地方)的浪山会上演唱,也就是说,它是一种集体演唱的民歌。一方面歌唱者要有个"对家"来与之对唱;同时,两个"对家"又都各自由好几个歌手组成,以便每人一句地轮流着把一首歌唱完。每个演唱组里都有着自己的"串把式"(即编歌人),他针对对方演唱的实际,先迅速编出第一句歌词,传给唱"头腔"的歌手让他演唱;这第一句词由于时间紧迫,往往使用一些没有太多文学意味的套语,诸如"一根杆的杆两根""一道薆的两道薆"之类;但这一句的重要处在于它为以后的歌词定下了韵脚。在"头腔"歌手演唱第一句歌词时,"串把式"编出第二句并传给"二腔"歌手,好让他在第一句唱完后接唱;同时,"串把式"再酝酿第三句。这第"三腔"通常是由"串把式"自己演唱的,这句歌词常常是全歌的精彩之作,它是否生动、巧妙、深刻,全看"串把式"的本领大小了。三句歌词所用的曲调相同,第三句有时有一定变化。三句唱完,大家还要拖着长长的腔调合唱一句结尾套语:"花儿哟,两叶儿呀!"而这句结尾套语的演唱,正好为对方"串把式"留下了一个对歌编词的绝好空挡。应当说,经过几百年历史实践所形成的这种特殊的演唱方式,在整个演唱活动的编词、演唱的搭配、衔接上都是既得当又协调的,它给听众的印象是自在、安详和有条不紊。

洮岷"花儿"的这种特殊演唱方式,决定了它具有这样几个特点:

第一,每首"花儿"通常只有三句,三句结构形式相同;如有变化,一般出现在末句。

第二,一首"花儿"的创作过程极短,通常只有一分钟左右。

第三,即兴编唱的仓促带来了歌词的粗糙,而且,遇上"对家"就现编现唱,离开"对家"则把唱过的歌丢在一边。这样随编随丢的习惯难以得到像其他口头文学的那种在传唱中集体修改的益处,其艺术质量似较临夏"花儿"有所逊色。这大约是洮岷"花儿"生产力极为雄厚、产量浩瀚无比,而搜集整理出的优秀之作却并不那么丰富的一个主要原因。

三

汪曾祺同志的文章是在远离"花儿"产地、无法更多地了解"花儿"实际的条件下撰写的,它击中了"花儿"格律问题的要害,它所提出的双字尾和仄声韵这两个特点,都在一定范围里得到了实际的印证。但由于它的立论没有建立在更多直接的、坚实可靠的资料的基础上,因而,并没有摆脱对"花儿"的认识上的混乱,以至所提出的问题没有取得完满的结果。

汪文的不足是可以理解的。但如果把问题再深究一步,那么,"花儿"产地、特别是我们甘肃省的文艺工作者恐怕不能不负相当的责任,因为,甘肃毕竟是唯一两派"花儿"同时流传的地区,而我们在提供有关"花儿"情况的资料上是存在问题的。

应当承认"花儿"产区对"花儿"研究工作的薄弱。对于甘、青、宁三省关于"花儿"的搜集整理和研究工作,我是这样估价的:搜集整理,大家都做了大量工作,尤其是 20 世纪 50 年代和 60 年代初期,三省都编印、出版了不少"花儿"资料和选本,成绩是显著的;但是,对

"花儿"的研究工作并没有很好跟上去。在新中国成立前那漫长的历史阶段,我只见有张亚雄先生在 20 世纪 30 年代编印的一本"花儿"研究专著《花儿集》,这本书共有八九万字,其中有不少关于"花儿"的原始资料,是一本对研究"花儿"者有一定参考价值的书。中华人民共和国成立以来,三省的文艺工作者都曾程度不同地分别写过有关"花儿"的一般性介绍文字,而青海省的同志做得更好一些,他们还连续举行过多次"花儿"问题的讨论,刊出过讨论文章,编印过有关资料;但这种讨论侧重于"花儿"与诗歌创作关系方面,即对"花儿"的继承和利用,涉及"花儿"本身规律的深入探讨的似乎还不多见。总之,"花儿"产区三省对"花儿"研究工作,长期停留在对"花儿"的一般性的介绍上,而且介绍的资料也没有更多的超出张亚雄先生所提供的范围。因此严格地说,关于"花儿"的认真、深入而且有科学意义的研究工作,现在才刚刚开始。

由于对"花儿"研究得不够,我们甘肃有同志本身对"花儿"的一些问题就没有清楚的认识,而在介绍工作中对某些不够确切的意见辗转引用,以讹传讹,并波及"花儿"的搜集整理;加之,这些工作又多出于文艺工作者之手,刊于报章杂志之上,其影响甚大,这就使"花儿"的一些问题愈益混乱。这种混乱主要表现为以下几种情况:

第一,临夏和洮岷"花儿"相混。有的同志不了解"花儿"有两种流派之分,或分不清两派"花儿"之间的区别,在介绍工作中,不是不分流派笼统都称为"花儿",就是在临夏"花儿"中掺进洮岷"花儿"或者正好相反,总之,端给人们的都是一碗"大杂烩"。这显然妨碍了人们对"花儿"的正确认识。这种现象最为普遍,以近两年刊出的甘肃"花儿"选及有关介绍文字来说,我见到的总共十多次,无论刊在《甘肃日报》《甘肃文艺》还是《民间文学》上的,绝大多数都有这样的错误。

需要说明的是,在莲花山的浪山会上也会遇有临夏"花儿"出现的情况,这并不能说明把临夏"花儿"混为莲花山"花儿"不是一种错误。莲花山歌会的参加者,并不局限于洮岷"花儿"流行地区的人们,少数临夏"花儿"流行地区的群众带着他们的民歌前来赶会,是很自然的事。问题是要对这样的现象进行调查研究,加以区别。1964年我在莲花山就曾遇见过三位唱临夏"花儿"的歌手。他们的出现引起了我的特别注意。我对他们的活动进行过仔细观察。我发现,他们同洮岷"花儿"的歌手完全是"两股道上跑的车",在歌唱上毫无交往——事实上各自演唱方式不同,也无法交往;只见他们单帮子地游山,孤零零地歌唱,情景十分特别。对此,我曾专门拍照片留作资料。

另外,在介绍"花儿"有关特点的文字中,也有硬将一派"花儿"的某种特征强加在整个"花儿"上的。例如,一再被人们提及的创作一首"花儿"只用30秒钟的说法,其实只是为特殊演唱方式决定的洮岷"花儿"的特点,移用在临夏"花儿"上就不对头了。

第二,"花儿"同其他民歌相混。"花儿"是流传于甘、青、宁三省(区)少部分地区的主要民歌,并不是三省(区)民歌的全部。以甘肃来说,其他样式的民歌也还不少,即使在"花儿"流传地区,也不是"花儿"一家独霸的天下,像陇南一带有山歌,临夏一带还有小调、宴席曲等。有的同志无视这些情况,但凡讲到甘肃民歌,一律称之为"花儿",如一些文艺工作者在谈及流传于临夏一带的长歌《马五哥与尕豆妹》《打河州》时,总把它们归入"花儿",其实它们同"花儿"完全是两码事。另外,四句一首的洮岷"花儿"同陇南一带的山歌在歌词上是很像的,我怀疑在编印、出版的有关洮岷"花儿"部分会有陇南山歌混入的情况,这需要有心人认真地加以鉴别。

第三,在整理的名义下,随意修改加工,损伤了"花儿"作为民间文学的本来面貌。有的同志出于某种配合上的需要,在对"花儿"进行整理或介绍时,把主观的自由度放得过宽,甚至混同了整理同创作之间的界限。这种情况也是很普遍的，例如《红旗歌谣》开卷第一首标明"花儿"的民歌，其中第四句"青松翠柏我们来栽"，就全然不符合"花儿"的格律，显然是不熟悉"花儿"特点的整理者的随意加工或者干脆是文人的创作；而在关于"花儿"的介绍中，当行文上需要摘引某种内容的歌词而不可得时，也常常出现随意大改或编凑的情况。这些同志不了解"花儿"是有两流派之分，而且某些格律是相当严格的，他们好心地为"花儿"卖劲出力，结果反把"花儿"搞得面目全非，这倒是"花儿"本身对无视民间文学规律行为的一种惩罚。

以上三种情况，都涉及民间文学工作的科学性问题，但我认为，第三种情况更应当引起我们的特别注意。因为，它完全是由于整理者对民间文学工作的不正确的态度所造成的，它大大地损害了民间文学的本来面貌。这种倾向如果任其发展下去，必将把我们的民间文学工作引向绝路。

为什么会发生对民间文学工作的这种不正确的态度呢？以"花儿"所出现的具体问题看，我认为主要是不了解民间文学的特殊性，片面地强调它的文学性而忽视了它的民间性的结果。有的同志在整理属于民间文学的"花儿"时，往往只看到它作为文学的一面，仅仅把它当做一般的诗歌对待，既然它是一般诗歌，自然就随意加工修改了。而另一些同志则认为，民间文学是劳动人民创造的。我作为人民中的一员，怎么不可以进行加工或创造呢？殊不知他这位"人民"的确同一般意义的劳动人民并不等同，二者在民间的意义上是有着显著差别的，看不到和不承认这种差别，就自然会混同民间文学同文人创作的界限。对民间文学工作的这种片面认识和不正确的态度，在那种庸俗的"配合论"对民间文学领域的侵袭下，出现用随意加工修改来代替正确意义的整理的作法，就成为合乎逻辑的必然结果。这种作法在建国初期已现端倪，随着"配合论"雾瘴的进一步弥漫，1958年以来这种作法愈演愈烈。这是文艺教条主义和极"左"思潮在民间文学工作上的一种表现。

民间文学自然是文学,我们当然应当注意到它的文学性,但它同时又是民间的文学,它更应当具有民间的特点,应当具有民俗学的价值。民俗学是以民间风俗、传说和口头文学为研究对象的科学,民间文学为这门科学提供着丰富的第一手材料。民俗学者可以从民间文学中获得劳动人民的艺术习惯和爱好,以及他们的生活习俗、社会心理、政治态度等等,这也就是两千多年前孔子所说的民间文学可以"观"风俗的社会功能。如果损伤甚至改变了民间文学的本来面貌,这样的"民间文学"赝品还能有多少民俗学的价值呢?

那么,又应该如何理解和实践民间文学的整理? 这是一个关系到民间文学全局,关系着民间文学工作的面貌并涉及方针性质的问题,必须严肃认真地对待并加以解决。在我看来,对民间文学的整理绝不等于随心所欲地修改;整理的目的是为了更符合民间文学的本来面貌,而不是让民间文学来适应整理者的主观意图。因此,整理应当在坚实的调查研究的基础上进行,以生活实际为依据,对照衡量不同原始纪录,慎重地去选择或删舍,如果把对民间文学的整理混同于文艺创作,那就背离整理的目的太远了。民间文学也是一门科学,对待民间文学必须具有科学的态度。

1979 年 11 月 19 日写成

1980 年 4 月 17 日修改

（原文发表于《西北民族大学学报·哲学社会科学版》,1980 年第 1 期,第 52—58 页。）

临夏“花儿”艺术性的考察研究

这是一篇运用人们不大采用的方法，从人们不大习惯的角度研究临夏“花儿”歌词的艺术性的文章。我们打算从一首首临夏“花儿”作品入手，通过对它们艺术表现得失的考察，来探讨临夏“花儿”发展和创作的艺术方面的某些规律。

临夏“花儿”是西北高原两大派“花儿”中的一派，其流传范围比另派“花儿”广，包括甘肃的临夏、东乡、和政、康乐、永靖、皋兰、广河，青海的民和、乐都、湟中、湟源、互助、大通、循化、化隆和宁夏的西吉、海源、固原、同心等地，要对这些地区的所有“花儿”进行考察是不太可能的，同时也是不必要的；科学的考察方法从来都是既要注意原始资料的广泛性，也不忽视它的代表性的。本文的考察资料是以《花儿》一书（甘肃人民出版社，1963年）所选的临夏“花儿”为基础的，这是因为这本书中的临夏“花儿”大体上代表了这派“花儿”的基本面貌；所谓以这本书中的临夏“花儿”为基础，是指经过历史波涛的冲刷，有些作品显然已经失去其保留的价值，而又补入了部分搜集整理的新成果。这样算下来，考察的总数共为522首，也就是说，本文考察的全部情况和最后的结论，都是以这522首临夏“花儿”为依据的。

艺术性的概念和临夏“花儿”的艺术构思

探讨临夏“花儿”歌词部分的艺术性，首先涉及艺术性的概念问题。在整个文艺评论的领域里，凡是涉及艺术问题评价的都少不了使用艺术性这个词,但却很少有人对艺术性这个概念作过具体、明确而科学的解释,这就往往使关于艺术性的讨论实际上离开了艺术性的轨道,而难以得出应有的结论。

目前为止,我们还很少看到有专门论述临夏"花儿"艺术性的文章发表。有些涉及"花儿"艺术问题的文章,大都着重于这种民歌艺术特色的探讨或对某种表现手法的研究。它们所说的艺术特色,是指"花儿"在基调、表现手法、语言运用等方面异于其他民歌的特点,但这类艺术表现上的特色并不等同于"花儿"的艺术性,前者显示作品的独特性,后者决定作品艺术质量的高低;而表现手法只在完成了有意义的艺术形象时,才获得一定艺术性,离开内容的表现,手法本身是无从确定其价值之高低的,它不是艺术性,只是构成艺术性的诸多因素之一。因此,无论把艺术性理解为艺术特色还是具体表现手法,都是不正确的。

那么,究竟什么是文艺的艺术性呢?

文艺的基本原理告诉我们:文艺是通过艺术形象来反映社会生活,并表现一定的思想感情的;形象是文艺的最基本的特性,是文艺区别于其他社会意识形态的最重要的标志。所谓文艺的艺术性,就是作品显示这种特性的程度;换句话说,评价文艺作品艺术性的高低,也就是衡量作品所提供的艺术形象的优劣。艺术形象是由如下两方面的因素构成的:一、它具有具体可感的生活图画;二、这生活图画中熔铸着作家、艺术家对生活的感受、认识和评价,即它是客观的社会生活图景和作家、艺术家主观思想感情的统一体。因此,衡量艺术形象的质量,就是要考察这一形象(大而言之,或一组形象,或形象的体系)所提供的生活图画是否具体、生动,这一生活图画所体现创作者的思想感情是否深刻、完美,这一主客观统一体所具有独创意义的大小,以及它们对读者或观众所产生的艺术感染力的强弱。简而言之,文艺的艺术性是作品的形象的生动、深刻、独创的程度和艺术感染力的强弱;对文艺作品艺术性的评价,就是对于形象的上述诸特性和感染力的考察和衡量。本文对临夏"花儿"艺术性的评价,就是以对文艺艺术性理论的这种理解为指导的。

临夏"花儿"的歌词,作为文学作品看待,都是一首首短小的抒情诗。这种抒情诗的基本样式是每首由四句话组成(也有六句组成一首的,但那只是四句的一种变体,下同),由于受"花儿"音乐的规定———首乐曲只唱两句歌词,乐曲重复两遍才能将一首"花儿"唱完——前两句与后两句在形体结构上是完全相同的。从一首"花儿"乐曲的角度考虑,它只要求与它相配的两句歌词表达一个完整的意思,而从一首"花儿"应当是一首好的抒情诗要求,四句歌词又必须构成一个完整的艺术形象,两者之间是不协调的,于是,处理它们二者之间的关系,就成为"花儿"艺术构思的重要任务和显著特点。一首临夏"花儿"艺术性的高低,是由它所显示出来的艺术形象的质量决定的,而由临夏"花儿"本身特点所决定的这种艺术构思能否构筑出较高质量的艺术形象,也就成为考察"花儿"艺术性的重要课题。实质上,对临夏"花儿"艺术性的评价,也就是品评是否通过艺术构思把四句话组成了完整的艺术形象,以及这个形象所达到的生动、完美、独创程度和所产生的感染力。

我国传统的诗歌创作理论曾经提出过三种重要的表现方法——赋、比、兴,它们对我们考察临夏"花儿"的艺术构思及其构筑的艺术形象,有着重要的理论和实践的意义。赋、比、兴是两千多年前从我国古代诗歌总集《诗经》的创作中总结出来的,从两汉时开始,就持续不断地有人对它的含义作过种种不同的解释,而以宋代人朱熹的解释最为后人所乐于接受。朱熹说:"兴者,先言他物以引起所咏之词也;比者,以彼物比此物也;赋者,敷陈其事而直言之者也。"从说明词义

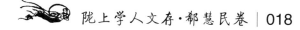

及它们所表述的表现方法来说,这种解释是相当明白的,但从艺术构思的角度讲,宋代人李仲蒙的解释引起了我们的注意。李说:"叙物以言情,谓之赋,情物尽也;索物以托情,谓之比,情附物者也;触物以起情,谓之兴,物动情者也。"[①]这里主要从情与物的关系来说明赋、比、兴,而情与物的统一体正是我们前面所说的艺术形象。这说明李仲蒙是把赋、比、兴作为艺术构思看待的。

文艺创作的根本问题,是如何处理情与物的关系,使之熔铸为一个统一体——艺术形象,这一步工作主要是由艺术构思来完成的。因此,艺术构思的成功与否,直接决定着艺术形象的质量。下面,我们对临夏"花儿"如何通过处理情与物的关系来构筑艺术形象的情况进行具体考察。

兴——"触物以起情"式的艺术构思

一首临夏"花儿"由前两句和后两句两部分组成,这两部分是构成一首完整"花儿"的两个小的基本单位。就整个临夏"花儿"的实际看,绝大多数"花儿"的这两个基本单位在作品中所处的地位不是等同的,后者表达主旨,起主导作用;前者对主旨进行配合,处于从属地位。为了考察工作表述上的方便,我们把后一单位称作一首"花儿"的主体部分,简称"主体",前一单位称作"花儿"从体部分,简称"从体"。

"兴"是兴起或开头的意思,用来说明创作现象,常指"先言他物以引起所咏之词"的表现手法。作为艺术构思,兴是运用"触物以起情"的办法来处理物与情的关系、塑造艺术形象的构思方式;对临夏"花儿"来说,指的是用"从体"的景物把"主体"情感带出来,使它们共同组成一首具有艺术形象的"花儿"作品。经过我们对522首临夏"花

---

①见宋人胡寅:《致李叔易》,《斐然集》卷十八。

儿"的具体考察,属于兴式艺术构思的数量最大,共有 300 首。

文艺作为一种社会意识形态,是社会生活在文艺家头脑中反映的产物,当客观景物被创作者引入作品时,它们都不能不带上一定的主观性。临夏"花儿"的前两句——"从体"大都是描绘景物的,它们就具有主、客观两重性,即既有景物的外在形式,又有其所显示的内在意义。在处理这样的"从体"同"主体"的关系时,有的作品会侧重从"从体"的形式一面考虑,有的则会侧重从意义即内容的一面考虑,这种不同的侧重同"主体"相配合所构筑的形象,其艺术质量和艺术感染力都是不同的,因此,兴式的艺术构思又分为侧重于形式和侧重于内容的两大类。我们先考察侧重于形式的兴式构思的情况。

侧重于形式的兴式艺术构思,在处理"从体"同"主体"的关系上,只让"从体"物象的某种形体因素把"主体"引出来,并不考虑二者内容上的关联。由于利用形式因素上的差异,这类兴式构思又有借韵叶律和形体对应两种类型。

一、兴式构思·侧重于形式的·借韵叶律型。

这种类型的艺术构思,处理主、从体关系的原则最简单,只要二者能押上韵就行,并不要求其他,如:

(○一)前面的水沟后面的崖,水沟里磨轮转了;
　　　　　　△　　　　　　▲▲

　　　叫一声朵妹朝前来,风刮着听不见了。
　　　　　　△　　　　　　▲▲

这首"花儿"表达的是意中人态度的变化给歌者带来的伤感情绪,这种情绪完全是作品的主体部分表现出来的,从体部分的景象与它并无意义上的关联。从艺术形象应当是景与情的统一来衡量,这首"花儿"是景与情相分裂的。这种类型构思的"花儿"在整个临夏"花儿"中占的比例较大,在我们考察的 522 首作品中就有 139 首。这种类型构思在临夏"花儿"的诸构思中,是比较原始和粗糙的。

二、兴式构思·侧重于形式的·形体对应型。

这种类型构思比前者复杂了一些,它除了主、从体部分要押韵外,还尽力追求两部分形体上的对称和呼应。由于对应部位的不同,这类构思又有以下三种样式。

1. 从体的上句与主体的上句相对应,从体的下句与主体的下句相对应,如:

(○二)大燕麦出穗是索罗罗吊,歇地里种芝麻哩;

一对的大眼睛水活活笑,笑眼里说实话哩。

这首"花儿"除了"吊"与"笑""麻哩"与"话哩"押韵之外,"索罗罗吊"同"水活活笑"构词方式相对应,"歇地里种芝麻哩"同"笑眼里说实话哩"句型相对应。这种类型的"花儿"在我们考察之范围内共有 33 首。

2. 从体部分的两句相对应,主体部分的两句相对应,如:

(○三)日头上来胭脂红,月亮上来时水清;

白天想你肝花疼,晚夕里想你心疼。

二者除押韵外,句型及句型中所包含的某种物象、时间相对应。这种类型的"花儿"在我们考察的范围内共有 4 首。

3. 两首对唱"花儿"的形体对应,如:

(○四)泾阳的草帽往前戴,恐害怕南山的雨来;

年轻的阿哥尕妹爱,哪一个庄子的人才?

(○五)泾阳的草帽我不戴,南山里没有个雨来;

少年的尕妹阿哥爱,范家村你把我问来!

两首"花儿"形体相对应处更多,已经是形体的重沓了。这种类型的"花儿"在我们考察的范围内共有6首。

以上形体对应型的兴式构思,无论是属于哪种样式的,都增强了"花儿"作品形式本身的美,使作品显得更加整齐、完好和协调,而这种形式上的完美又拉近了从体同主体之间的距离。但是,它们毕竟是纯形体的对应,在内容方面是缺少内在关联的,这也就很难要求从体对主体的情感起到多少突出的作用,因此,我们对它们的估价也应当是带有节制的。

下面,我们接着对侧重于内容的兴式构思的情况进行考察。这类兴式构思在处理主、从体关系时,注意利用从体物象所显示的意义因素,使之对主体的感情表达发生一定的配合作用。这类构思也有两种类型:燃云托月型和触景生情型的。

三、兴式构思·侧重于内容的·烘云托月型。

这种类型的兴式构思的特点,在于用客观景物来衬托主观情感。从客观景物本身讲,它们本是无所谓情感的,但当歌者基于某种处境而产生了一定的情感并需要抒发时,常常会发现其中经过联想所产生的"象外因素",于是用它烘托主观的情感,使情感得以突现。这是一种由主观到客观的构思过程,是由内而外的构思方式。临夏"花儿"运用这种构思方式构筑艺术形象的手法是十分丰富的,如:

(○六)阴山阳山的山对山,好不过挡羊的草山;

尕妹出来着门前站,活像是才开的牡丹。

这首"花儿"抒发的是歌者对意中人的赞美之情。这位意中人在歌者的眼中是十分新鲜美丽的,但当歌者把她置于郁郁葱葱的草山之中时,就造成一种"万绿丛中一点红"的艺术境界,从体的平淡景物也随之有了新的意义,而经过红绿衬映,意中人的美给人的印象更加强烈了。这是用从体景物对主体对象的美的烘托。又如：

 （○七）一对的鸽子飞崖湾，身穿了一身的宝蓝；

 阳世上活了几十年，今年的光阴儿舒坦。

这是打倒了"四人帮"、农村实行新的经济政策后出现的新"花儿"，它表达了农民基于生活改善而对社会主义充满信心的愉快心情。这首"花儿"的从体描绘了一幅宝蓝色的鸽子轻快地在天空飞翔的景象，它所展示的空间是开阔的，提供的主体形象是优美的，主体形象的行动是自由的，这些，都同歌者所抒发的感情十分协调，二者相配合，很好地起到了景象衬托感情的作用，丰富了感情的表达。这是用从体的景物对主体感情的烘托，这种烘托方式在这种构思类型的"花儿"创作中使用最为普遍。正因为如此，下面的一首"花儿"就引起了我们加倍的注意：

 （○八）兰州的城里兵变了，四城门上了个锁了；

 我维的尕妹心变了，大眼睛认不得我了。

这首"花儿"的"主体"对其主旨表现得十分明白：热恋的歌者遇到了情变，这一变故对他震动极大，简直把他打进了茫然不知所措的境地。对这种精神状态的表达，歌者没有采用一般常用的用景用物衬托的方式，而是选用了一件同类的变故，这种具有动态的事件往往要比用静止的景物产生更好的烘托效果。

上面这种烘云托月型的兴式构思，在我们考察的范围内共有67首。

四、兴式构思·侧重于内容的·触景生情型。

触景生情型的兴式构思，正好同烘云托月型的构思相反，它不是为了情感的表达去引用可以与之相衬映的客观景物，而是客观景物的某种特点触动了歌者的感情神经，使本来潜伏于歌者内心的感情得以激发和表露。这是由客观到主观的构思过程，是由外而内的构思方式。如：

(〇九)打马的鞭子一炷香,放给在描金的柜上;

嘴说没想心可想,想给者骨头里渗上。

这首"花儿"抒发的是一个女子对自己的亲人的思念之情。初看从体好像同主体并无联系,其实歌者所见到的像一炷香似的马鞭大概是被念者之物,睹物思人,景物与感情是相关联的。这类触景生情型的兴式"花儿",其从体可以是物,可以是景,可以是事,是时序的变化,是一切可能触发主体情感的其他东西。这类"花儿"在我们考察的范围共有22首。

这里,我们再对"本子花"的构思情况进行一番考察。所谓"本子花",是指用系统的历史故事、神话故事或民间故事等作从体部分,以引出主体的一大类"花儿"的总称。这类"花儿"所涉及的故事范围极广,主要的有"三国演义""杨家将故事""水浒传""西游记""施公案""隋唐演义""白蛇传""孟姜女""八仙"等等。名为"本子花",其实并不是以表现故事为目的的叙事"花儿",它们的主体部分仍然是爱情方面的,故事只不过被当成引出主体的引子罢了。因此,把这类"花儿"称为"本子花"是不准确、不科学的,它们其实是一种特殊类型的兴式构思"花儿"。这类"花儿"作为临夏"花儿"的一支,其数量是不小的,只是由于它们的文学价值不大,在以后的各种"花儿"选本中选用的并不多。我们考察范围内的这类"花儿"共有29首,这类兴式构思"花儿",按其处理主、从体关系的侧重情况又分侧重于形式型和侧重于内容型两类。

五、兴式构思·"本子花"·侧重于形式型。

这种类型的"花儿",在"本子花"中占的比例较大,我们考察的29首中就有23首属这种类型。它们在处理主、从体关系上,同侧重于形式的普通兴式"花儿"完全相同,也是除了押韵之外再无其他关

系,如:

　　（一○）周瑜的八卦孔明的计,草船上借了箭了;
　　　　　　　　△　　　　　　　▲▲

　　　　心里的疙瘩由你上起,吃药者再不能散了。
　　　　　　　　△　　　　　　　▲▲

六、兴式构思·"本子花"·侧重于内容型。

这种类型构思的"花儿",除了主、从体部分押韵外,从体所引用的故事能唤起人们的联想,同"主体"部分的抒情相配合,发生衬托主旨的作用,如:

　　（一一）孟姜女哭倒了九堵墙,城根里哭出了范郎;
　　　　　　三天没吃没愁肠,有你是有我的盼望。

主体抒发的是男女思念之情,从体的故事也相类似,二者能够组成较完整的感情形象,具有一定的艺术性。但是,应当承认这种类型的"本子花"作品是带有一定的偶然性的,在我们考察的29首中也只占6首。因此,从文学的意义上说,整个"本子花"类型的构思是不足为训的。

总起来说,整个兴式构思分为侧重于形式和侧重于内容两大类,前者在我们考察范围内有205首,后者有95首。

比——"索相类之物以托情"式的艺术构思

比是比喻的意思,比喻也就是打比方。比作为艺术创作的表现手法,是指"以彼物比此物"的具体描写方法。但用对比的这种解释说明艺术构思就不太确切了,因为这里仅仅表明了物与物之间的相比关系,而艺术构思则要求通过处理景物与情志的关系以构筑艺术形象,并用它来反映客观、表达主观。从这一角度说,李仲蒙的说法击中了要害,"索物以托情""情附物者也",讲的是处理物与情的关系。然而李的说法也有其不恰切处,情附于物是一切文艺的共同规律,只讲索物以托情,不讲索有什么特点的物,为强调共同性而忽视了个性,就难以体现出比的构思特点。我们取上两说之长,给作为艺术构思的比以新的解释,就可以避免这两方面的片面性。比的核心意义是相较,索物托情的物应当是可供比较的相类物,因此,"索相类之物以托情,谓之比",大概是比较恰切的。对临夏"花儿"来说,比式艺术构思,就是要求从体的景物同主体的情感中有相比的因素,并以此把它们组织在一个艺术整体之中。经过我们考察,临夏"花儿"中属于比式艺术构思的较少,我们考察范围内发现的不过87首。值得注意的是,比式构思的具体方式却是十分丰富的,请看下面的考察情况。

七、比式构思·侧重于形式型。

这一类型构思的比式"花儿"在我们考察范围内共有20首。它们具有比的形式,但从内容上看,从体部分景物所显示的主观意义同主体部分的情感相类性不强,不能很好起到通过比而达到突出主旨的作用。如:

（一二）长把梨长在树枝上,我当成包核的杏了;

双妹妹走在地边上,我当成照人的镜了。

这首"花儿"表现的是歌者对他的意中人的赞美之情,这种感情寄寓在"主体"里意中人给他的感受之中。他在田地边上看见了她,她的美立刻引起了他的注意,究竟美在何处呢? 歌者没有正面说,他只讲他刹那间的感受:像镜子一样的明亮、引人、招人喜爱。"从体"在景象的形式上同"主体"有相类的因素,但把长把梨错当成包核杏这一行为,却并不含有引人注目、招人喜爱这类感情激动。因此,这种比还仅仅停留在形式上。

八、比式构思·侧重于内容型。

这种类型构思的比式"花儿"在我们考察范围内共有30首。它们着重于从体所显示的意义同主体所表达的情感的相类的追求，力求这种相类的比喻能在内容方面起到一定的配合作用，而并不拘泥于纯形式的类似。如：

（一三）青石头尕磨空响哩，磨物搭不上槽里；

尕妹的记首自耀哩，到不了阿哥的手里。

这首"花儿"表现的是歌者追求意中人没有结果的失望心情。记首是西北高原妇女用以定情的纪念物，只见记首自己发着亮光，但就是得不到它，用这样的一件事表现歌者的心情，是很恰当的。从体讲的这一常见生活现象，同主体中的事件具有意义上的类似，这就通过比起到了丰富主体情意的作用。这首"花儿"并没有单纯追求主、从体表现形式上的相类。

九、比式构思·内容与形式并重型。

这种类型构思的比式"花儿"在我们考察的范围内共有 21 首。其作品构思特点是主、从体各讲一件事物，两件事物既有意义上的相类处，又有表达形式方面的一致性，形式与内容达到了完美的统一，形象鲜明生动，感情丰富浓郁，具有较强的艺术感染力。这类"花儿"可以说是比较成熟和完美的比，其艺术性一般都是比较高的。如：

（一四）连打三枪枪没发，枪口里可有了病了？

连叫三声头没抬，尕心里可有了病了？

这首"花儿"表现的是歌者面临可能发生情变时的担忧心情。"连叫三声头没抬"的细节朴素而真切地表现了意中人态度的异常，而这种异常使歌者预感到了不安，他浮想联翩，焦急地想探求事情的究竟。从体部分所讲打猎中出现的事故及探究事故原因的心情，同主体的事件和心情十分契合，表现形式也注意了前后的对应，加上从体事件附带点明了歌者的猎人身份，更增加了感情色彩和生活气息，给人以深刻、强烈的艺术感染。

十、比式构思·双对应型。

这种类型构思的比式"花儿"比较少见,在我们考察的范围内只有4首。它们同我们以上考察的所有比式"花儿"都不相同,一首"花儿"之中无所谓什么主体和从体,也不存在比事物与被比事物之分,作品的两部分是对等的,都是比事物,而真正的被比事物即作品的主旨倒在作品之外。如:

(一五)尕妹是冰糖阿哥是茶,茶离了冰糖是不甜;

尕妹是河水阿哥是鱼,鱼离了河水是不成。

这首"花儿"表现的是男女恋情已达到难分难离程度的精神状态,这种情绪是这首"花儿"前后两部分共同表达的。它的具体结构样式颇有点像其他地方民歌的排比,所不同的只是没有直接点出作品的主旨罢了。但是,从艺术构思方式看,它仍然是地道的临夏"花儿"的方式。

十一、比式构思·连环比型。

这种类型构思的比式"花儿"非常少见,在我们考察的范围内仅仅只有一首。它的构思方式粗看与一般比式"花儿"并没有什么不同,仔细推敲起来却感到它很是奇特。它是有主、从体之分的,但被比的主体并非直接主旨,也是一个比喻,真正被比的主旨没有直接出现,结果就形成了用甲比乙,又用乙比丙这样有趣的连环形式。请看:

(一六)连走了七年的西口外,没到过循化的保安;

连背了三年的空皮袋,没装给一撮儿炒面。

这首"花儿"表现的是歌者爱情失意的悲伤心情,由于运用西北高原人民的独特生活作比,又表现得含蓄,一下子不好理解。从体部分讲虽在口外奔波多年,连青海省的循化也还没去过,真是枉奔波了。讲这件事为的是通过比来突出"主句"——"空皮袋也枉背了三年"。"空皮袋"是用囫囵山羊皮做的皮口袋,用来装炒面用的,背空皮袋则是

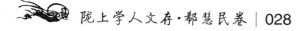

比喻爱情的艰辛过程——搞了三年对象,还是一点结果也没有。这首"花儿"既是地道临夏"花儿"型的,又具有浓郁的西北高原生活特点,构思朴素而独特,形象含蓄而生动,感情深切动人,真是少有的佳作。

十二、比式构思·比喻加动作演进型。

这种类型构思的比式"花儿"数量不多,在我们考察的范围内只有4首,其中一首是传统的爱情"花儿",其余三首是较近期的作品。它们的从体部分与一般临夏"花儿"并没有什么不同,但这个从体主要比的是主体部分的前一句,主体部分后句则从动作上看,在前句的基础上有了新的演进。如:

　　(一七)花椒树儿一疙瘩,碎刺儿倒把手扎;

　　　　　尕妹像朵刺玫花,折不上,唱一曲"少年"走吧。

这首"花儿"表现的是歌者恋爱失败的无可奈何的精神状态。从体部分并不是比喻整个主体,而是主要比喻主体的前句,在强调这场恋爱不会有结果的基础上,主体后句讲了歌者动作的转换——"唱个歌儿走吧"。这种不同于一般临夏"花儿"的新情况,说明了艺术构思方面的变化,这种变化为临夏"花儿"形式的发展提供了可能。

十三、比式构思·排比型。

这种类型构思的比式"花儿"数量很少,在我们考察的范围内只有4首,全是新中国成立以后的新"花儿"。它们无论主体、从体,其中各句都表达着一个完整的图像和意义,而且都作为比喻的事物出现,这些具有比的意义的事物层层递进,共同为表达一个主旨服务。这种比式构思类型,在传统的临夏"花儿"中很少遇见,看来是受了其他民歌的影响而产生的。如:

　　(一八)亮不过太阳蓝不过天,香不过花园的牡丹;

　　　　　甜不过社里的好光景,美不过当一个社员。

这是一首表现集体化后农民生活不断提高,他们心情激奋,流露出一种美滋滋情绪的"花儿"。四句话用了四种比喻,其中包含着五种"X不过"的极限,在类比与衬托中组成完整的感情形象,完成了主旨的表达。它的构思方式同一般临夏"花儿"相比,增添了新的成分,但从它的从体同主体部分的关系看,仍然不失传统"花儿"一般的规格。因此,可以说它是受了其他民歌构思影响,而仍带有临夏"花儿"特点的比式构思方式。

十四、比式构思·对比型。

这种类型构思的比式"花儿",数量同样不多,在我们考察的范围内只有 3 首,都是新中国成立后的新"花儿"。这种"花儿"前面两部分描述的事物及表达的情感,从一定意义上说是对等的,无所谓主体、从体,也无所谓谁比谁,而是在相互对照中显示出主旨来。如:

(一九)单干户走的是独木桥,随风摇,越走是越困难了,

　　　社员们走的是阳关道,往前走,越走是越宽展了。

这首"花儿"表达的是歌者对客观事物意义的一种认识和概括。所以说它的前后两部分在一定意义上是对等的,是指它们只在对比中表达思想,而这种思想是由反正两个面共同组成的。自然,人们也可以从一个角度去理解这首"花儿"的侧重点——如认为它主要是歌颂集体化的优越性的,它可以分出主、从体部分。但是,有趣的是如果从另一角度去理解这首作品的侧重点——主要揭示单干的困难,把主、从体部分的位置颠倒一下,则仍不失为一首正常的临夏"花儿"。对比型比式构思的特点正表现在这里。这种构思方式也是受其他民歌的影响而来的。

赋——"叙物以言情"式的艺术构思

赋是"敷陈其事而直言"的意思,但不少人把它仅仅理解为直言或直接说出,后来又有人说赋是直接干巴巴地讲道理,而不要形象思

维。这其实都是对赋的误解。古人讲赋的"直言"特点是同"事"联系在一起的，南北朝人钟嵘说得更清楚："直书其事，寓言写物，赋也。"（《诗品序》）他们的意思用今天的话说，就是通过讲事物本身而直接表态，不像"比"要用旁敲侧击的方式。李仲蒙从艺术构思角度解释赋："叙物以言情"，是说这种构思的特点在于直叙客观景物，而将主观情志渗入景物之中，使之达到情景交融、意境合一境地，即构筑成了艺术形象。现在，我们再倒回去理解"直言"的含义就比较清楚了，它实质上指的是描写形象的直接方式——用白描之法去描绘事物。离开文艺创作的形象表现去谈"直言"，自然就会把赋赶出文艺的大门之外了。对临夏"花儿"来说，赋式的艺术构思，就是要尽力弥合兴式和比式"花儿"的主、从体之间的界限，使之成为一个完整的生活图景，即四句"花儿"组成一幅画面，通过画面去表达思想感情。经过我们考察，临夏"花儿"中属于赋式构思的，在兴、比、赋三者中数量居中间，共 135 首；赋式构思又具有以下好几种类型。

十五、赋式构思·物与情统一型。

这种类型构思的赋式"花儿"在我们考察范围内共有 48 首。它们的主、从体部分的四句话共同讲着一件事物，描绘出一幅统一的图画，而这客观景物中寄寓着所要表达的主观情志，全诗构成一个完整的艺术形象。如：

（二○）雪花下着满地了，看不见哥家的路了；

云彩儿低得盖地了，望不见哥家的树了。

这首"花儿"表现的是一位痴情女子对她的意中人深厚的恋情。这种感情有多深，歌者没有直说，只朴素地描绘了一幅关于她的行动画，情意就在这幅图画之中。这四句话是浑然一体的，画面是统一而鲜明的；意中人不在画中，她望着通向他家的小路，直至雪花把路掩没，又直至云彩遮住了他家门前的小树，她仍然还在望着、望着……景物的变化体现了时间的推移，而变化的时空把静止的人的心扉打开，让那种无言的深情慢慢迷散往四面八方。我国唐代古典诗歌中有些杰出的绝句，诗情画意，脍炙人口，令人永记不忘，这首临夏"花儿"与之相比毫不逊色。这种类型的赋式"花儿"大都具有较高艺术质量。

十六、赋式构思·有侧重点型。

这种类型构思的赋式"花儿"比较常见，我们考察的范围内共有68首。它们的主、从体部分虽也组成了一幅统一的画面，并抒发着一定的思想感情，但两部分在画面中所占的地位和所起的作用都是不同的，主体部分有景象，景象所显示的情意也较突出和丰富，对整个"花儿"主旨表达起主要作用；从体部分有景象，景象只起指名地点、点出环境、说明情况等作用。如：

> （二一）三扇托笼蒸馍馍，案板上绾莲花哩；
>
> 听见阿哥门前过，心急着拔肝花哩。

这首"花儿"，表现歌者热恋中的精神状态。全诗四句是一幅统一的画面，写歌者正做饭时（绾莲花指在用面做花卷儿）听见意中人经过的激动心情。作品的表情达意主要靠主体部分实现，从体部分只起点明环境的作用。从这里可以看出，这类赋式"花儿"的构思方式系由兴式转化而来，作品中还明显残留着兴的影子。

十七、赋式构思·比喻型。

这种类型构思的赋式"花儿"非常少见，我们考察的范围内只有两首，其中一首是传统"花儿"，一首是新中国成立后的新作。它们具有赋的构思特点，全诗四句构成一幅完整的画面，但画面直接显示的并不是作品的主旨，而是一幅比式景象，从这景象的比喻中才了解到作品的思想感情。这种构思方式与一般的临夏"花儿"是大异的。如：

> （二二）獐子吃草转滑崖，脚踩下石崖的泪了；
>
> 为了些青草绊下来，不费的心思费了。

从表面上看,这首"花儿"的画面说的是獐子的事,其实这是在比喻爱情的艰难过程;它写得很朴素,但形象含蓄,意味深长。

十八、赋式构思·其他型。

其他型赋式构思是指上述赋式构思之外仍然属于赋式的构思方式。属这类构思方式的"花儿"在我们考察的范围内不多,共17首,全部是较为近期的作品。这类构思方式多半是受了其他民歌的影响,把非"花儿"构思方式引进"花儿"创作的结果。这类赋式"花儿"又分为下面两种样式:

1. 第一句是比式的,如:

(二三)狼下平川老狼领,马步芳老贼当司令;

拔起了新兵开陇东,管你的家里人死净。

2. 第一句是兴式的,如:

(二四)风停雨住天色蓝,大建设,先进把先进追赶;

昨天创造的新纪录,到今天,又落到别人后面。

上面的两首"花儿"在临夏"花儿"来说,都属于赋式构思,因为它们都各是一幅完整图景,是通过直叙景物来表达情意的。它们的第一句是比或兴,这在其他民歌自然应划入比兴类,但临夏"花儿"的比兴都是前两句组成一个意思,划入显然不妥。事实上,它们都异于一般临夏"花儿"传统格式,更接近于赋式构思,而又并不相同,因此,我把它们归入赋式,同时注明这是受其他民歌影响所造成的。

对临夏"花儿"构思方式发展的认识和艺术性的估价

为了探索临夏"花儿"艺术方面的某些规律,我们把上面的具体考察情况加以归纳和集中,于是,得出临夏"花儿"艺术构思分类及作品数量情况的如下表式:

序号

临夏
"花儿"
的艺术
构思
（522
首）

兴式构思
（300 首）

侧重于形式的
（182 首）
- 借韵叶律型（139 首）（一）
- 形体对应型（43 首）（二）

侧重于内容的
（89 首）
- 烘云托月型（67 首）（三）
- 触景生情型（22 首）（四）

本子花
（29 首）
- 侧重于形式型（23 首）（五）
- 侧重于内容型（6 首）（六）

比式构思
（87 首）

侧重于形式型（20 首）（七）
侧重于内容型（30 首）（八）
内容与形式并重型（21 首）（九）
双对应型（4 首）（十）
连环比型（1 首）（十一）
比喻加动作演进型（4 首）（十二）
排比型（4 首）（十三）
对比型（3 首）（十四）

赋式构思
（135 首）

物与情统一型（48 首）（十五）
有侧重点型（68 首）（十六）
比喻型（2 首）（十七）
其他型（17 首）（十八）

另外,根据我们的考察,再将难以列入以上材料的新、旧"花儿"构思情况和作品数量列出下表:

构思方式 花儿内容	兴式构思	比式构思	赋式构思	合计
传统的情歌	214 首	54 首	36 首	304 首
旧社会苦歌	12 首	11 首	37 首	60 首
新社会颂歌	74 首	22 首	62 首	158 首
合计	300 首	87 首	135 首	522 首

现在,让我们以上面的考察资料为依据,对有关临夏"花儿"艺术方面的几个问题进行具体探讨。

(一)关于临夏"花儿"艺术构思方式的发展

从以上材料中可以看出:1. 在我们考察的 522 首"花儿"中,兴式"花儿"共有 300 首,约占考察总数的 3/5,这说明,兴是临夏"花儿"的最主要和最基本的构思方法。2. 从反映生活面看,522 首作品中传统情歌共有 304 首,约占考察总数的 3/5;在 304 首情歌中,兴式"花儿"共 214 首,约占情歌总数的 2/3,这又说明,情歌是临夏"花儿"的主要组成部分,而兴是情歌的主要构思方法。3. 另外,从临夏"花儿"触及的生活内容看,情歌的产生时间,显然早于新中国成立以后的新"花儿"及以控诉旧社会为主要内容的苦歌,所以,临夏"花儿"可说是一种从民间情歌开始,后来才逐步涉及其他社会内容的民歌形式(这一见解非本文论题范围,故不作详细论述)。因此,我们可以归纳出如下结论:兴是临夏"花儿"中最基本、最早和最初步的构思方法。这同临夏"花儿"本身的特点也是密切相关的——临夏"花儿"一首曲调只能配唱半首"花儿"歌词,这就为造成一首"花儿"两部分的割裂提供了客观条件。可见,兴作为构筑形象的方法,同比赋相对地说,是以描述景物和抒发情意这两部分的割裂为特点的。随着"花儿"创作的不断发展,这两部分逐渐接近,就出现了比和赋的构思方法。也就是说,比和赋是在兴的基础上逐渐发展起来的(需要说明:我们所得出的临夏"花儿"的兴早于比和赋的结论,是仅仅就临夏"花儿"这种民歌而说的,而且是从艺术构思这个角度考察得出的。至于作为一般诗歌表现方法的兴、比、赋,究竟谁早谁迟,与我们讨论的不是一个论题,不可相混)。

那么,兴是怎样发展为比和赋的呢? 这在我们的上述具体考察中,也可以明显地找出它们的发展轨迹来。请看下面"花儿"构思方式的演变:

(二五)兰州的木塔藏里的经,拉卜楞寺院的宝瓶;
　　　　痛烂了肝花想烂了心,哭麻了一对的眼睛。

(二六)阴山里长的干枝梅,阳山里长的是紫葵;
　　　　左手抓了个小阿哥,右手擦了个眼泪。

(二七)枣红公鸡单冠子,　(二八)黄河岸上的孤独雁,
　　　　墙头上把明叫了;　　　　石头上蹲给了两天;
　　　　尕妹穿的蓝衫子,　　　　双双对对真好看,
　　　　大门上把人耀了。　　　　单帮子活下的可怜。

(二九)天爷阴了雨没有下,(三○)白麻纸胡下的窗亮子,
　　　　石头上麻拉拉的;　　　　风吹着啪啦啦响哩;
　　　　跟前跟后你没有话,　　　想起阿哥的模样子,

心里头急抓抓的。　　　　　清眼泪刷啦啦淌哩。

（三一）三尺的白布染红了，（三二）尕马儿骑上枪背上，
　　　　再不能清缸里下了；　　　　照林棵打给了两枪；
　　　　上下的庄里吵红了，　　　　枪子儿落在了花心上，
　　　　能好是再不能罢了。　　　　下马者哭给了两场。

这几首"花儿"构思方式的演变，显示了兴式向比式和赋式构思发展的大体线索。

比式构思的形成：　　　　　　赋式构思的形成：

（二五）（借韵叶律型兴式构思）

（二六）（形体对应型兴式构思）

（二七）（烘云托月型兴式构思）　（二八）（触景生情型兴式构思）

（二九）（初级形态的比式构思）　（三〇）（初级形态的赋式构思）

（三一）（成熟形态的比式构思）　（三二）（成熟形态的赋式构思）

借韵叶律型兴式构思是临夏"花儿"最原始的构思方式。这时，"花儿"的主、从体部分处于割裂状态，除押韵外两部分再无其他关系。当人们追求主、从体在形体方面的对应关系时，形体对应型兴式构思逐渐出现，这类兴式构思开始从形式方面弥合主、从体的割裂状态。接着，人们注意从内容方面来牵近主、从体之间的距离，于是兴式构思有了重要的发展。由于牵近所采取的角度的差异，出现了烘云托月和触景生情两种类型构思方式，前者着重于主、从体内容上的配合，如第（二七）首用"枣红公鸡单冠子"两句的色调和情绪来烘托"尕

妹穿的蓝衫子"这两句主体;后者则注意使从体从内容方面将主体引出,如第(二八)首用"黄河岸上的孤独雁"两句的画面和情绪引出"单帮子活下的可怜"两句主旨的情意。这是兴式构思带关键意义的发展,它为比式和赋式构思的出现提供了条件,其后,兴式构思即分为两条线索向比向赋发展。

前一条线索。在烘云托月型兴式构思讲求主、从体在内容方面相配合的基础上,进一步追求主、从体意义上的一致性,以达到两者更好地配合而使割裂的距离缩小,出现了初级形态的比式构思。如第(二九)首,从体"天爷阴了雨没有下"两句表现一种闷热难耐气氛,与主体"心里头急抓抓的"两句的焦燥心情相对应,已经显示出了一种类比的意义。这种初级形态的比式构思,随着人们对主、从体意义和形体一致性的更高追求而得以发展,以致完全消除了主、从体间的割裂状态,最后就出现了像第(三一)首那样成熟的比式"花儿"。

后一条线索。在触景生情型兴式构思用从体把主体引出的基础上,进一步追求从体与主体画面的一致性,于是产生了初级形态的赋式构思。如第(三〇)首,从体"白麻纸胡下的窗亮子"两句是作为主体"想起阿哥的模样子"这一行为的环境地点同后者被组织在一个画面的,这就使这首"花儿"进入了赋的行列。而随着主、从体画面和表达情意的连续性、完整性的不断增强,两体融为一体,初级形态的赋式构思完成了自己的演变过程,成为能写出像第(三二)首这样"花儿"的成熟的赋式构思。

概括地说,兴是临夏"花儿"原始的构思方式,它是以主、从体割裂为特点的,随着这种割裂状态的消除,比和赋式构思于是产生。从兴到比和从兴到赋,是通过两种方式缩小和消除主从体距离的,前者采用使二者相配合的方式,最后达到了弥合;后者采用使二者相结合的方式,最后达到了融合。二者都是在既从形式又从内容方面使主、从体相接近的过程中完成的。

(二)关于临夏"花儿"艺术性的估价

临夏"花儿"的艺术性由其主、从体部分共同组成的形象的质量所决定。在有景有情及景情具有一定价值的条件下,景与情是否统一在很大程度上左右着作品艺术性的高低。在临夏"花儿"的创作中,兴、比、赋是处理主、从体关系的三种构思方式,因此,对这些构思方式的讨论对临夏"花儿"艺术性的认识具有重要的意义。

兴是临夏"花儿"最原始的构思方式,它是以主、从体相割裂为特点的。在侧重于形式的兴式"花儿",包括绝大多数"本子花"中,这种主、客体的割裂几乎达到毫不相干的地步。这类"花儿"从整体上说,艺术性是较差的,特别是那些主体部分仅仅平淡地说出平庸意思的作品。这类"花儿"的生产数量相当大,但它们大都并不为人们所欣赏、传唱和保存,而是被历史毫不吝惜地淘汰了。

这类"花儿"中也有像这样的作品:

(三三)芍药牡丹的黄丹桂,叶叶上滚的是露水;

一晚夕想你没瞌睡,大白天想你着难黑。

它的主体部分抒发的是歌者思念意中人的苦情,当事者的这种感情被表现得相当生动、深刻而又简洁,但它在内容上却同从体部分毫不相干,从体部分实际上成了完全多余的闲笔。用一首完整的具有文学价值的"花儿"的标准去要求它,不能不承认它是有缺陷的,它虽为获得艺术性提供了条件,但作为一首"花儿"还难以承认它有较高的艺术性。对于这样的作品,人们也还是喜爱的,但人们喜爱的只是它的主体部分的精彩表现,而绝不是它主、从体部分的割裂状态。正因为人们对它局部的欣赏,它仍为人们所传唱,这就使它具有了这样一种可能:在传唱中经过众多歌者的不断修改,使它得到与主体相配合得更好的从体,而成为一首艺术质量高的作品。临夏"花儿"园地里众多的优秀作品,正是通过这样的途径获得艺术性的。

侧重于内容的兴式"花儿",注意了主、从体意义上的配合,减弱了二者的割裂状态,获得了一定的艺术形象。具有较高艺术性的兴式"花儿"都包含在这类"花儿"之中,即是那些用烘云托月、触景生情方式构思的"花儿"。这类"花儿"的数量,从我们考察的结果看,约占整个兴式"花儿"总数的1/3。

"本子花"是临夏"花儿"的一个大支,属兴式"花儿"。它们基本上是主、从体两部分相割裂的,即使有的作品有意义上的某种配合,也带有很大程度的偶然性。这类"花儿"除主体部分有精彩的表达尚可为人们借鉴外,就整体而言,一般是缺少艺术性的。这类"花儿"已经被人们所冷淡,除了产生较早的传统情歌外,控诉旧社会的苦歌及新中国成立后的新歌中,这类样式的"花儿"已经很难看到了。

临夏"花儿"的比是在兴的基础上形成的一种构思方式,这种构思方式产生本身就是重视景与情、意与境相统一的结果。它以弥合主、从体之间的距离为目的,通过使二者相配合的手段来构筑艺术形象,这样的构思要求是符合艺术规律的。这类构思的临夏"花儿",除少数侧重于形式配合的作品外,一般都有较高的艺术性。但是,它们数量很少,连兴式"花儿"的1/3也不到。

与比式临夏"花儿"数量少相对照,它的构思类型却是比较丰富的,这说明它在广泛汲取其他民歌这方面的影响,排比型、对比型、比喻加动作演进等型的"花儿",都是这种影响的产物。这类"花儿"虽然不多,却预示着比式"花儿"发展的前景。只是这类"花儿"由于实践得尚少,有些作品中的临夏"花儿"风味尚不足,总有一股用临夏"花儿"格律写一般民歌的气息。这有待于在发展中进一步求得解决。

临夏"花儿"的赋,是在兴的基础上与比同时产生的一种构思方式。它也是尽力追求主、从体的相统一的,只是走的是使二者相结合的

路子,所构筑的艺术形象与比不同而已。赋式"花儿"的作品数量较多地多于比,较大地少于兴。其艺术质量,能让人们拍手叫绝的并不太多。这是因为这类作品往往较多地注重于意义方面的完整表达,或单纯追求景象的统一、环境的一致、动作的连续,而忽视了客观景物的典型选择和主观感情的诗意抒发,以致把生气勃勃的抒情诗降为干巴死板的概念组合体。这种现象以产生得较迟的作品为突出。

临夏"花儿"的比和赋都是在它的兴的基础上产生的,从艺术构思的角度说,这二者注意构筑形象上的情与景、意与境的统一,是较兴进步的构思方法。运用比、赋构思方式创作的"花儿"作品,往往能够较多地获得一定的艺术质量。但是,这绝不等于无条件地绝对地肯定比与赋的这种进步性,也绝不是说凡用比、赋方式创作的"花儿"就一定优于兴式"花儿"。艺术形象质量的高低是由多种因素决定的,处理景情关系的艺术构思可以从总体上决定艺术形象的面貌,但这种决定作用是在作品提供了景与情的条件下发挥的,离开了作品所提供的景情及其质量,艺术构思本身无法对艺术形象发生决定作用。这就是我们为什么会欣赏那种虽带着半拉子闲笔,却有景有情的兴式"花儿",而嫌弃那种虽意义完整明确,却枯燥概念的赋式"花儿"的原因。

临夏"花儿"有兴、比、赋三种构思方式,但从各式"花儿"的数量看,兴占的比重最大,而且有趣的是,即使是比、赋式"花儿",其中也残存着兴的影子。因此,兴既是临夏"花儿"的原始构思方式,又是它的基本构思方式,同时,临夏"花儿"还可说是一种以兴为特色的民歌,而这些,又都是为临夏"花儿"音乐歌唱上的特点所决定的。

1982 年 3 月

(原文发表于《西北民族大学学报·哲学社会科学版》,1982 年第 2 期,第 15—32 页。)

关于"花儿"的类型

本文论及"花儿"的类型,同于有些研究者用"花儿"的派别、流派、系统、体系等词语所表示的概念。

"花儿"是一种乐歌,在其曲调的制约下,它形成了自己独特的文学形态。"花儿"按其音乐特色、演唱方式、文学形态等方面的差异可分为不同的类型,这种类型之别显现在其固定形式的文学形态之上。从"花儿"这种民歌被引进民间文学研究领域开始,人们就发现了它的歌词形体结构上具有不同类型这种现象(多数研究者认为"花儿"可分为两大类型,我把它们称为以临夏"花儿"为代表的临夏型"花儿"和以洮岷"花儿"为代表的洮岷型"花儿"),并对此加以归纳和区分。由于对这种现象认识上的差异,人们使用了以上种种不同的词语对它进行表述。这些不同表述所包含的认识上的差异,影响了对"花儿"一些基本问题的深入研究。为了促进"花儿"的研究工作,对它的类型现象进一步探讨,也许不是一件没有意义的工作。

一、关于"花儿"类型现象的表述

对"花儿"具有不同类型这种现象的表述,经历了下面的过程,有以下一些提法:

1. 称这种现象为"花儿"的"派别"。这种表述最先见于张亚雄先生的《花儿集》。该书中曾说:"陇上(作者又常称"三陇",指甘肃、青海、宁夏的部分地区——笔者)'花儿'有两大派别,河州派……洮

州派……"(见第 55 页)《花儿集》初版刊于 1940 年,但据书中《花儿的派别及结构》一节说,作者在"民国二十五年十一月"曾经写过一篇叫《花儿再序》的文章,对"花儿"的派别及结构有详细的论述,而此节即是根据这篇文章写成的。又据作者说,他的这篇文章是按照牙含章先生向他介绍"花儿"的情况,"隐括其意"编写成的(见第 89 页)。因此,把"花儿"分为两大派别是张亚雄根据牙含章的意见在 1936 年提出来的。牙含章是我国民族学、宗教学方面的著名学者,甘肃临夏人,他对故乡的民俗包括山歌的情况是十分熟悉的。来自他的这种提法为大多数"花儿"爱好者和研究者所接受,从 20 世纪 40 年代到 70 年代所发表的"花儿"介绍、研究文章,绝大多数都是这样表述的。

2. 称这种现象为"花儿"的"系统"。使用这个提法的研究者极少,我只看到剑虹同志 1955 年在《试谈"花儿"》中说过:"'花儿'以其格式、风格及流行地区可分为两大系统。"这两大系统即指流行于甘肃临夏等地及青海、宁夏的"花儿",和流行于甘肃临潭、岷县等地的"花儿"①。

3. 称这种现象为"花儿"的"流派"。这种提法首先见于王浩同志 1979 年的《"花儿"的格律与流派》一文。作者说:"'花儿'在长期演进过程中,形成了迥然有别的艺术流派。"②这里所说的"艺术流派",即指临夏等地的"花儿"(原文称作"青海花儿")和洮岷"花儿"形体结构的不同类型现象。这种提法影响很大,绝大多数的"花儿"研究者此后涉及"花儿"类型现象,大都称"花儿"分为两大流派。

4. 称这种现象为"花儿"的"体系"。1980 年,卜锡文同志在《试论

---

①见《民间文学》,1955 年第 7 期。
②见《民间文学》,1979 年第 10 期。

"花儿"的体系与流派》一文中谨慎地对把"花儿"的类型现象称为"流派"提出异议,并提出自己的表述意见:"临夏'花儿'与洮岷'花儿'是两种完全不同类型的山歌,有的同志称它们为两种'流派',我想,可否用'体系'一词来表述。"他认为"所谓'流派'是存在于一个'共同体'中的""各有自己的主张、见解和风格"的东西①。因此,他文中的"流派"所指,主要是临夏"花儿"或洮岷"花儿"范围内部由于歌唱方面的差异所形成的派别。卜文对"流派"一词的解释和使用无疑都是确切的,但该文着重于"花儿"体系及其流派的论述,尚未对由于"流派"一词的不当运用所导致的后果进行探讨。

1982 年,朱刚同志在《"花儿"与"少年"辨析》一文中指出:把洮岷"花儿"和临夏"花儿"(该文称之为"河湟'少年'")归结为"一源之二流"、归结为"一个共同体中的两个流派"是一种错误,认为"二者是截然不同的民歌形式",在这种"把两类不同形式的民歌归属于同一类型民歌的理论指导下,进而探索它的产生、发展及其艺术规律""是不科学的"②。这个意见应该引起"花儿"研究者们的足够重视。事实上这种不科学的现象正在发生着,它必然影响着对"花儿"一些基本问题的深入研究。例如,在"花儿"渊源问题的研究上,有的研究者提出:"花儿"是一种"汉语、回调、藏风"的山歌,在汉语"花儿"出现前,有一段很长时间是用少数民族语言歌唱的,在唐代它原是伊凉地区(伊指伊吾,即今新疆哈密;凉指凉州,即甘肃武威——笔者)某些少数民族的歌曲。有的研究者则认为:洮、岷、河、湟一带的汉民是明代由南京迁来的,他们带来了专门咏唱花卉或以花卉作比兴来唱民歌的风俗,

---

①见《民间文学》,1980 年第 5 期。
②见《青海民族学院学报》,1982 年第 1 期。

于是推测最初定居于这一带的汉民所唱的这种歌,就是后来"花儿"的母体。这两种渊源说究竟何者更符合实际,我们姑且不作评论,但是,大家都知道临夏型"花儿"和洮岷型"花儿"是两种形体结构截然不同、歌唱方式各异、风格情调也有不少差别的山歌,上述两说各自是指哪种类型"花儿"的渊源呢? 如果说只指某一种类型的,文中并没有具体所指,而且涉及具体细节时又两类并提;如果说两种类型都指,那么,同一母体的苗又怎会开出面貌各异的两朵花呢? 这种研究工作中出现的困境,正是朱刚同志所指出的"把两类不同形式的民歌归属于同一类型民歌的理论指导"所带来的必然结果。这很自然地使我想起了几年前关于"花儿"格律问题的讨论。那时,有的研究者不是由于没有顾及"花儿"分为两种类型这一因素,从而作出了某些明显与"花儿"实际不符的论断吗? 在"花儿"其他问题的研究上,这样的教训我们应当汲取。

以上关于"花儿"类型现象的四种表述,原先以"派别"最为普遍,1979 年以来大有以"流派"代替的趋势了。但是,我们考察"流派"一词的概念,觉得用这个概念来表达却是不够恰当的。"流派"通常用来指学术思想或文艺创作方面的派别。流派用于文艺,是指在一定历史时期内,由于文艺见解和创作风格等的不同而自觉或不自觉形成的结合体;它涉及这个结合体的成员们的艺术观点、艺术趣味,以及最终体现于艺术创作在内容和形式诸方面的特点,其内涵是相当丰富的。而有些同志用它来表述的,主要是"花儿"这种民歌形体结构上的类型之别,其名和实之间的距离实在相差太多了。另外,从"流派"的构词角度讲,"流"是源之副,"派"是水之分支,"流派"有"同一源头的几个分支"的意思,因此有人常常用它来表示"一源之数流""一母本之数枝"等概念,如像京剧旦角行当的梅、程、荀、尚之类。而"花儿"从形体结构上讲,目前几乎所有的研究者都一致认为是两种完全不同类型的山歌,把它们说成是从同一个母体中分离出来的,似乎缺乏根据,至少没有经过深入研究就这样说显得过于匆忙。把一个没有得出结论的东西作为基础去研究其他问题,岂不是差得更远了吗?所以,无论从概念本身的意义或使用这一概念的后果说,把"花儿"的类型现象表述为"流派"都是不恰当的。

"派别"的表述,从字面上看虽不像"流派"那样明显表示"一源之数流""一母本之数枝"等概念,但其原意仍是"江河的分支"的意思,二者并没有实质上的区别,在"花儿"研究不断深入的今天,这个表述同样是不恰当的。

"体系"和"系统"是两个概念相近的表述,都是指同类事物(或有关事物)按一定的关系(或联系)而构成的整体。这两个表述倒不会发生像"流派"那样把完全不同类型的民歌当成"同源"和"同体"的问题。卜锡文同志正是考虑到避免这种不当而使用"体系"这一提法的。但是,这两个词语的概念都比较宽泛,用来表述"花儿"这种具体民歌的类型现象,似乎也不太妥当,更重要的是,卜文的重点在于论述不同类型"花儿"在歌唱方面的变异现象,这已经是音乐方面的事情了,在着重探讨"花儿"的形体结构这种属于文学范围的问题时,把音乐方面的事情也搅在其中,并给它一个侧重于音乐问题的表述,又显得很不协调。因此,我们觉得"体系"和"系统"这两个表述也是不恰当的。

通过对已往四种表述的探讨,我们现在提出一种新的表述方式——"类型",即类型之别。我们是在对作为民间文学的山歌"花儿"进行分类的,这种山歌有着固定的文学形态,这种形态按其形体结构是分为不同类型的,这样表述既切合"花儿"歌词的分类实际,又避免了其他表述所出现的种种问题,因此,它大概是比较恰当的。

二、什么是"花儿"

任何民歌的歌词都有其文学形态。探讨"花儿"文学形态的类别，先明确什么是"花儿"以确定其范围是必要的。

近几年来，卜锡文同志曾经明白地对"花儿"下过这样一个定义："'花儿'是甘、青、宁三省(区)相毗连的广大地区内流行的山歌，是这一地区各族劳动人民对他们土生土长的山歌所加的爱称。"①这个定义包含这样两层意思：一、从流行地区的角度对这种山歌作了质的规定；二、指出了称做"花儿"的缘由——美的象征。这个定义的内涵使我们想起了张亚雄先生在五十年前给"花儿"下的定义。他在说明什么叫做"花儿"时说："'花儿'是流行于三陇——甘青宁——的一种山歌，亦多有称之为'少年'者。'花儿'，指所钟爱的女人，'少年'则是男人们自觉的一种口号。"(《花儿集》，第50页)这里除了指出"花儿"的别名"少年"外，也包含同上面几乎完全相同的两层意思，所不同的只是称做"花儿"的原因稍有不同而已。这两个定义真正表明"花儿"的内涵是前一层意思，即从流行地区上规定了它的特质。如果这样理解他们对"花儿"所下定义的内涵，那么，可以说绝大多数的"花儿"研究者实际上都给这种山歌下过定义，因为大家在文章中都几乎这样对"花儿"作过解释，虽然并不曾申明这就是"花儿"的定义。这样说来，五十年来人们对"花儿"定义的概括是一致的。

把"花儿"定义的内涵仅仅归结为某个特定地区的山歌，从科学研究的角度讲似乎过于粗略。因为人们可以这样提出问题：是否甘、青、宁三省(区)部分地区流行的山歌都可以叫做"花儿"？显然不是。

---

①见《民间文学》，1980年第5期。

但是,究竟哪种算"花儿",哪种不算呢? 作为"花儿"还应当具有哪些特征呢? 上面的定义是回答不了这些问题的。于是,在关于"花儿"的研究中,就出现了把"花儿"流行地区的其他民歌当做"花儿"的问题,例如有的同志凡讲到甘、青、宁三省(区)的民歌,都一律称之为"花儿",有的同志把流传在甘肃临夏等地的长篇叙事民歌《马五哥与尕豆妹》归入"花儿"。这不能不说是这种粗略的定义所带来的不幸。

事物的定义是对该事物性质和特征的确切而简要的说明。给研究的对象以确当的定义,使人们在事物基本规律的指导下有效地开展研究工作,对于科学事业是十分重要的。"花儿"研究也不例外。定义从何而来? 它不是人们主观随意制定的,而是研究者通过对事物的具体内容的认真调查研究、比较分析,最后归纳概括出来的。为"花儿"概括定义,也应当经过这样的途径。

根据我们目前对"花儿"这种民歌的了解,它大约具有如下重要的性质和特征:

1. 它是一种山歌。山歌本来是部分地区人们对民歌的俗称,有人用它专指民歌中在山野里歌唱的一支,已是民歌下面一级的概念,"花儿"属山歌。

2. 它主要产生和流传在甘肃、青海和宁夏三省(区)相毗连的广大地区。

3. 它是一种以歌唱爱情为主要内容的民歌。"花儿"这种山歌为什么被称做"花儿"? 这同人们的爱情生活有密切的关系,在"花儿"流行地区,人们将有关男女爱情之事称为"花事""缠花""花案",将女情人亲昵地称为"花儿",因此,也就自然地将自己所唱的这种以歌唱爱情为主的山歌称为"花儿"。这不仅可以从人们搜集到的"花儿"中爱情部分占最大比例这一事实得到证明,而且,从不同曲调的传统"花儿"往往用"阿哥的肉""阿哥的白牡丹""我把我的大眼睛想着""我的杨柳儿姐""我把阿哥乖嘴儿想着"等极亲热的称呼作为衬词也可窥见这种民歌的如上特性。有的研究者没有充分考虑"花儿"的这种内容,仅仅从"男方对女方的称呼""美的象征"等方面去解释"花儿"命名的缘由,是不够恰当的。

4. 它除了采用独唱这一歌唱方式外,还利用庙会、集市等群众聚会时机开展对唱、合唱等歌唱活动。这种集体歌唱活动实际上成了山区人民独特的一种社交活动,人们在这里访亲会友,结交新知,而爱情、婚姻也往往由此发芽、开花、结果。

5. 它是好几个民族用汉语歌唱的山歌。"花儿"流传地区往往是回、汉、东乡、撒拉、土、保安、藏等民族的聚居区,其中东乡、撒拉、土、保安、藏等族都是有本民族语言的,而"花儿"却是这些民族人民群众用汉语歌唱的山歌。

6. 它的文学形态篇幅短小,在其曲调的制约下形成独特的格律,这些格律既是区别"花儿"与其他民歌的显著标志,也是划分"花儿"本身类型的依据。

以上重要特征经过归纳和概括,可为"花儿"得出这样的"定义":"花儿"是产生和流传在甘、青、宁部分地区的一种以爱情为主要内容的山歌,是这些地区的回、汉、东乡、撒拉、土、保安、藏等族人民群众用汉语歌唱、其格律和歌唱方式都相当独特的一种民歌。这个定义虽然并不一定精确和令人满意,但"花儿"的内涵和外延的重要方面都涉及了,大体上从不同角度概括了这种民歌的性质和特点。

三、"花儿"的类型

"花儿"究竟分为几种类型?

40多年前,张亚雄的《花儿集》中即有"花儿"可又分"河州型"和"洮岷型"(原文作"派")两大类型的意思,并早为绝大多数的"花儿"

爱好者和研究者所接受。但是,近几年来有的研究者就这个问题提出了新见解,并产生了一定影响。如有的同志提出"花儿"可分为三大类型(原文作"体系")的见解。认为除了临夏和洮岷类型的"花儿"之外,还有一种可称为陇中"花儿"的山歌,它流传在甘肃省庄浪、静宁、清水、秦安、甘谷、武山、陇西、定西、通渭、会宁等县的汉、回族群众之中。由于当地人民习惯上把它称为"花儿",它也应是"花儿"的一种。

我以为,以"当地人民习惯上都称为'花儿'"为理由把这种山歌划入"花儿"是不妥的。陇中山歌原来叫"山歌",只是由于受了"花儿"这个称谓的影响,才有少数人也这样称呼的。

我们的"花儿"的定义包含了多方面的条件,在独唱之外还利用群众集会场面歌唱,也是其中之一。既然陇中一带"由于经济、文化等社会生活的发展,目前已没有'花儿会'",那陇中山歌就失去了成为"花儿"的条件。因为任何民族的习俗,诚然都是同这个民族的经济、文化等社会生活状况密切相关的,可一旦这种习俗形成,往往显出出奇的稳定性,即使赖以形成这种习俗的客观条件发生了变化,而习俗本身并不会立即消亡。如我国各族人民除夕燃放爆竹的习俗,本是旧时代形成的,其中杂有一定封建迷信意味,今天这一层意思在多数人的思想上早已没有了,而这个习俗本身仍然继续存在着。因此,陇中一带的"目前已没有'花儿会'",恐怕不仅是目前没有,而是从来就不曾有过这一习俗。我们翻阅了陇中一带的民歌资料,情况是这样的:

1.《庄浪民歌》(庄浪文化馆编印,1981年3月):收入陇中山歌曲谱1首,歌词2段(每两句为一段,下同)。

2.《清水民歌选》(清水县民歌集成小组编印,1980年12月):收入陇中山歌曲谱2首,歌词3段。

3.《秦安县民间歌曲集成》(秦安县民歌集成小组和县文化馆编成,1981年1月):收入陇中山歌曲谱1首,歌词10段。

4.《甘谷县民间歌曲集成》(甘谷县文化馆编印,1981 年 3 月):收入陇中山歌曲谱 11 首,歌词 12 段。

5.《武山民间音乐》(武山民间歌曲编选小组编印,1980 年 12 月):收入陇中山歌曲谱 7 首,歌词 18 段。

6.《通渭民歌选》(通渭县文化馆编印):收入陇中山歌曲谱 1 首,歌词 1 段。

7.《会宁民歌集》(会宁县文化馆编印):收入陇中山歌曲谱 8 首,歌词 51 首。

以上共收编 7 个县的陇中山歌曲谱 31 首,配附歌词 97 首(均按原始资料统计,各县曲词相重者未除出)。这些曲谱都是每首由两个基本乐句构成,它们与歌词相配有以下几种样式和情况:一首曲谱配一段歌词的 16 首。这类歌词两句押一个韵,表达一个完整的意思,如:

> 一碗凉水半碗油,
> 想着"花儿"眼泪流。

> ——见《甘谷县民间歌曲集成》

一首曲谱配两段歌词的 8 首。这类歌词两段分别押各自的韵,各段表达各段的意思,应当写作这样:

> 骡子骑上马跟上,
> 把你娃娃我背上。
> 我的娃娃你甭抢,
> 你的心思我知道。

> ——见《清水民歌选》

一首曲谱配三段以上歌词的 7 首。这类歌词各段同样各押各的韵,各段分别表达各自的意思,应当写作:

> 眼看南山雨来了,

一心盼着你来了。

天上的云彩要下哩，

你妈妈打你为啥哩？

我妈妈打我没为啥，

为我连哥哥到一搭。

——见《会宁民歌集》

从这三种曲词配合的样式看，陇中山歌完全不像临夏型"花儿"那样，每四句表达一个完整的意思，而是每两句表达一个意思。把表达着两层意思的两段（四句）山歌强拉在一起，硬当成一首山歌的做法实在是很不妥当的，因此，陇中山歌的文学形态，无论就其形体结构还是就其表达的意义说，都只能是每首两句，而不是每首四句。

至于陇中山歌的节奏，应当这样划分：

你拿上｜镢头｜我拿上｜锹，

咱把这｜大梁｜平成｜川。

所有各句都是每句四顿，每顿二至三字，单字尾。这也是中国民歌最普遍的节奏形式。综上所述，虽则我们目前对陇中山歌的情况掌握得不是很多，但就已掌握的资料看，它的文字形态同"信天游"完全相同，其他条件与我们已经认识的"花儿"相去甚远。把这种山歌划为一种新类型"花儿"，似乎显得过于匆忙，

还有一种见解是"花儿"只有一种类型，认为把流行在河湟一带的"少年"划归为"花儿""是个误会"，它其实同洮岷"花儿"是"截然不同的两种民歌形式"。但是，这样就在否定临夏型"花儿"为"花儿"的同时，实际上主张了"花儿"只有一种类型，即只有洮岷型"花儿"才是"花儿"。

"花儿"的研究者们都知道，"花儿"这种民歌名字最早见之于文字的，是清代甘肃临洮诗人吴镇的两首诗："花儿饶比兴，番女亦风

流。"吴镇是临洮人,他的这两句诗是《我忆临洮好》(十首)之中的,因此,其中的"花儿"显然是指洮岷"花儿",绝不是河湟"少年"。这种理解是合理的,符合实际的,这说明洮岷的这种民歌叫"花儿"。河湟地区叫不叫呢?

持"'花儿'只有一种类型"这种观点的同志认为河湟地区的山歌历来就叫"少年"。但好些临夏籍的"花儿"研究者却坚持说,他们的老辈人告诉他们,自己家乡的山歌不仅叫"少年",同时也一直叫"花儿"。都是河湟地区的人们的意见,究竟谁对呢?还是讨论一下比较靠实的东西吧。

前者为了证明河湟山歌历来就叫"少年",连举了三首有着"自报家门"为"少年"的这种山歌,如"心儿里有你者口难开,'少年'啦问候者你来"等等。对此我并无异议,因为河湟"少年"原来与"花儿"是并称的。然而他们仅举出一首带"花儿"一词的山歌:

> "花儿"本是心上话,
>
> 不唱是由不得自家。
>
> 刀刀拿来头割下,
>
> 不死还这个唱法。

而且立即断定这是1949年前后的作品,所以不足为凭。原因是找出了这首作品的母体:"三股子麻绳背扎下,大堂的金柱上绑下;钢刀拿来头割下,不死就是这个闹法。"实际上民间文学的口头性是会带来它的变异性的,意义相近的"异文"作品在民间文学中并不少见,某些语句相互移用的情况也是常有的。找到了所谓"母体",并不排斥这两首歌产生在相近的时代。而且,出现"花儿"一词的河湟山歌绝非一首。随便翻翻已出版的"花儿"集子,歌中出现"花儿"歌名的作品还可以举出一些,如甘肃人民出版社1980年出版的《花儿选集》中就有:

胆子放大了跟前来，
心上的"花儿"漫来。

认不得尕妹妹口难开，
"花儿"里搭一个话来。

你漫个"花儿"我搭个话，
不成了顺大路走吧。

心里有话口难开，
"花儿"里带上个话来。
……

如果认为这几首出自最近的出版物，不足以说明问题，我们还可以举出 1940 年出版的张亚雄的《花儿集》中的例子：

花椒的树是一普揽，
刺玫花把我的手扎；
尕妹好比海盆的花，
折不上，
漫一个"花儿"了走吧！

甘肃凉州的好棉花，
纺线者要织个手帕；
你漫"花儿"我答话，
寻上个大路了走吧。

除了河湟"少年"作品中反映出它被称作"花儿"外，从"漫花儿"这个语词的用法上也可以证明"花儿"也包括河湟"少年"。了解一些

"花儿"情况的人们都知道，洮岷型"花儿"流行地区是不大有"漫花儿"这个说法的，在"花儿"作品中也难以找到这样的反映；而在河湟地区这个说法却很流行，因此，"漫花儿"就意味着是在唱河湟"少年"。"漫花儿"一语最早见于文字的有张亚雄的《花儿集》："'花儿'多男女对唱，叫做'漫花儿'"（第171页）；还有1936年出版的慕少堂先生的《甘宁青史略》："邻家作土工者又在房'上漫花儿'，一唱一和，音调酸楚动听。"①

另外，从新中国成立前的出版物中，我们也是可以找到人们所称的"花儿"是确实包含河湟"少年"在内的证明的。张亚雄的《花儿集》中引过学者牙含章给他的一封信，对一首"花儿"中的"米粮川"这个地名进行考证。牙在信中连引了三首"花儿"来论证自己的观点，这几首"花儿"全是临夏"花儿"，牙也明明白白地称它们为"花儿"。这封信写于民国二十五年九月，说明在1936年临夏籍的牙含章就把自己家乡的山歌称做"花儿"。不仅如此，时间还可以再往前推，1925年出版的北大《歌谣》周刊第八十二期上，刊登有袁复礼先生搜集整理的甘肃"话儿"30首，这是"花儿"作品最早的文字资料。这里的"话儿"是"花儿"的误写，其作品全系临夏型"花"。可喜的是，袁复礼的这30首"花儿"全是自己从群众中搜集的，而且还细心地在每首旁注上它的来源，它们多出自"脚夫"或"河州学生""狄道学生""河州十四岁回童"之口。说明远在民国十四年，属于河湟地的甘肃临夏型"花儿"流行区域的群众，是把这种山歌称为"花儿"的。

以上材料至少可以说明：在1949年的20多年前，"花儿"这个名称已经在河湟地区被用来称呼也叫"少年"的这种山歌了，这个名称

———

①见《甘宁青史略》副编卷五。

绝不是张亚雄先生首先叫起来的,也不是《花儿集》出版后才开始风行起来的。任何没有群众基础的东西,单凭一个人、一本书(何况又是一本不可能为群众普遍注意的书)的宣传、提倡,就能在短短几年内为群众广泛接受并普及,是无法想象的事。张亚雄先生对于"花儿"的历史功绩,主要是把群众中原来就有的东西加以搜集、整理、归纳,概括为条理化的东西。既然如此,把原来也叫"花儿"的河湟"少年"排除在"花儿"的范围之外,就没有多大道理了。认为"花儿"只有一种类型的见解不够全面。

我们是赞同"花儿"分为两大类型这一传统观点的。但是,我们既不否认它们在音乐特色、演唱方式、文学形态等方面都有着相当大的差别;同时又承认它们在称呼、性质、内容、流行地区等方面的一致性。我们认为,"花儿"是产生和流传在甘、青、宁部分地区同属于"花儿"歌种而又区分为两大类型的山歌,按照目前所掌握的情况,这样认识"花儿"及其类型是比较符合实际的。至于如何从文学形态上具体区别"花儿"的类型,则属于"花儿"格律论述范围的事,本文就不再涉及了。

(原文发表于《民族文学研究》,1984 年第 2 期,第 88—95 页。)

"花儿"的内容与文学观念

——两种类型"花儿"对比研究之一

"花儿"一般被认为可分为临夏型"花儿"和洮岷型"花儿"两大类型。两种类型"花儿"的不同之处,主要表现在流行地区、传唱的民族、演唱方式和音乐特色等方面,从文学角度说,主要显示在文学形态上面,即其格律(包括章句、节奏和押韵等)的不同,这已经为"花儿"的研究者们谈得不少了。这些不同之处大都不涉及"花儿"的内容,涉及"花儿"内容的,谈及的人好像还没有见到过。而关于两种类型"花儿"内容的对比研究,可以扩大"花儿"研究范围,使研究工作进一步深入发展。本文打算从对两种类型"花儿"内容的考察入手,探讨它们文学观念上的差异。

一、两种类型"花儿"内容的对比考察

对比考察两种类型"花儿"的内容,先要明确一下什么是文学的内容。

根据文学的基本原理,文学是反映客观的社会生活并表达创作者的思想感情的,因此,所谓文学的内容就是渗透着一定思想感情的社会生活,即客观社会生活与主观思想感情的统一。对于抒情性作品来说,主观思想感情在内容中占着主导的地位。"花儿"这种短小的文学样式的内容也不例外。用关于文学的内容的这个概念去衡量两种类型"花儿",从理论上看,好像二者的内容是一致的;因为两种类型

"花儿"都面对着同一社会生活,都表达着创作者的思想感情。如果这样单从抽象理论出发研究问题,两种类型"花儿"内容是否存在着差异这个论题就难以深入下去了。因此,我们应当换一个角度,从对两种类型"花儿"的实际内容的对比考察入手。

我们打算分三个层次对它们的内容进行对比考察。

首先,让我们把两种类型"花儿"所涉及的社会生活面做个比较。根据目前所见到的资料,对临夏型"花儿"按所涉及的生活面划分,主要包括两大类:一是情歌,二是情歌之外的其他社会生活歌。其他社会生活歌,新中国成立前主要有旧社会的阶级剥削、压迫和军阀在西北的统治等生活内容。新中国成立后主要有歌颂中国共产党、中国人民解放军和人民领袖,以及有关社会主义革命和建设的内容。除此之外,有带有组歌性质的联唱"花儿",如《熬五更》《十二月念情》《杏花二月天》等,或反映阶级剥削,或歌唱男女爱情,都可以划入以上两大类之中。

洮岷型"花儿"所涉及的生活内容比临夏型"花儿"广泛得多,除了临夏型"花儿"所包括的两方面生活之外,又有它自己所独有的内容,主要有:

1. 交谊歌

指交朋友讲友谊的歌。莲花山等地的所谓"花儿会"上的多数对唱"花儿"属于此类内容。莲花山会上的歌内容丰富,或讲交新知,或叙旧情谊,或赞扬对方才华,或相约来年再会,等等,总之大都是有关交谊内容的。山区人民把莲花山当做社交活动的场所,既进行娱乐,又来寻求友谊,它自然也包括爱情生活,但又远比爱情生活广阔和丰富得多。

2. 贺喜歌

指用于喜庆活动的歌。洮岷型"花儿"不像临夏型"花儿"那样不能在村里和家里唱,它可以用于有些喜庆场面,起烘托喜庆气氛、进行娱乐的作用。如莲花山一带的新媳妇生头生子时,有办吃"出月"活动的风俗,活动中自始至终穿插着唱有关贺生子的"花儿"。

3. 对答歌

洮岷型"花儿"的主要歌唱方式是对唱,但这里所说的对答歌专指像"小放牛"一类对唱的内容。这类"花儿"数量并不多,然而它是洮岷型"花儿"异于临夏型"花儿"的内容。如《我来问,你来答》:

什么花开不见花?

什么结籽一串搭?

什么穿的绿夹夹?

花椒开花不见花,

葡萄结将一串搭,

蚂蚱穿的绿袯袯。

除了这几项新内容,洮岷型"花儿"还被运用于其他生活领域,自然有涉及这些生活领域的内容。如:

涉及神事活动的"赶旱魔"。据雍诚调查,莲花山附近有关于"赶旱魔"的乡俗:当地人认为干旱是旱魔作祟,而旱魔怕赤身露体的妇女,于是,组织妇女进行赶旱魔活动。这一活动中穿插着唱"花儿"。

又如,洮岷型"花儿"还被用来在临终前安排遗嘱。据黄金钰文说,岷县秦许公社牛坝大队有位齐大娘,弥留时用唱"花儿"向子女嘱咐,直到咽气(见《甘肃民间文学丛刊》,1982年第二期)。

以上两种类型"花儿"对比可见,洮岷"花儿"使用的范围更广,反映的生活面更为宽泛。

接下来,我们把对比范围缩小,再对两种类型的爱情"花儿"的内容作一对比。

两种类型的爱情"花儿",它们所涉及的爱情生活面大体一致,但歌咏同类生活面的歌者的性别并不相同,即作品在抒发主观思想感情上存在着差别。我们把《西北花儿》(西北民族学院研究社印,郗慧民编选)中涉及爱情生活主要历程的两种类型"花儿"作如下对比考察:

考察情况＼考察内容		赞美	追求	相爱	离别	相思	重逢
临夏型『花儿』	考察总数	17	60	45	26	32	11
	男性独唱	17	52	29	7	8	8
	(占百分比)	(100%)	(87%)	(65%)	(27%)	(25%)	(73%)
	女性独唱	0	8	16	19	24	3
	(占百分比)	(0%)	(13%)	(35%)	(73%)	(75%)	(27%)
岷型『花儿』	考察总数	9	27	31	11	20	(洮岷型"花儿"此类作品较少)
	男性独唱	7	16	18	0	6	
	(占百分比)	(78%)	(60%)	(58%)	(0%)	(30%)	
	女性独唱	2	11	13	11	14	
	(占百分比)	(22%)	(40%)	(42%)	(100%)	(70%)	

在上面这个对比表中,赞美,指歌者对对方的外貌或品质赞扬的"花儿",该书选编了17首(性别难以确定者除外,余同)。这种内容的临夏型"花儿",全部为男性独唱,占考察总数的100%;这种内容的洮岷型"花儿"该书选编了9首,男性唱者7首,占78%。以下类此。这个考察材料表明:就女性歌唱者而言,洮岷型爱情"花儿"总的来说比临夏型"花儿"所占比例要大;而在赞美、追求、相爱等求爱阶段,洮岷型"花儿"的女性歌唱者占的比例就更大了。

最后,我们再把对比范围缩小,对爱情"花儿"中的某一具体内容、例如关于相思之情的抒发进行对比考察。

相思类爱情"花儿",无论从生活实际或人的心理因素讲,都更侧重于表现女性的思想感情,它们在两种类型的爱情"花儿"中都占一定重要地位。这种内容"花儿"的女性歌唱者比例,在两种类型"花儿"中大体旗鼓相当,让我们对它们的情况加以对比。

临夏型"花儿"的相思歌是这样的(均省去比、兴、赋部分):

> 这两天想你想憋了,
> 平地里走路着绊了。
>
> 嘴说没想心可想,
> 想给着骨头里渗上。
>
> 三碗的肚子我吃两碗。
> 想你着只吃了半碗。
>
> 白日里想你着心痛烂,
> 夜夜晚夕着梦见。
>
> 痛烂肝花思烂了心,
> 哭麻了一对的眼睛。
>
> 尕脸儿想成了黄钱马,
> 尕身子想成了泪蜡。

洮岷型"花儿"的相思歌是这样的:

> 杨柳树,叶儿青,
> 想你头发根子痛,

黄杨木梳梳不成。

镢头挖了竹子根，
想你指甲根子痛，
圪蚤咬者抠不成。

镢头挖了石榴根，
想你磕膝盖子痛，
跪者地上走不成。

风刮杨柳树摆哩，
想你头昏心摔哩，
活像漂洋过海哩。

我想你是也可怜，
心连肝花全想烂，
肺上想下乱眼眼。

月亮上来一面镜，
想下你的你不信，
肠子拧成死疙瘩，
镢把砸成碎渣渣。

想哥想得不一般，
肠子想成丝线了，
心花想成豆瓣了。

两种类型"花儿"都是女性的相思歌,但它们在形象的塑造和对听者的感染上却大不相同。前者从生活实际出发,带有强烈的感受,情真意切,感人至深;后者则同实际相距甚远,不像是出于强烈感受所歌咏者,缺少相思的真情实感,不能给人以深切的感情感染。就拿表述歌者相思苦到极点这种情绪来说,临夏型"花儿"是:

痛烂肝花想烂了心,

哭麻了一对的眼睛。

重在表述歌者的苦情,其痛苦情况毕现;洮岷型"花儿"是:

心连肝花全想烂,

肺上想下乱眼眼。

虽然也"心呀""肝花"地咏唱,但不重于歌者感情的表现,而在心与肝花本身上做文章,结果,盛辞吞没了思念之情。两种类型"花儿"在使用艺术夸张时,处理辞与情的关系不同,其形象的感情色彩必异,对听者的感染自然也就不一样了。

二、对两种类型"花儿"内容对比考察结果的分析

(一)两种类型"花儿"的第一个层次——所涉及生活面的对比,说明洮岷型"花儿"在反映生活上较临夏型"花儿"宽泛,表现为在五个方面涉及了后者未曾涉及的生活面。其中涉及神事活动和用于遗嘱的,可归为一类。这类"花儿"数量不多,它们主要被当作一种工具来利用,本身已经失去作为文艺作品的资格。这种现象,除说明洮岷型"花儿"在它的产生地流行普遍外,还说明这些地区其他文化手段的贫乏。但作为文艺现象,它们已经超出我们直接研究的范围。

交谊歌、贺喜歌和对答歌三者可以归为一类,从数量上说,交谊歌部分比重甚大,在整个洮岷型"花儿"中占有重要地位。这类"花儿"同整个临夏型"花儿"相比,显示出二者在文学观念上有着显著的差

异。临夏型"花儿"作为抒情诗,目的在于表情达意,歌唱者在抒发自己的情怀,听歌者在接受所抒情绪的感染,因此,抒情性是其主要特点。交谊歌等类洮岷型"花儿",作为意识形态自然也表情达意,但从参与歌唱活动者的主观意愿和所产生的效果说,目的都在于娱乐,因此,娱乐性是它们的主要特点。这样,我们把两种类型"花儿"内容进行第一层次的对比所得出的结论是:临夏型"花儿"的主要特点是抒情性,洮岷型"花儿"中的一个重要部分的主要特点是娱乐性。

(二)如果说,上面关于两种类型"花儿"内容第一层次的对比,主要在于考察内容的客观部分,第二层次的考察重点就放在内容的主观部分上了。我们把考察范围由所涉及的生活面缩小到关于爱情生活的几个主要阶段,而着重对比考察了两种类型"花儿"的感情色彩——体现为歌者的性别。对比结果是,洮岷型"花儿"的女性歌者在歌咏爱情上,比另型"花儿"的同性歌者要活跃得多。例如,临夏型"花儿"中一般只见男性赞美女性,而洮岷型"花儿"的女性歌者也有赞美男方的。尤其叫人惊异的是,洮岷型"花儿"的女性歌者竟然这样没有遮拦地向情人表达自己的情感;

> 你若吃肉给我喘,
> 大腿面上拿刀片,
> 镰刀砍上也不痛,
> 为了小哥我的人。

这种在正常情况下所采用的非正常的奇特表达方式,不仅在临夏型"花儿"的女性歌者那里绝对找不到,在其他地方民歌的女性歌者中也是极为罕见的。

洮岷型"花儿"女性歌者在爱情表达上的这种活跃状况说明什么呢?按逻辑推理,它自然说明洮岷型"花儿"流传区的女性在受封建礼教的约束上要比较轻些。这种推理是有一定道理的。但是,从总体上说,这个地区的人们实际上又不可能不受封建礼教的影响,因为整个中国处在这种影响之中。据马晓军根据采访所写的《"花儿"歌手穷尕妹》(刊《临夏文艺》,1983 年第一期)一文讲,已往,莲花山一带的妇女是不能在莲花山唱"花儿"的,穷尕妹开了先例,成为莲花山"花儿"的第一个女歌手,这不过是 20 世纪 30 年代中期的事。既然在旧时代,洮岷型"花儿"流行区的妇女连对唱"花儿"的活动都不能参加,那我们上面所提到的那种十分活跃的爱情"花儿",又是怎样创作出来的呢?我们暂且把这个问题先放一放。

(三)第三个层次——两种类型"花儿"的女性相思歌的对比,有助于解决上面所出现的问题。对比结果是,临夏型"花儿"的女性相思歌大都从实际生活出发,切实地抒发着歌者的相思之情;而洮岷型女性相思"花儿"则往往与生活实际相去甚远,过分夸张的表达方式不能真切表达出处于相思情境中的妇女的思想感情,使歌中所表达的思想感情失之于虚假。把这一层次同第二层次的对比结果放在一起分析,洮岷型"花儿"女性歌者在咏唱爱情方面比较活跃,而歌词所表达的感情却偏于虚假。这种状况说明什么呢?它只能说明:这类"花儿"中的一部分不是女性真情的自然流露,而是男人们打着女性的旗号,替她们创作出来的。

那么,果真有这样的怪事吗?男人们为什么要冒充女性来编唱这样的歌呢?这样的问题,只有在洮岷型"花儿"的具体歌唱中去寻求答案。

三、洮岷"花儿"的独特歌唱方式决定了它的特性

洮岷型"花儿"的歌唱方式是独特的,它主要采取两组对歌的方式,而在群众性集会的场合(如庙会)进行。如莲花山地区的对唱,对歌的每组由若干人组成,按分句、轮流的方式共同把一首歌唱完。这

种对歌形式,在多数情况下,就像朋友见面拉家常一样,有问有答;主要内容是寒暄、叙旧、论今、相期等等,在未脱开一般套路格式时,显得比较平淡。如果对歌双方遇到一个大家都感兴趣的题目,就会你有来言我有去语地相互诘问或比赛起来,出现极为精彩的对歌场面。对歌的题目,并不是事先商定,往往是在对歌过程中自然出现的。例如唱及男女恋爱中的相思之情,甲组来一段相思得特别厉害的,乙组就来一段更厉害的,甲组再压倒对方,乙组当然并不示弱……对歌就这样此起彼伏地进行下去。他们的歌已经不是在抒发特定情境下的真情实意,而是在赛歌的场合按自己扮演的角色创造出夸张性的歌词去同对方竞赛,赛聪明智慧、赛反应能力、赛语言的运用技巧,等等。我们前面所引的洮岷型相思"花儿"的例子大都是这种情况下的产物。在妇女不能自由参加对歌活动的旧时代,这一系列表演自然全是由男人们单方面完成的。他们的歌唱,不是在抒情,而是在娱乐。由此可见,洮岷型"花儿"中,不仅交谊歌、贺喜歌和对答歌部分具有娱乐性的特点,其他部分也大都带有这样的特点。

需要说明的是,娱乐性与抒情性并不是两个对立的概念,二者并不互相排斥,好的抒情性之作必然会产生一定娱乐作用,娱乐之作也包含某种表情达意的因素。而且作为内容广泛、用途多样的洮岷"花儿",除了娱乐性之外,还同时兼有抒情等其他特点。但从两种类型"花儿"的内容以及与此有关的创作目的和对接受者的作用的差异,可以看出两者在文学观念上是不相同的,临夏型"花儿"侧重于抒情,洮岷型"花儿"则更侧重于娱乐。它们的这种特点又主要是由它们的歌唱方式决定的。这就是通过两种类型"花儿"内容对比研究所得出的结论。

(原文发表于《民族文学研究》,1987 年第 1 期,第 85—89 页。)

关于对西北民歌"花儿"的认识

"花儿"是流传在我国西北部分地区的一种民歌。

在西北高原旅行,人们经常会听到一种地方色彩浓郁、风格十分独特的民歌,它出自农民、脚夫、牧人、筏子手等职业人之口,声调高亢、悠扬,感情深沉、真挚,有时苍凉悲切,如泣如诉,有时欢愉轻快,怡然自得,它尤能引起外地人的特别注意,而给人以强烈艺术感染。这就是如今已被不少人认识并喜爱的西北高原民歌——"花儿"。

"花儿"被越来越多的人所认识,仅仅是近几十年的事。要系统而深入地认识这种民歌,先让我们回顾一下人们认识它的历史过程。

一、对"花儿"认识的历史过程

"花儿"最早见于文字记载是在清代。清代甘肃省临洮县诗人吴镇曾在他的诗作《我忆临洮好》(十首)中简略地提到了它。吴镇,字信辰,号松崖,别号松花道人,生于康熙六十年(1721年),卒于嘉庆二年(1797年),著有《松花庵诗草》等。他的诗引起过当时著名诗人袁枚的注意,袁在《随园诗话》中曾对他的诗加以品评和赞扬,因此,这个吴镇可以说是当地相当有影响的文化人了。他的《我忆临洮好》(十首)的第九首是这样写的:

> 我忆临洮好,
>
> 灵纵足胜游。
>
> 石船藏水面,

> 玉井泻峰头。
> 多雨山皆润,
> 长丰岁不愁。
> 花儿饶比兴,
> 番女亦风流。

　　这里不仅提到"花儿"这种民歌的歌名,还点出了它"饶比兴"的特点。这对人们认识"花儿"是一个十分可贵的历史资料。这首诗是吴镇在湖南做官时所作,是其中年以后的作品,距今约二百年,也就是说,"花儿"见于文字记载距今已有二百年了。

　　见于文字记载的最早"花儿"作品,也在清代。据清乾隆五十七年(1792年)龚景瀚撰修的青海《循化志》载,当时有这样一首"花儿":

> 大力架牙壑里过来了,
> 撒拉的艳姑吓见了;
> 撒拉的艳姑是好艳姑;
> 艳姑的脚大着坏了。
> 脚大手大你夔弹嫌,
> 走两步大路是干散。

——转引自《撒拉族简史》第 95 页

距今也已二百年。但是在这以后,"花儿"在文化界被冷落了一百多年。

　　五四运动时期,我国文化界兴起歌谣学运动,这是一个以采集、整理和研究人民口头创作为内容的学术运动,运动的大本营在北京大学,该校文科教师组织了"歌谣研究会",出版了《歌谣周刊》,开创了我国早期民间文学和民俗学的研究。西北高原民歌"花儿"引起了《歌谣周刊》编辑者的注意,在该刊第八十二号(民国十四年三月十五日出版)头版上,"特载"了袁复礼介绍"花儿"的文章:《甘肃的歌谣——

"话儿"》，并在第二版至第六版刊载了袁复礼搜集的"花儿"30首。

袁复礼第一次比较具体地对"花儿"作了如下介绍：

> 外省人一入了甘肃境，就可以听得一种极高亢的歌调，
> 其音调之高及音程、音阶变换之奇特，尤能使外省人特别
> 注意。

> "话儿"的散布很普遍，在东部平凉、固原，西北部凉州、
> 甘州，都听见过，由兰州至狄道，沿路所闻的尤多。此外，尚
> 有西宁同河州商人，秦州、秦安的脚夫都会唱。

它不但介绍了"花儿"音乐方面的浓郁地方特点，还介绍了它的流传
地区等。

袁复礼，河北人，清华大学毕业，曾留学美国，是我国最早的地质
学专家。他在《歌谣周刊》上刊登的 30 首"花儿"，就是在甘肃进行地
质勘探时搜集的。这些"花儿"，其文学形态全是临夏、青海等地区流
传的"花儿"的格式。这是继《循化志》之后，在报刊上发表的最早"花
儿"作品，也是花儿研究的开始，时在 1925 年，距今已有 60 年。由于
是第一次公开介绍，搜集者又是外省人，没有弄清群众所说的"花儿"
是哪两个字，认为民歌是唱心里话的文艺，于是把"花儿"误写为
"话儿"。

1929 年，著名文学家朱自清在清华大学讲《中国歌谣》时，曾在
介绍《歌谣的起源和发展》中引用过袁复礼所搜集的下面一首"花儿"

> 焦赞孟良火葫芦，
> 活（应为火）化了穆柯寨了，
> 错是我俩人都错了，
> 不是再不要怪了。

大约也在这时，在北京任教的甘肃临洮人谢润甫，曾作了《西北
地区的特殊民歌——"花儿"》的介绍，指出了"花儿"的某些地方特

色,引起了文化界的重视。

20世纪30年代,专门研究西北地方志的甘肃镇原人慕少堂对"花儿"给予了注意。慕少堂,名寿祺,字子介,生于1873年,卒于1948年,曾加入过同盟会。民国元年任甘肃临时省议会副议长,1929年任甘肃省通志局副总纂,1939年任甘肃崇院文史学教授。1936年,他在兰州俊华印书馆印行了他编纂的《甘宁青史略》一书。这是一部很有影响的地方史巨著,正副编共四十卷。就在这部《史略》的副编卷五中,慕少堂以"花儿"的名目收入民歌111首、曲谱1首,并在总序及几处小序中,对"花儿"进行评介。慕少堂在总序中说:

> ……民间所唱花儿,苟精其术,亦可致遏云响谷之妙也。岂古之伊凉调乎,或以其:鄙俗而弃之则惑之甚。诗三百篇有三义焉,一曰兴二曰比三曰赋,文已尽而意有余兴也,因物喻志比也,直书其事寓言写物赋也。弘斯三义酌而用之,使味之者无极,闻之者动心,是诗之至也。花儿虽不敢上比古人,而赋比兴三义俱全,轺轩所采匄于此加之感乎,噫乐府歌章咸皆丧坠。余之所录,庶周旋于闾里均之于谈笑耳,至民国歌谣据事直书皆赋体也,惜搜罗未备以俟博闻之者补兹漏焉。

在第3页注说:

> 如番地所唱之花儿,冲口而出,不假思索,是谓不学而能,按之风琴是否合谱,则非所知也……

在第31页《花儿》小序说:

> 此西北之民众文学,其中多男女恋爱之词,亦有咏史事者,大都根据三国演义、隋唐演义以及岳传、水浒诸小说,盖目不识丁者听人口授,有时形诸歌咏亦三百篇之比兴体也,其体裁是七言绝其第四句与三句重,劳人思妇冲口而出,殆

天籁也。孔颖达曰:婴儿孩子则怀嬉忭跃之心玄鹤苍鸾亦合歌舞节奏之应,狄道吴镇有句云:花儿饶比兴,番女亦风流。情动于中则歌咏外,发番汉所讴借抒胸臆,使孔子度陇略为润色,附诸三百篇之后,以供人研究矣。

卷末,又在《评论花儿之价值》中说:

右近二十年之花儿搜罗几尽,其涉于淫乱者概不录,亦放郑声之义也。及门诸子请加论断,时有不速之客在寓顽小牌,正在算胡,邻家作土工者又在房上漫花儿一唱一和,音调酸楚动听,有时用比以发端,余闻之喜曰此好资料也,凑成四韵,聊以代评:

世情大抵爱新奇,

谱续霓裳更有谁;

作戏逢场顽叶子,

听人隔院唱花儿;

来源远矣伊凉调,

淫曲居然郑卫诗;

毕竟其中多比兴,

松崖评语正相宜。

慕少堂的这些评介,从"花儿"的内容特点、艺术表现方法、文学样式,以及渊源等方面,发表了自己的见解。慕以"花儿"名目收录的一百多首民歌,经过查对、辨别,只有六首是真正的"花儿",其余则是其他民歌。这些民歌,绝大多数产生于20世纪30年代甘肃军阀混战时期,流传于马廷贤、马仲英武装集团的官兵之中,内容多述及人民群众在战乱中受蹂躏的惨状。由于慕的评介在某种程度上以这些民歌为依据,难免有不切"花儿"实际之处;又由于他文艺思想的局限,他没有能够收录较多传统"花儿"的精品。

与此同时,在《甘肃民国日报》当记者的甘肃榆中人张亚雄,乘编报之便,在报上公开征集"花儿",并发表关于"花儿"的介绍和研究文章。1940年,张亚雄在重庆由青年书店出版了研究"花儿"的专著《花儿集》。这本书的出版是"花儿"研究史上的一件大事。全书共342页,分为上、下两编。上编题为"西北山歌'花儿'集叙论",是张亚雄关于"花儿"的介绍研究,共八万余字,其目录如下:

一、引言

二、从风俗习惯说起

三、空前的人口大交流与语言的混合

四、旧瓶新酒及宣传等

五、什么叫做"花儿"

六、"花儿"的文学意味

七、"花儿"的派别及结构

八、"花儿"的作风

九、采风录

第一篇 杨家将十支曲

第二篇 怎样曲对唱

第三篇 鸦片烟歌

第四篇 论抄录山歌

第五篇 五更曲

第六篇 二郎山情调

第七篇 莲花山的六月六

十、杂话"花儿"

1. 松花道人赏识花儿

2. 以山歌解山歌

3. 河州牡丹甲天下

4. 外方游客口中的"临夏民歌"

5. 关于注释的话

下编题为"'花儿'选",是编选的"花儿"作品,其目录如下:

1. 绮丽的月令曲

2. 雄花和雌花

3. 十二月牡丹

4. 九九节气歌

5. 杏花二月天

6. 青海曲

7. 渔猎、樵苏、游牧等

8. 农民生活、衣食住及化妆等

9. 农作与收成

10. 农村风味

11. 野景

12. 民间的历史掌故

13. 民间的地理掌故

14. 骑士与马

15. 脚户、贩夫、工匠

16. 季节、天文、天时

17. 从军与尚武

18. 迷信与神话

19. 强项与大胆

20. 农民心目中的官家社会

21. 杨家将与宋朝

22. 三国

23. 清朝

24. 梁山泊、西游记

25. 列国、封神

26. 薛家将与唐朝

27. 细腻的描写

28. 错综的美与错误的艺术

29. 咬文嚼字及滑稽的描写

30. 其他

上编选引"花儿"170首,下编选编"花儿"483首,全书共汇集"花儿"作品653首。书中所选"花儿"几乎每首都有注释或具体说明;其研究部分介绍了西北地区的民俗、风尚、语言以及"花儿"的内容、形式和演唱等,是一部为人们提供了大量"花儿"作品和有关资料、内容丰富的著作,对人们认识和研究"花儿"有着重要的影响。

到了20世纪40年代,对"花儿"的注意和研究者逐渐多了起来,他们主要在《新西北月刊》《西北通讯》《西北论衡》《甘肃和平日报》《青海民国日报》等报刊上评介"花儿"。但是,一般说来,这些评介没有更多超出张亚雄《花儿集》所涉及的范围和达到的水平。值得一提的有如下两件事:一、"花儿"引起了音乐家的注意。我国著名音乐家王云阶夫妇这一时期到青海西宁办青海音乐学校,他们注意搜集"花儿"和"花儿"曲调,并在当时《青海民国日报》他所主编的《乐艺》副刊上刊载。后来他在上海曾出版名为《山丹花》的青海"花儿"曲集。这是"花儿"曲谱公开印行的开始。二、1948年,热爱"花儿"的西北史地专家李文实,在《甘肃和平日报》上连载"花儿"研究文章《"少年"漫谭》。

中华人民共和国成立以后,随着文化事业的繁荣发展,"花儿"受到文化部门的重视,搜集整理出版的"花儿"选本越来越多,"花儿"歌手也被邀请进省、上京演唱(1953年,全国民间音乐舞蹈会演,著名"花儿"歌手朱仲禄、王绍明、马占祥等第一次把"花儿"送进北京),使更多的人欣赏到了这种独特民歌的歌调。与此同时,对"花儿"的研究也一步深一步地开展起来,尤其是"四人帮"被粉碎后的这几年,据我读过在报刊上发表的关于"花儿"的研究文章,自新中国成立以来就有二百多篇。这些文章所涉及的研究范围和达到的科学水平,都大大超过了前人。由于上述工作的开展,如今"花儿"已为国内关心文艺的人普遍知晓,并引起国外民间文艺工作者的注意,甚至成为某些外国人研究的对象。

这就是人们对"花儿"认识的一个粗略的历史过程。从这个过程可以看出,人们对这种民歌的认识经历了一个由淡漠、缓慢到注意、迅速的较长阶段,最后达到我们今天对"花儿"认识的这种结果。虽然如此,我们对"花儿"的研究仍然是不平衡的,我们对它的认识还不够全面和深入,尤其是缺少一种系统性的认识。而弥补这种不足,尚待"花儿"研究者们继续努力。

二、给"花儿"下一个定义

要系统而深入地认识"花儿",先明确到底什么是"花儿",以此确定这种民歌的具体范围,识别它的性质和特点,是十分必要的。也就是说,在探讨"花儿"之前,我们先得给它一个定义。

在关于"花儿"的研究中,对"花儿"正经八百地下定义的研究者好像还不太多。近几年来,卜锡文开了先例,他十分明确地给"花儿"下了这样一个定义:

我们对"花儿"可以概括地下个定义:"花儿"是甘、青、宁三省(区)相毗连的广大地区内流行的山歌,是这一地区各族劳动人民对他们那里土生土长的山歌所加的爱称。

——见《民间文学》,1980 年第 5 期,《试论"花儿的体系与流派》

　　这个定义包含这样两层意思：一、从流行地区的角度对这种民歌作了质的规定；二、指出了称做"花儿"的缘由——美的象征。这个定义的内涵使我想起了张亚雄在50年前给"花儿"下的定义。他在说明什么叫做"花儿"时说：

> "花儿"是流行于三陇——甘青宁——的一种山歌，亦
> 多有称之谓"少年"者。"花儿"指所钟爱的女人，"少年"则是
> 男人们自觉的一种口号。
>
> ——见《花儿集》第50页

这里除了指出"花儿"的别名"少年"外，也包含同上面几乎完全相同的两层意思，所不同的，只是称做"花儿"的原因稍有不同罢了。这两个定义真正表现着"花儿"内涵的是前一层意思，即从流行地区上规定了它的特质。如果这样理解他们对"花儿"所下定义的内涵，那么，可以说绝大多数的"花儿"研究者实际上都给这种民歌下过定义，因为大家在文章中几乎都这样对"花儿"作过解释，虽然并不曾申明这就是"花儿"的定义。这样说来，五十年来人们对"花儿"定义的概括是一致的。

　　把"花儿"定义的内涵仅仅归结为某个特定地区的民歌，从科学研究的角度讲似乎过于粗略。因为人们可以这样提出问题：是否甘、青、宁三省（区）部分地区流行的山歌都可以叫做"花儿"？显然不是。但是，究竟哪种算"花儿"，哪种不算呢？作为"花儿"还应当具有哪些特征呢？上面的定义是回答不了这些问题的。于是，在关于"花儿"的研究实际中，就出现了把"花儿"流行地区的其他民歌当做"花儿"的现象，例如有的同志凡讲到甘、青、宁省（区）的民歌，都一律称之为"花儿"，有的同志把流传在甘肃临夏等地的长篇叙事民歌《马五哥与尕豆妹》归入"花儿"。这不能不说是这种粗略的定义所带来的不幸。

　　事物的定义是对该事物性质和特征的确切而简要的说明。给研

究对象以精确而严谨的定义，使人们在事物基本规律的指导下有效地开展研究工作，对于科学事业是十分重要的。"花儿"研究也不例外。定义从何而来？它不是由人们主观随意制订出来的，而要遵循下定义的一般规则。一个严谨而明确的定义必须具备两方面的要求：一、揭示被定义事物的内涵，即要指出该事物的性质和特征；二、符合定义的逻辑结构，下定义的概念与被下定义的概念在外延方面要相等。要揭示事物的性质和特征，又是靠研究者经过对该事物的具体实际进行调查研究、比较分析，最后归纳概括而得到的。为"花儿"下定义，也应当遵循这样的规则，经过这样的途径。

根据我们目前对"花儿"这种民歌的了解，它大体上具有如下重要的性质和特征：

1. 它是一种以歌唱爱情为主要内容的民歌。从人们搜集到的大量"花儿"作品看，以歌唱爱情为内容的"花儿"占最大比例，尤其是传统"花儿"，产生较早的"花儿"大都是爱情"花儿"；而且爱情"花儿"在整个"花儿"中艺术质量最高，这是在长期流传中，经过传唱者千锤百炼的结果；另外，不同曲调的"花儿"往往用"阿哥的肉""阿哥的白牡丹""我把我的大眼睛想着""我的杨柳儿姐""我把阿哥乖嘴儿想着"等亲热的称呼作衬词，因此，"花儿"从历史上看，是一种民间情歌，只是后来才逐渐涉及其他生活内容的。

2. 它是一种山歌。山歌本来是有的地区的人们对民歌的俗称，现在有人用它专门指民歌中在山野里歌唱的一支。这样，歌谣的分类就成了这样：

山歌属民歌下面一级的概念。这种意见是很有道理的。"花儿"由于内容的原因,是不能在庄子里、更不能在家里随便唱的,它只能在山野里歌唱,因此又称"野曲"。这在"花儿"特别盛行的地方,如甘肃临夏、青海循化、同仁一带,是相当严格的。据陈赓亚在 1936 年写的《西北视察记》一书中说:"……白马寺(在青海省乐都县与西宁之间)居民回、汉、藏杂居,共四十余家。各茶肆、面店贴有村规一纸,略谓:'汉回藏人等,若有争吵者,罚银十二元。无论居民或行人,若在近村唱歌曲者,执打柳鞭一百二十下。'又据说 1949 年以前,在兰州与临夏之间的一个叫贺家山的地方,村头路旁大树上挂一个羊头,表示过路人如果在这里唱'花儿',就要被罚一头羊。"可见,"花儿"是一种只能在山野里歌唱的山歌。

3. 它主要产生和流传在甘肃、青海、宁夏三省(区)的部分地区,由于甘、青一些流传"花儿"地区的人迁徙新疆昌吉一带,在昌吉回族自治州也有流传。

4. 它除了采用独唱这一歌唱方式外,还利用庙会、物资交流会等群众集会时机开展对唱、合唱等歌唱活动。这种集体歌唱活动实际上成了山区人民独特的一种社交活动,人们在这里访亲会友,结交新知,而爱情、婚姻也往往由此发芽、开花、结果。

5. 它是好几个民族用汉语歌唱的山歌。"花儿"流传地区往往是回、汉、东乡、撒拉、土、保安、藏等民族的聚居区,其中东乡、撒拉、土、保安、藏等族都是有本民族语言的,而"花儿"却是这些民族人民用汉语歌唱的山歌。

6. 它具有独特的格律。"花儿"是一种配合着一定曲调歌唱的乐歌,在其音乐的制约下形成一定文学形态,这种文学形态篇幅短小,格律独特。这些格律既是区别"花儿"与其他民歌的鲜明标志,也是划分"花儿"本身类型的依据。

以上重要特质经过归纳和概括,可为"花儿"得出这样的定义:"花儿"是产生和流传在甘、青、宁、新部分地区的一种以爱情为主要内容的山歌,是这些地区的回、汉、东乡、撒拉、土、保安、藏等族人民用汉语歌唱、其格律和歌唱方式都相当独特的一种民歌。

这个定义虽然并不一定十分精确和令人满意,但"花儿"的内涵的重要方面都涉及了,大体上从不同角度概括了这种民歌的性质和特点,外延也较为适当,是比较符合"花儿"这种民歌的实际的。

三、关于"花儿"的命名

"花儿"这种民歌还有一个歌名,叫"少年"。两个歌名同时并存,而以"花儿"最为普遍,但在有的地区如青海的某些地方,侧重叫"少年"。不过从总体上讲,现在人们提到这种民歌,大都称它为"花儿"。

"花儿"这种民歌之所以被称作"花儿"其缘由何在?在关于"花儿"的研究中,主要有如下几种说法。

1. "以花借代"说

认为在这种民歌中,男方称女方为"花儿",女方称男方为"少年",如:"我维的花儿你没见,万花里挑下的牡丹""我维的少年是人尖子,飞鸟吧伙里的鹞子"。于是,人们将这种称呼人的名词用来命名这种民歌。这种说法最早由张亚雄提出。他在《花儿集》中说:"花儿,指所钟爱的女人,少年则是男人们自觉的一种口号。追求人生意义,唯有少年为黄金时代,而恋爱钟情诸般韵事,唯少年能尽所欢。是以歌者虽龙钟老人,其歌仍然以少年名之。"(见《花儿集》第50页)这种说法影响最大,多数人都持此说。

2. "借花寄意"说

认为花是美好的象征,人们把美好的愿望寄托在歌名之中。持这种说法的有王浩、黄荣恩等,他们在《花儿源流初探》一文中说:"劳动人民把自己无限心爱的艺术和歌手,称为'花儿'或'少年',无非是取其'美好和象征之意',表示'珍爱赞美之情'吧。"(见《民间文学》,1962年第6期)

3."咏花定名"说

这种说法是柯扬1981年提出的新见解,其理由是:一、引用顾颉刚《浪口村随笔·明初西北移民》(见《责善半月刊》,第一卷二十三期)中的一段话:"洮州有人歌曰,'你从哪里来?我从南京来。你带得什么花儿来?我带得茉莉花儿来。其地无茉莉,知此歌必为初移之民所遗留,至少亦是根据初民之遗语而咏歌者。"由于洮、岷、河、湟等地之汉民多为明初从南京等地来的移民,柯以此推测明移民"大概有专门咏唱花卉或花卉作为比兴来唱民歌的风俗"。二、北京大学所编的《歌谣周刊》第七十三号(1924年12月出版)上曾刊顾颉刚青年时搜集的《孟姜女十二月花名》的南京民歌,从正月一直唱到腊月,共十二段,每段四句,每段的头一句都用一种花名来起兴,咏唱孟姜女思夫的故事,而"花儿"中也有不少用花卉起兴。三、宁夏地区有一种叫"数花"的民间说唱形式,歌词每段开头以花名和这种花的特征起兴,它与"花儿"有无关系,有深入研究必要。根据这三点,柯推测"花儿"这个名称,来源于歌唱花卉或用花卉作比兴的民歌(见《兰州大学学报》,1981年2期,《花儿溯源》)。

4."花从山起"说

这种说法是卜锡文1981年提出的新见解。他认为"花儿"这个歌名是首先起于甘肃莲花山一带,然后逐渐扩大到其他"花儿"流传地区的。命名为"花儿"的缘由不是单一而是多重的。"花儿"歌名既与莲花山有联系,又同"花儿会"有联系,还同有关传说有联系,另外也同歌调有联系。把这诸多联系归纳在一起,就是"花儿之名,就是在莲花山的特殊自然环境中,在莲花山山歌活动中,在种种美丽传说的参与下,经过人们口头的提炼和加工,逐渐脱颖而生"。但是,卜锡文提出的多种命名因素也不是没有主次之分的。据他向不少歌手调查:"为什么把山歌叫'花儿'?"大都回答说:"因为唱的是莲花山。"因此,他最后说:"'花儿'系因歌唱莲花山而得名,这就是简要的结论。"也就是说,他的基本观点是,由于人们用山歌来唱莲花山,而莲花山是以花命山名,于是歌唱对象的山名也就转化成歌名(见《西北民族学院学报》,1981 年第 4 期,《花儿命名臆谈》)。

以上四种说法,都有着各自的理由和根据,但我认为也都还存在一些值得研究的地方。

"以花借代"说所提出的理由,无疑是"花儿"所以被称为"花儿"的直接原因。不足处是这种理由尚显得比较表面,未把这种民歌的命名同它的实际更进一步联系起来,从而未揭示出更带实质性的缘由。

"借花寄意"说,从思考问题角度说,采用的是"循果索因"的方法,花卉既然是美好之物,用"花儿"命名自然寄托了美好的愿望。但循果索因要不要考虑会有一果数因或一因数果这种可能存在?否则将会使得到的结论经不起多方面的推敲。例如:花作为客观事物能引起人多种感受,其中自然包括美的感受。而美的愿望也可以寄托在包括花在内的多种事物之中,那么人们会问,"花儿"这种民歌为什么非要用"花"这种美的事物而不用其他美的事物来命名?这二者之间究竟有什么必然联系呢?从这种说法提出的理由同"花儿"实际的联系讲,也似乎显得较空泛。"花儿"及其歌手什么地方引起人们的美感和珍爱,以至于非用"花儿"而不是其他名词来称呼其名呢?

"咏花定名"说把"花儿"的命名同渊源问题联系在一起探讨,提出了多种资料,也确乎为人们认识"花儿"的历史开辟了一条新路。我们姑且先把"花儿"的渊源问题留在其他机会讨论,这里着重探讨它的命名。这种说法推理层次较多,层次之间推测多于证实,如仅从几首涉及花卉的歌推测有咏唱花卉的风俗,又由这种风俗推测出用"花儿"来命名。而这些,我们尚不能从"花儿"实际中看出一点较为清晰的轨迹。因此,它给人一种仅是初步设想的感觉。

"花从山起"说所提出的"花儿"命名缘由,从理论上讲尚有值得商榷的地方,而且同"花儿"的有关实际也似乎不太切合。任何形式的艺术都是主客观统一的产物,都在描绘客观事物的同时表达着主观的思想感情。以诗歌来说,不是"托物言志"便是"寓情于物",诗歌中唱山咏水,都旨在反映社会生活,抒发社会的人的思想感情,表达他们的要求、愿望。任何纯客观的东西都是不能称作艺术作品的。以莲花山地区的"花儿"来说,不过是借这座山作为唱歌的场所,在涉及山上景物的情况下,来反映自己的生活以表情达意罢了。考察各种有关莲花山"花儿"选本,情况难道不正是这样吗?有多少"花儿"是单纯为唱莲花山而唱莲花山的呢?既然事实上这种民歌并不以莲花山为单纯歌唱对象,怎么又会以这座山为缘由来命名呢?诚然,莲花山一带的不少歌手们都可能会说"叫花儿是因为唱莲花山",但我考虑它极可能是指关于"花儿"渊源的那个美丽的传说。而传说或群众所说的其他意见,只为探讨问题提供了线索,是不能作为根据的。

纵观以上四种说法,其不足之处,多在于没有把命名的缘由同这种民歌的实际更紧密地联系起来。古人说,名者实之副也。实是指事物的实际存在,即它的存在样式、与有关事物的联系,以及由此而形成的性质、特点等。名则属人们对实的认识范围。任何事物的名号,总是它的实际的或直或曲、或表或里、这样那样的反映。因此,我认为,只有从"花儿"的客观实际出发,才能找到它命名的真正缘由。

"花儿"的实际是什么?最重要的实际,它是一种情歌,它是以爱情为主要表现对象的,或者说是通过爱情这个领域来表现人们的社会生活,表达他们的思想感情的。这,我们可以从现存的大量"花儿"、尤其是传统"花儿"作品中得到证实。同时,从"花儿"的曲调大多数用"阿哥的白牡丹""阿哥的肉"等爱情生活中的用语作衬词,也可以作为佐证。正因为是情歌,它不能在家里、村里歌唱,它属于"山歌",是"野曲"。同"花儿"命名有关的另一重要实际是,"花儿"主要流行地区有一种把爱情之事同"花"这个词联系在一起的习俗。如把爱情之事叫"花事",把谈恋爱叫"缠花",把因爱情风波引起的官司叫"花案",把女情人亲昵地称做"花儿",等等。"花儿"这种民歌所以被称做"花儿",正是这两个重要实际相结合的必然结果。"花儿"的命名,关键在于这个名突出了它的内容,是名与实相符的。我的这种意见可以称作为"以花点睛"说。

"花儿"的另一名称是"少年"。既然,"花儿"之名的来源与爱情内容有关,爱情活动中男方对女方的昵称被借代作歌名,而用与"花儿"相对应的"少年"也当歌名,大概就是顺理成章的事了。多年来,人们都是这样认识的,因之,也很少有人对称"少年"的这一缘由提出过其他意见。

近几年来,在对待这个问题上出现了新情况。

1980年,李文实在《"花儿"与〈诗经·国风〉》(见《青海民族学院学报》,1980年第4期)一文中提出,"花儿"与"少年"指的是同一种民歌,但它们的内容"各有所偏重"。他说:"所谓'花儿',是指这类口头文学中有关男女爱情之什而言,而所谓'少年',则统括行旅、感事、伤时、言情、咏物之什而言,当是古'劳歌'之遗韵,所谓劳者自歌,是也。从内容上说,二者之间仍也有一定的区别。只是由于有关爱情的'花儿'作品,流传下来的最多,影响也最广泛,所以一般只知有'花儿',而不知有'少年'罢了。"这一见解无疑是新颖的,它涉及"少年"的命名一定有着与"花儿"不同的缘由,但遗憾的是缺少依据和论证,人们既难以从道理上把"少年"与劳动生活二者联系起来,也难从具体作品上得到证实,因而,这一见解没有引起较大的反响。

与此同时,刘佑对"少年"这个名称提出了质疑。他认为,"花儿"的别名被称做"Shao nian"是事实,但写作"少年"是不对的。主要理由是:一、这种民歌是用口头方言表情达意的,而"少年"一词不是口语语词,是书面语语词。二、青海方言中没有"少年"一词,而称青年男子为"小伙子""尕小伙"。三、"花儿"与"少年"是对应称呼,而"花儿"一词是比喻性的,"少年"则不是,修辞方式不谐调。"Shao nian"写作"少年"不对。那怎样才对呢? 刘佑认为"少年"可能是"烧脸"之误。因为青海人把"脸"并不读为 Lian 而是读为 nian,"烧脸"与"少年"同音。"烧脸"是害羞、脸红的意思,而以表现爱情为内容的"花儿",在旧时代是被看作"烧脸"的事情。因此,用"烧脸"来称呼这种民歌就是自然的事了(见中国民间文艺研究会青海分会编印:《"少年"("花儿")论集》中的《是"少年"还是"烧脸"》一文)。这见解的前半部分,即"花儿"的别名写作"少年"不正确,看来是似乎有些道理的,但后面说到正确的写法应当是"烧脸"时,所讲的道理就难以叫人信服了。

总之,"花儿"的别名何以又叫"少年",是一个已往被人们认为已经解决,因而没有更多地给予注意的问题,这个问题尚有待进一步研究。

(原文发表于《西北民族研究》,1986 年,第 243—253 页。)

"花儿"的衬词

"花儿"的衬词是"花儿"演唱中的一大显著特色。

中国民歌的演唱大都是有衬词的,但像"花儿"的衬词这么丰富和复杂却是我们在任何民歌演唱中很少遇到的。"花儿"衬词的丰富多彩令听歌者赞叹不止,它的复杂变化又让研究者难以把握。可以说,在演唱中"花儿"衬词和它本身的存在是密切相关的,离开了衬词,"花儿"也就很难成其为"花儿"了。因此,"花儿"研究者有所谓"无'花'不有衬,无衬不成'花'"的说法。

本文拟就"花儿"的衬词进行一些概括性的考察研究。

一、"花儿"衬词的分类和用法

衬词是歌唱艺术中常用的术语,指作品中在直接表现主题思想的正词之外,为了歌唱的需要而增加的词句。以"花儿"来说,它由音乐部分和文学部分构成,在歌唱中二者是密切相配合的。对它们进行仔细划分,"花儿"的音乐部分又分为主体乐句和扩充部分的衬腔,与主体乐句相配合的是正词,与衬腔部分相配合的是衬词。"花儿"的衬词,在作为民间文学的"花儿"的选本中,除个别衬字外,一般是不写出来的,但在"花儿"曲谱中它们却是不可缺少的组成部分。本文论及的衬词就是以"花儿"曲谱中的衬词为依据的。

"花儿"的衬词是个概括性的说法,根据"花儿"的实际,它的衬词可分为三类:衬字、衬词和衬句。我们先对河州型"花儿"的衬词进行考察。

1. 河州型"花儿"的衬字

这里所说的衬字,严格意义上说多数也都是一种词,只是它们大都没有什么实际意义,字数又较少,所以称为衬字。河州型"花儿"的衬字用得非常普遍,每首"花儿"在歌唱时都加了不少衬字,这些衬字可以分为以下三类:

(一)语助性衬字

这类衬字主要有:着、吧、吓(补写作"哈")、们、嘛(补写作"吗")、啦、的、了等八个。它们绝大多数是语助词,本身没有什么独立意义,在正词的句子中间使用,往往置于作主语的名词和谓语动词之间,在句子中,作格律性音乐填充用,与正词密切结合,不可随意省略,因此有的研究者又称之为"格律性衬河"。如:

△者:尕骡子碾场(着)跑外圈。

△吧:石山(吧)根里的草多。

△吓:花马(吓)骑上了枪背上。

△们:血痂(们)嘴皮上坐了。

△嘛:有心时(嘛)有长走的路哩。

△啦:我俩的身子如墨(啦)染。

△的:撒拉的艳姑是好艳(的)姑。

△了:一对的鸽子飞崖(了)湾。

(二)镶嵌性衬字

这类衬字又可分为两类,一是"就"字类,一是"个"字类。属于前者的有:就、嘛就、我就、它就、呀就、吓就、着就、的就、啦就、里就等;属于后者的有:个、的个、那个、一个等。它们本身是有实际意义的,嵌入正词仍保持其本来的意义,如果把它们拿掉,丝毫不影响正词意义的表达,它们只起着填充音节的作用。它们主要用于正词句子的中间,往往安排在作主语的名词或谓语动词之后。如:

△就:花母鸡(就)下了个荒蛋了。

△你就:黑云彩(你就)山尖上跑哩。

△啊就:尕马儿(啊就)骑上枪背上。

△啦就:百七(啦就)百八码青稞。

△吓就:黄河(吓就)干了海旱了。

△嘛就:花儿里(嘛就)俊不过白牡丹。

△个:想起(个)尕妹了哭一场。

△那个:揭起(那个)门帘往里头看。

(三)感叹性衬字

这类衬字主要有:呀、邪、啊、哎、哎哟、耶啊、耶是、哎哟嗬、哎拜耶等。他们在正词中的位置不同,词性与作用也不相同,大体上可分为处于句首、句中和句尾三种情况。

处于句首或断句开头的,常带有感叹词性质,具有呼唤或慨叹的含义,如:

△(哎)我送我的阿哥到黄河沿。

△(哎哟)天空的太阳升高了呀。

△(哎哟嗬)天上的星星出全了呀。

处于句中的,常放在名词、代名词或动词之后、之中,其感叹词的词性已经消失,只起填充音节的镶嵌作用,如:

△呀:天空的太阳升(呀)高了。

△耶:手拿上碌(耶)碡(着哟)打月亮。

△啊:没人时我(啊)陪者坐哩。

处于句尾的, 也仍保持其感叹词的性质, 或表示慨叹或表示收尾,如:

△呀:上去(个)高山(者)望平(了)川(呀)。

△耶:各民族欢乐者笑(呀)了(耶)。

△耶啊:白牡丹(啊就)白得(着)耀人哩(耶啊)。

△哎拜耶:得胜的阿哥们来了(呀)(哎拜耶)

2. 河州型"花儿"的衬词

这里所说的衬词主要是指那些具有实际意义的衬词,它们当中属于单纯词的并不多,绝大多数是词组,这些词组按在歌唱中的使用情况又可分为单个使用和成套使用的词组两类。

单个使用的词组数量较多,可以说大多数词组性衬词都属于此类。它们绝大多数是名词性称谓词组,主要有:"阿哥的肉呀"(1949年后多改为"同志们听""众乡亲听言"等)、"阿哥的憨肉肉""我的大身材耶""小呀六莲嘛""好花儿呀""五荤人呀""孕巴嘉"(撒拉语:朋友)"阿姐呀哟呀""花儿孕连手"等。河州型"花儿"歌词的基本格式是每首四句,而其曲调则是每首两个乐句,因此每首曲调只能唱半首"花儿"歌词,这两句歌词习惯上被称为上句与下句。上面的衬词全都用于上下两个正词句子之间,如:

白牡丹白着耀人哩,

(阿哥的肉呀)

红牡丹红着破哩。

只有少数这类衬词词组——主要是土族"花儿"曲令如《杨柳姐令》《黄花姐令》等的衬词:"我的杨柳儿姐呀""我的黄花儿姐呀"等,用于末句正词的中间,如:

大门前头的杏花儿树,

杏花树,

杏花儿(哪我的杨柳儿姐呀)扬红着哩。

这类衬词有少量是感叹性词组或难以判定意义与词性的词组,主要有:"三三儿木六呀,嘛呀六六儿三呀""阿细毛告""哎唏干散俊耶"等,它们也都用于上下两个正词句子之间,如:

我维的尕妹心变了呀,

(三三儿木六呀,嘛呀六六儿三呀)

大眼睛不看个我了。

　　所谓成套使用的衬词词组,是指两个以上词组的联合使用,它们的数量不多,主要有:"一啦啦、二啦啦——三啦啦哎哟""阿哥的白牡丹——小我的花儿""三呀儿绕——三呀儿绕——绕三绕""阿呀哥的肉——哎哟山里的牧童哥,哎山里的姜麻姑"等。它们在歌词中的布局各不相同,《三啦啦令》是这样(除此以外,《三啦啦令》衬词还有其他布局方式):

骑上尕驴着赶上个牛,

(一啦啦、二啦啦)赶上个牛,

(三啦啦哎哟)脊背后(呀)跟的是连手(耶)。

《白牡丹令》是这样:

蓝天上(你就)飘的是白(呀)云彩,

(阿哥的白牡丹呀),

风刮着(呀就)洒下个(小我的花儿)雨(呀)哩。

《绕三绕令》则是这样:

泾阳的草帽(三呀儿绕耶)往前戴呀,

(三呀儿绕耶),

(哎哟)恐害怕南山的(绕三儿绕来吧)雨来。

　　3. 河州型"花儿"的衬句

　　衬词的结构符合句子的要求者可称为衬句。河州型"花儿"的衬句种类不多,常见的共有十来种,它们又分为单句式和套句式两类。单句式的衬句常见的有:"好花儿开"(《好花儿令》)、"九月里菊花儿开呀"(《菊花姐令》)、"我的黄花姐你见没有"(《黄花姐令》)、"哎哟唔啊梁梁上浪来"(《土族令》)、"呀我的红花姐,白汗褂儿青夹夹儿,瓜子模样,大眼睛想着呀"(红花姐》)、"水红花的大哥哥,去哩嘛,妹妹你就坐哟,哥哥们是出门的人哟"(《水红花令》)、"我把我的大眼睛们下想着,我把我的憨呀敦敦们下想着"(《大眼睛令》)、"噜楞楞楞楞楞楞、呛啷啷啷啷啷啷、扑噜噜噜噜噜噜、啪啦啦啦啦啦啦飞"(《呛啷啷令》)等。它们有的用于上句正词中间,如流行于甘肃临夏县的《好花儿令》:

> 五山池里的(们下哟)(好花儿开哟)黄金莲,
>
> 开下的灿,
>
> 尕妹妹赛过了才开的牡丹耶。

有的用于上下两句正词之间,如流传于甘肃永靖县的《尕姑舅令》:

> 天气里好不过四月八,
>
> (哎哟我的尕呀姑舅听嘛呀)
>
> 山场上我(下)看下。

有的用于下句正词中间,如著名"花儿"歌唱家朱仲禄唱的《呛啷啷令》:

> 左边的黄河右边的石崖,
>
> 雪白的鸽子(噜楞楞楞楞楞楞、呛啷啷啷啷啷啷、扑噜噜噜噜噜噜、啪啦啦啦啦啦啦飞)水面上飞来。

大多数却用于下句正词之后,如《大眼睛令》:

> 早起里哭来我晚夕里嚎,
>
> 清眼泪淌成个海了,
>
> (我把我的大眼睛下想着,哎我把我的大身材下想着)

套句式的衬句表现为两个衬句的套用,它们并不多见,主要有《金点花令》和《尕马儿令》等,它们的衬句布局各不相同,前者把两个衬句分别放在上下两句正词中间,如:

> 女社员锄草(牡丹月里来哟)歌声不断,

小伙子们笑声(金点花儿开呀)满川。

后者则把两个衬句分别放在两句正词之后，如流行于甘肃广河县的《尕马儿令》：

　　　鸡娃抱了个鸭蛋了(耶哎)，

　　　(好花儿开耶哟)

　　　鹅飞到水弦(呀)上了(呀)，

　　　(儿耶哟尕马儿拉回者来拜哟，哎哟，回拉了缓来哎哟连手耶)

通过对河州型"花儿"衬词的如上考察，可将它们归纳为下表：

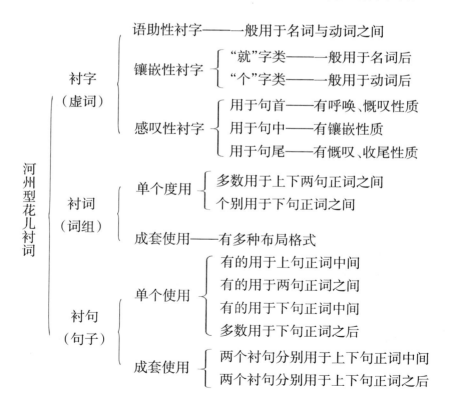

从河州型"花儿"衬词的实际看，它们具有以下一些特点。

（一）衬字种类很多，在具体作品的歌唱中掺杂使用，因此衬字的总数量往往较多，有的甚至达到一正一衬的地步。如朱仲禄所唱的《马营令·黄河上度过了半辈子》的衬字：

　　（哎）黄河上（呀吓）度（呀）过了（哟）半（呀）辈子（耶），

　　（哎哟）半（呀）辈（着哎）子（哟嗬），

　　浪（呀）尖上耍（呀）花（啊）子（呀）哩（哟）；

　　（哎）我维的（呀吓）花（呀）儿是（哟）人（呀）尖子（耶），

　　（哎哟）人（呀）人尖（了哎）子（呀哟嗬），

　　小（呀）伙里甩（呀）梢（啊）子（呀）哩（哟）。

（二）衬词衬句多用于上下句正词之间，这为河州型"花儿"正词的发展提供了条件，六句"折断腰"式"花儿"的二、五两个短句，就是这样由虚到实、由衬到正地变化而来的。

（三）由于地区、民族或歌手的不同，歌唱同一曲令使用的衬词差别很大，这种差别对衬字来说，主要表现为不同的布局和使用；对衬词、衬句来说，则更多地显示出了它们的变异性和多样性。下面是朱仲禄所唱的《河州大令·上去高山望平川》的歌词：

　　上去（个）高山（着哟呀）望（哎哎）平（了）川（呀），

　　（哎哟）望平（了）川（呀），

　　平川里（哎）有一朵（子）牡（啊）丹；

　　看起（是）容易（者哟呀）摘（哎哎）去（是）难（呀），

　　（哎哟）摘去（是）难（呀），

　　摘不到（哎）手里是（呀）枉（啊）然。

著名民间"花儿"老歌手王绍明唱这首"花儿"的歌词却是这样的：

　　我上（呀）去（个）高山（着吓哟）（噢呀）望（耶哎）平（呀）

川（呀），

（哎哟）望平（啊呀）川（呀），

平（啊）川里（哎）有（呀）一朵（呀）牡（啊呀）丹（耶）；

我看（呀）去（是）容易（者吓哟）（噢呀）摘（耶哎）去（是呀）难（呀），

（哎哟）摘去（啊呀）难（呀），

摘（啊）不到（哎）手（呀）里是（呀）柱（啊呀）然（耶）。

二者在衬字种类的使用和位置的安排上都有很大不同。至于同一个衬句在传唱中的变化就更大了，就拿《水红花令》来说，仅常见的不同衬句就达十种之多，如：

①水红花的大哥哥，哎你走哩嘛尕妹坐哟，噢你是吃粮的人呀哩是（朱仲禄唱）。

②水红花，大眼睛，尕妹连肉走哩么，坐哩么，领上了浪走（流行于青海）。

③我的水红花来是我的水红花大哥哥，去哩嘛，哥和妹妹坐哟，阿哥是个离乡的人哟（流行于甘肃积石山县保安族中）。

④水红花呀，你的大哥哥，去哩嘛，妹子坐哟，阿哥们是离乡人哟。我把我的大眼睛的怪俊儿下想着，哎哟想着苦呀，我的憨敦敦呀（流行于甘肃永靖县回族中）。

⑤水红花大哥哥，去哩啊，你们坐啊，领上吵（流行于甘肃积石山县撒拉族中）。

⑥水红花的大哥哥，哎你走哩嘛尕妹坐哟，哎你是我的人呀耶是（流行于甘肃永靖县回族中）。

⑦我的水红花，大哥哥，去哩嘛妹子坐者呀，我的连心人呀（流行于甘肃广河回族中）。

⑧我的水红花来是哎唏，大哥哥走哩嘛尕妹我就坐耶，

水红花呀耶是(流行于甘肃积石山保安族中)。

　　⑨我的水红花大呀姐姐,你坐着我去哩呀,阿哥是离乡人耶(流行于甘肃和政县)。

　　⑩水红花我的大哥哥你过来嘛,我俩坐呀年轻人(流行于青海)。

下面我们再对洮岷型"花儿"衬词进行考察。

洮岷型"花儿"的衬词比较简单,它们虽然也可以分为衬字、衬词、衬句三类,但多半已类型化,在歌唱中所处的位置也比较固定,容易掌握。

洮岷型"花儿"的衬字主要有两个:"哎"和"阿欧"。前者是《莲花令》的衬字,后者是《阿欧令》的衬字。它们是感叹词,用于乐句的开头,带有呼唤性质。

洮岷型"花儿"的衬词种类较多,常见的有:"同志们""众社员""各位领导""众乡亲""我的人""红牡丹""白牡丹""小冤家""尕稀罕""尕心疼""常没见""满脸笑""娃家阿姨""高唱家""花儿的行家""王家沟门你阿姨""娃娃的大伯我的哥""我的尕妹毛娃娘""牙下集的憨尕妹""北土坡的娃娃娃""朝山英雄浪山友""一转山的莲花山""足古川的莲花山""茶埠峪嘛龙王台""野狐桥的西大寨"(以上的王家沟门、茶埠峪、龙王台、足古川、野狐桥、西大寨、牙下集等均为地名)和"花儿哟,两叶儿啊"等。衬句种类却不多,主要有:"足古川里站下了""众位乡亲你细听""各位领导齐来到"等。它们之中,除"花儿哟,两叶儿啊"是《莲花令》的固定结尾用衬词,用于该令歌词的末尾外,其余无论是衬词还是衬句,一律都用于每句唱腔的呼唤性衬词之后、正词之前。下面是洮岷型"花儿"两种基本曲令衬词的一般格式,《莲花令》是:

哎，一转山的莲花山，杆一根的两根杆，

哎，各位领导齐来到，贵宾来的路程远，

哎，各位领导你细听，架飞机嘛坐轮船？

哎，花儿哟，两叶儿啊！

《阿欧令》是：

阿欧——我的人啊，铜火盆的四楞子，

阿欧——我的人啊，拉你两番朝东寺；

阿欧——红牡丹，坏良心的人不是，

阿欧——尕稀罕，到后你把人心试。

以上歌词，下有 O 者为呼唤性衬字，下有重点者为称谓性或处所性衬词、衬句，下画曲线者为结尾性衬词。

　　洮岷型"花儿"衬词的特点，是格式固定，只有用于正词前的称谓性或处所性衬词带有一定即兴应变性，随歌唱时出现的情况当场编唱，但也形成了多种习惯套语，供临场时按情况选用。

二、"花儿"衬词的作用

　　在上面的考察中，我们已经知道"花儿"的衬词在"花儿"演唱中占的比重很大，而且它们同正词在意义上没有太多直接关系。那么，它们对"花儿"究竟有什么意义呢？

　　根据"花儿"衬词本身的特点，它们在唱词中安放的位置以及所产生的效果，可以总结出它们具有如下作用：

　　1. 点题作用

　　除衬词中的虚词外，大多数衬词本身是有一定意义的，这种意义绝大多数表现为唱歌者对受歌者的称谓。由于"花儿"原来是一种民间情歌，这种称谓又多是男女情人的互称。其中较为直接的有："阿哥""小妹""尕连手""阿哥的肉"之类，较为含蓄的如："阿哥的白牡丹""好花儿",或用对方的某种特征来代借对他们的称呼,如:"我的大眼睛""我的大身材""乖嘴儿"等。有趣的是这些称谓本身同时也表明了称呼者与被称呼者的一定关系。这类衬词可称之为主题性衬词。歌唱中有了这些衬词,也就点明了这首歌的爱情内容。如"阿哥的肉""阿哥的白牡丹"这类衬词一出现,就表现出一种对性、对爱的赤裸裸的热烈呼唤和追求,人们也就可以把握住情歌的性质。而《水红花》的衬词"水红花你的大哥哥,去哩嘛,妹妹你就坐哟,噢哥哥们是出门的人呀",表现了别离之情;《大眼睛令》的"我把我的大眼睛们吓想着,我把我的憨呀憨敦敦们下想着"则表现了对情人或亲人的思念,人们又可判定它们的别离与相思歌的性质。

自然,传统"花儿"中也涉及其他生活面(如脚户的生活),而有关的衬词也点明了这一生活面的景象与思绪,像《尕马儿》的衬词"尕马儿拉回者来拜哟,哎哟,回拉了缓来呀连手耶",明显表现了脚夫对他的马帮朋友的呼唤,而这首"花儿"的性质也就十分明白了。

2. 呼唤作用

这种作用主要由用在歌曲开头的感叹性衬词产生。把感叹词用在歌曲开头表示对受歌者的呼唤,是一般山歌惯用的手法,它们是由歌唱的山野环境和当地的地理条件所决定的。"花儿"呼唤性衬词是西北高原"花儿"流行区地理条件的产物,也反映了这种地理环境的特点。不过,"花儿"的这类衬词的这一作用,内容还要更丰富些。它们从使用目的上讲,起着向听歌者打招呼、引起共鸣的作用;从歌唱艺术技巧上讲,又具有开腔定音以便引入主题的作用;而且,从音乐风格上讲,这类衬词的使用也给"花儿"民族色彩的体现提供了条件。如《撒拉令》《土族令》等的呼唤衬词,所配的乐曲比较丰富,实际上是一个附加性乐句,具有相对独立性,它们不仅直接表示呼唤和为歌唱定音,所显示出的民族特色也是十分浓郁的,把当地开阔的自然环境、歌唱者粗犷剽悍的民族性格以及乐曲深受藏、蒙古族民歌的影响,都毫无掩饰地表露出来。

3. 连接作用

绝大多数"花儿"的曲令由两个基本乐句构成,其上下乐句之间大都有一个与衬腔相配合的衬词,它们往往是一个有一定意义的短语或句子。这类衬词担负着承上启下的任务,具有连接作用,使第一乐句经过一定扩展,在一定起伏变化中巧妙地过渡到第二乐句,把两个乐句联结成完整的乐段。

4. 渲染作用

有些有一定意义的衬词,用于正词句子中间或下句正词末尾,则产生着对正词的有关部分或整个歌词情绪的渲染、强调作用。如《呛啷啷令》:

左边的黄河(么噢呀)右边的石崖(么噢呀),

雪白的鸽子(噜楞楞楞楞楞楞、呛啷啷啷啷啷啷、扑噜

噜噜噜噜噜、啪啦啦啦啦啦啦)飞水面上飞来(么噢呀)。

下句中间插入了长达 28 字的状声性衬词,其目的在于渲染下面的"飞",使这句正词中鸽子飞动这一形象中心更为具体、形象、动人。而《水红花令》的衬词:

这一趟走了是看地方,

再一趟尕妹吓带上(水红花的大哥哥,去哩嘛,妹妹你

就坐哟,尕哥哥们是出门的人哟)!

用于下句末尾,对全曲所表现的别离情绪进行渲染,使这个曲令具有一种如泣如诉的难分难舍气氛。

5. 收尾作用

这主要是几个虚词性收尾衬词如"耶""耶是""哟"等所发生的作用。河州型"花儿"的乐曲结尾,从旋法上说多为同度进行或二度下行

级进,节奏则一般采用前长后短型终止式节奏,它们依附于下乐句的末尾部分,而没有专门结尾乐曲。因此,下句正词后往往附加一个虚词性衬词来收尾,以达到结束全曲的目的。至于《莲花令》的收尾,则由更丰富的衬词"花儿哟,两叶么啊"来完成。它由主要乐句扩展而成,但已具有相对独立性的附加乐曲的意味了。

6. 突出地方色彩作用

这主要指用于正词句子中间的语助性和镶嵌性衬词所发生的作用。语助词的广泛运用,是"花儿"流行区主要方言——河州语的一大特点,而语助性衬词在"花儿"里出现,必然使它更具有地方特色。如:"我你(下)看见了没给(了)头(呀)","下"是语助词,它在宾语后、动词前出现,是河州方言的一种独特的句法,全句是"我看见了你没有礼物相送"的意思。这种句法在其他地方方言中是少有的,以衬句方式用于"花儿",就突出了"花儿"的地方色彩。另外,"花儿"的正词中还常常出现像"尕马(吓我就)骑上了(我就)枪(呀)背上""哭下的(个)眼泪调成(个)面"中的"就"和"个"字类衬词,这些衬词本身是有意义的,在"花儿"中作衬词出现仍保留本来的意义,但就句子的内容说,删去它们句子倒更精炼些。这类衬词镶嵌在正词中间,从音乐角度讲具有填充节拍的作用;就意义来说它又增强了"花儿"的口语色彩,突出了地方特色。

需要指出的是,"哩""了"等几个虚词,只是偶尔作为衬词在正词的句子中间出现,起填充音节的作用,它们最经常出现的部位是在句尾,如:

白杨的栽子两行栽(栽子是树苗之意),

多会儿长成个树哩?

尕妹的大门万丈崖,

多会儿踏成个路哩?

这里的两个"哩"字是作为正词的一部分出现的,绝不能把它们看成是虚词,而把它们当成一般衬词对待。因为,衬词是指在歌唱中由于配乐曲的需要而使用的,作为离开歌唱特定情况而独立存在的"花儿"文学歌词,衬词一般是不写出的,而上面的"哩"字是不能不写出的,否则,以具有一定固定形态的"花儿"要求,它就不完整了。因此,可以说它是一种特殊的格律性衬词。

三、"花儿"衬词的发展变化

衬词是"花儿"正词的附庸,在"花儿"歌唱中,它是作为正词的陪衬出现和存在的。它服从于正词,配合着正词,只有当它较好地发挥了这种衬托和配合作用时,才能使"花儿"的歌唱成为成功的歌唱,这样的"花儿"也才是真正的艺术品。否则,衬词与正词不相协调,必然给"花儿"的歌唱带来缺陷。

在"花儿"歌唱中,"花儿"词曲的配合是"一词多令"和"一令多词"的,即任何一首"花儿"歌词一般可以用各种曲令歌唱,而任何一种曲令一般又是能够配合各种"花儿"歌词的。"花儿"虽然原本是一种民间情歌,但传统"花儿"还涉及其他生活面,或者在其他生活面中来抒发男女爱情,于是产生了以爱情生活为主、又涉及其他生活的丰富多彩的曲令和衬词,而当用不同曲令歌唱同一首"花儿"歌词时,就可能出现衬词同正词不相协调的情况。这种现象实质上属于形式与内容矛盾范畴,但在旧时代这种矛盾是并不突出的。

中华人民共和国之后,随着对"花儿"形式的利用,"花儿"越来越多地触及了更多的生活面,逐渐突破了爱情的圈子,而成为广泛反映社会生活的山歌。内容的新变化必然要求形式为适应这种变化而变化。而在"花儿"的实际歌唱中,作为形式的衬词运用又往往落后于内容的新变化——这种现象在文艺的发展中是带有普遍性的,这就形成了形式与内容之间的突出矛盾,而这种矛盾乃是"花儿"衬词发展美化的动力。

解决这种形式与内容的矛盾,使二者重新得到谐调的使命,总是由具有较高文化素养的歌手来承担的。他们发觉了这种矛盾,并且从各自的角度做着这种协调正、衬词的探索。于是,"花儿"的衬词就在这些人的努力和带动下发展变化着。但是,他们的探索和革新并不是短时间就能够为广大群众接受的,因此,这种发展变化又是缓慢的。尽管如此,"花儿"衬词的发展变化总在以各种形式进行着。这种发展变化有以下具体表现:

1. 某些主题性衬词在由实向虚、由物质性赞美向精神性赞美演化。这一演化开始较早,并且经历了一个较长时期,它突出地表现在称谓性衬词"阿哥的肉"向"阿哥的憨肉肉"再向"阿哥的白牡丹"这一演化过程。"阿哥的肉"是较早期的衬词,它表现了"花儿"流行区的人民群众对性的一种热烈的、赤裸裸的呼唤和追求。后来,这一衬词被添加了一个"憨"字,这一字之添增加了重要的新内容,"憨"按当地方言是指天真可爱的样子,这说明在性的追求中增添了对精神状态东西的赞美;而"阿哥的白牡丹"则又进展到另一种境界,它已经变成一种更侧重于精神美的性的追求。这一演化过程无疑是一种进步,是包含着文明向前发展和文化的进步。

2. 赤裸裸性爱的衬词为新的衬词所代替。这主要表现为"阿哥的肉""阿哥的憨肉肉"等衬词被"众乡亲听言""同志们听""我的好花儿呀"等代换。1949年之后,利用"花儿"歌唱新社会的变化,再用"阿哥的肉"作为衬词显然是不合适的,于是就出现了如上新衬词。

3. 用正词后半部分重叠的方式来代换旧的衬词。这种解决正、衬词矛盾的方式用得极为普遍,许多曲令目前都采用它,几乎有取代某些衬词的趋势了。如《河州三令》旧的衬词用法是:

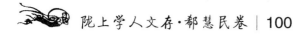

> 天上的星星(们)出全(呀)了(耶)，
>
> (哎哟阿哥的肉呀啊)
>
> 亮明星(呀)格外的亮(呀)了(耶)。

现在则普遍改成：

> 天上的星星(们)出全(呀)了(耶)，
>
> (哎哟出全呀了呀啊)
>
> 亮明星(呀)格外的亮(呀)了(耶)。

4. 创编新的衬词以适应新的正词。例如《大眼睛令》原是一首思念情人的曲令,它的原衬词是:"我把我的大眼睛想着,我把我的憨敦敦想着",现在用它歌唱对台湾同胞的想念,曲令的情绪大体是对头的,衬词却得改换,朱仲禄的唱法是这样:

> 台湾的蝴蝶双双地飞,
>
> 台湾的蝴蝶双双地飞,
>
> 向祖国大门上飞回(我把我的亲人想着,哎,我把我的
>
> 亲人想着);
>
> 骨肉的同胞是亲姐妹,
>
> 拆不散双双的对对(我把我的亲人想着,哎,我把我的
>
> 亲人想着)。

这就做到了正、衬词的谐调。但是,这种方式只有某些有相当文化素养的歌手能够做到,绝大多数的群众歌手在目前是做不到这一点的。

需要说明的是,整个解决正、衬词矛盾的工作,主要是在有文化素养的歌手的带动下进行的,它虽然进行了好多年,但进展的速度仍然是缓慢的。就是在当前,用旧衬词配唱新内容的现象,在群众中也并不是个别的。1985年5月,我在临洮一带采风,还听到这样的唱法:

　　富民的政策落实了呀，

　　（阿尕的个憨呀肉肉呀就）

　　睡梦里（呀就）高兴着笑（呀）了（耶）。

这从根本上说，自然是不断提高群众文化素养的问题，但从文化工作者的社会职责来说，努力做一些工作也还是需要的。

　　（原文发表于《西北民族学院学报·社科版》，1987 年第 4 期，第 60—69、74 页。）

多系统文化融合的结晶
——"花儿"渊源探寻

"花儿"的渊源是一个很复杂的问题,它涉及与"花儿"相关联的许多方面,不作多方面、多角度的研究,要科学地认识这个问题是不可能的。关于这个问题,过去虽然曾经有不少研究者作过论述,但由于大多仅从某一个或某两个方面进行研究,往往难以获得对这个问题的科学认识。本着这一情况,本文拟在汲取其他研究者已取得成果的基础上,对"花儿"的渊源问题进行多方面、多角度的综合探寻。

一、关于研究"花儿"渊源问题的指导思想

任何科学研究都应该在正确的思想指导下进行,盲目地、不清醒地开展研究,往往会瞎窜乱碰,出现事倍功半的结果。那么,研究"花儿"渊源应当遵循哪些指导思想呢?

"花儿"的渊源问题属于文艺的发展演变范畴,因此,首先应当遵循文艺发展演变的普遍规律。什么是文艺发展演变的普遍规律?马克思主义的文艺理论认为,文学艺术属于社会意识形态,作为一种社会性的事物,它的发展演变并不仅仅取决于它的自身,而同与它相关的社会生活密不可分,其发展演变过程是很复杂的,这种复杂性表现为同时要受到外部和内部各种因素的影响,这些影响所构成的基本规律是:一、文艺的发展演变要受到文艺这种事物之外的因素的影响,即社会生活对它的影响。这里的社会生活包括与文艺有关的各个方

而,概括地说,既要受一定社会经济基础的制约,又要受上层建筑之中其他社会意识形态的影响;后者又包括政治、法律、哲学、宗教、道德等的影响,尤其是政治的影响。二、文艺的发展演变还要受自身因素的影响,即遵循文艺自身的继承与革新的规律,包括对本民族优秀文艺传统的批判继承和受其他民族文艺的影响。在这内外两方面因素之中,外部因素是文艺发展演变的客观基础和决定因素。对于探讨"花儿"渊源这个问题来说,就是既要研究社会生活对它的发展演变的重大影响,又不忽视它本身发展演变规律的作用,这内外因素共涉及政治的、经济的、地理的、文学的、音乐的等诸多方面,只有恰如其分地估计了各个方面对"花儿"发展演变的实际影响,才能合理地说明这种民歌为什么是这种形态而不是他种形态,为什么它具有这种特点而不具他种特点,也才能最终对它的渊源提出真正科学的认识。

第二,我们探讨的是"花儿"的渊源,又必须充分考虑到"花儿"还分为河州型"花儿"和洮岷型"花儿"这一实际。这两种类型"花儿"在音乐格调、文学形态、演唱方式、流布地域、传唱民族等诸方面的情况和特点是完全不同的。针对这种情况,追寻它们的渊源应当分别进行,才能合理地解释目前的类型现象,即使两种类型"花儿"最终是同源的分支或存在着某种传承关系,也应该在分别溯源的基础上深入进行。已往的不少研究者,往往在未考虑"花儿"类型的实际下溯"花儿"之源,一会儿讲的河州型"花儿"的情况,一会儿又涉及洮岷型"花儿"的有关现象,乱之又乱,让人如坠入雾中。我们当以此为戒。

另外,"花儿"的渊源和它产生的时限是既有联系又内涵各不相同的两个概念,前者指事物的本源,即探索它的原始形态及其发展演变,这是问题的重点,时限则是前者的从属,它本身是并不确定的,而随着前者的变化而变化。对于这两个概念以及探讨的重点,我们在思想上也应当明确。这也可以避免出现有些研究者把"花儿"渊源仅仅归结为它的产生时限的偏向。

综上所述，遵循文艺发展变化的普遍规律、顾及"花儿"区分为两大类型的实际、明确渊源与产生时限的含义与重点，是我们在"花儿"渊源问题研究中应当注意遵循的指导思想。

二、河州型"花儿"的渊源

溯河州型"花儿"二源，要分别考察以下诸方面的情况：

第一，河州型"花儿"主要流行地区的民族历史变迁。

河州型"花儿"的流行地区较广，包括今甘肃、青海、宁夏、新疆各省(区)的不少地方，其中盛行的地区主要是古河州及其周围一带，包括今甘肃的临夏、积石山、和政、东乡、永靖和青海的循化、乐都、民和、化隆等县。这里是河州型"花儿"的核心地区，也是这种类型"花儿"的发祥地。发祥于这一地区的这种山歌，其特点受这一地区的自然面貌、经济情况，尤其是社会生活的影响，而这种影响又由生活于这一地区、创造并传唱这种山歌的民族所体现，因此，我们需要对这一地区的民族历史变迁进行一些考察。

河州型"花儿"主要流行地区，即今甘肃省南部的西北方及青海省东北部一带，自古以来是一个多种民族汇集的地方，民族变迁、融合情况十分频繁和复杂。春秋战国时，这里大部是古羌人游牧的地方。羌族属西戎，是我国西部地区最古老的民族之一，他们以原居住地青海湖一带为中心向四方发展，由于受到阻遏而向南、向西迁徙，迁往甘肃南部、四川西北部和西藏一带；迁往西藏的与当地民族融合后逐渐形成后来的藏族。秦统一后，在甘肃设陇西、北地二郡，陇西郡西至今兰州、陇西、临洮一带，其势力已深入这个地区的边沿。西汉时，由于抵抗匈奴的胜利，临洮一带已是西汉的屯田区；从西汉后期起，许多汉人逐渐迁入羌族地区，至南北朝时，"花儿"主要流行区已是一个以羌族为主、杂有相当多汉族的羌汉民族杂居区了。西晋时，从辽西迁到青海游牧的吐谷浑人曾在羌人居住区建立吐谷浑国，国都在青海湖西岸十五里处的伏俟城，国土包括青海大部，新疆南面一部分和甘南、川西北一些地方。吐谷浑国由于是少数吐谷浑贵族与众多羌族酋长融合的统治，吐谷浑人逐渐羌化。因此，吐谷浑实际上是羌族的国家。这些吐谷浑人也经常东行进入今"花儿"主要流行区。隋炀帝统一后，为了安定西方边陲和畅通丝绸之路，把吐谷浑人赶向青海之南，在青海东部设郡，历史上第一次使今青海省大部分归入中原王朝的管理之下。此时，甘、青"花儿"流行区仍是一个羌汉杂居区。唐代，吐蕃人逐渐强大，公元755年安史之乱后，吐蕃人又占据了这一地区；公元847年，吐蕃内乱，河陇（河西及陇右地区）地区在张议潮起义下又纷纷归唐。宋时，吐蕃人唃厮啰又在这一地区建立政权，党项族的西夏人也曾一度进入这一地区，这里又有了藏族和党项人。元统一后，在西征过程中将中亚人组成的"探马赤军"由蒙古人统领、派驻这一地区屯田，为这一地区后来进一步形成多民族杂居区提供了新的条件。明朝时，为了控制甘、青一带的各少数民族，从南京、安徽、陕西、山西等地将大批汉族人迁入这一地区。随着几个新民族的形成，这一地区就成了今天这种由汉、回、撒拉、东乡、保安、土、藏等民族组成的多民族聚居的格局。

通过以上对甘、青"花儿"流行区民族历史变迁的简要考察，可以归纳出以下几点重要情况：（一）古羌族和汉族是这一地区活动历史较早、活动时间较长的民族，古羌族在历史发展过程中已融合到其他民族中去，作为独立的民族它现在已不在这一地区存在了，但这一民族的文化等种种影响，则通过其具体成员的融合过程渗透并保存在这一地区的现有民族之中。（二）土族是以吐谷浑人为基础形成的一个民族。它的主要聚居地（今青海省互助县）在甘、青"花儿"主要流行区之外,它对这一地区的文化影响包括在古羌人之中。保安族形成较晚,约在明末清初,在其形成的关键时刻,其族聚居在今青海省同仁县一带。该地处于甘、青"花儿"主要流行区边沿,对这一地区的文化影响不是很大。(三)回、撒拉、东乡三族,都是以元代中亚迁来的信仰伊斯兰教的民族为主,同其他民族经过长期磨合、在明代形成的民族,他们聚居于甘、青"花儿"主要流行区的中心地带,是如今传唱"花儿"的主要民族,也应该是创造"花儿"的主要民族。

综上所述,历史地看,培育"花儿"的主要民族是古羌族、汉族、回族、撒拉族和东乡族,它们所代表的文化,概括地说是古羌族的文化、汉族文化和中亚信仰伊斯兰教民族的文化,因此,河州型"花儿"可说是这三种文化培育起来的一种艺术花朵。

第二,河州型"花儿"主要流行区的经济生活。

如前所述,这地区在春秋战国时是古羌人的游牧地。秦汉之后,随着汉族人的进入,农业经济在这一地区逐渐发展。西晋时,原居于徒河(在今辽宁省锦县西北)一带的游牧民族吐谷浑人迁入这一地区,游牧经济又抑制着农业生产的发展。隋及唐代初期,随着汉族中原政权对这一地区的控制,农业经济又有所发展;唐宋以后,随着吐蕃与西夏进入这一地区,游牧经济再次对农业经济进行冲击。元明之后,这里作为元、明等朝的主要屯垦地区,农业经济又有了迅速发展。甘、青"花儿"主要流行区的民族历史变迁,表面看,是不同民族的争战与替代,实质上是代表原始社会和奴隶制社会的游牧经济与代表封建制社会的农业经济之间的矛盾。从这种矛盾斗争的总趋势看,是经过激烈的、反复的较量,最终实现了以游牧经济为主到以农业经济为主的转变,而这两种不同经济又代表着不同的社会制度。

一般来说,一种艺术的产生与发展总是需要相对稳定的社会条件的,很难设想"花儿"这种多种民族共同创造的艺术会诞生在一种

"朝秦暮楚"的动乱社会环境之下。从甘、青"花儿"主要流行区的社会变换看,只有隋唐(初期)和元明这两个历史阶段是社会相对稳定,农业生产有所发展的时期,因此,这两个历史阶段是有利于河州型"花儿"形成的时期。而这两个历史时期,随着农业生产的发展,商业经济也开始活跃起来,这主要是由马茶交易发展起来的集市贸易。古河州地区是有名的茶马交易区,而这一区域的形成始于唐而盛于明。明初,政府在河州设"茶马司",这种组织机构的设立促进了集市贸易的发展,使这一地区成为一个以茶马为主,包括内地的布、丝、罗、绢和甘、青牧区的畜产、土产交换地区。这种经济的交往,促进了这一地区各民族的文化交流,成为融诸社会因素、文化因素、精神因素于一炉的催化剂,为河州型"花儿"的形成和发展提供了条件。这种条件对隋唐与元明之后这两个历史时期来说,显然后者更为充分。

第三,河州型"花儿"主要流行区各民族音乐的影响。

"花儿"是一种乐歌,音乐是它的构成因素的核心部分,探索它的渊源和演变不能不考察这一地区各种音乐因素对它的形成所发生的作用。如上所述,这一地区的主要文化因素包括羌族文化、汉族文化和中亚信仰伊斯兰教民族文化三大系统,我们从这三个方面来探讨它们对"花儿"形成的影响。

活动于甘、青"花儿"流行区的羌族,包括古羌族、吐谷浑和吐蕃,羌族音乐自然也包括这三个方面,这三个方面显示了羌族音乐在不同历史阶段的不同面貌,但作为同一族源,其基本特质也有共同之处,它是构成河州型"花儿"音乐的主要成分之一。羌族自古以来就是一个喜好音乐的民族,我国中古文人诗词中每每提到的乐器"羌笛"就是古羌人创造的,今天聚居在四川北部的现代羌族和各地的藏族喜好歌舞,也可以得到证实。

古羌族音乐对河州型"花儿"的影响,可以从乐器的传承关系上得到一定证明。古羌族所使用的名乐器——羌笛是怎样一种乐器呢？古代说法不一。据汉代马融《长笛赋》载："近世双笛从羌起"，可见它是一种双管笛；又说当时的羌笛"本四孔"。今天河州型"花儿"流行区的群众在歌唱"花儿"时，常常用一种自制民间乐器伴奏，这种乐器被称为"咪咪"，它是一种双管笛，每管有四个孔，加上竹管本身的一个音，共发出五个音，正好是河州型"花儿"常见调式的五个基本音12356，二者极其相似。因此，不少"花儿"音乐研究者认为今天的"咪咪"可能就是古代的羌笛。

比较生活在四川西北部的今天的羌族和保留了较多古羌族成分的今甘、青一带的藏族民歌同河州型"花儿"的音乐，也可以看到古羌族音乐与"花儿"音乐的渊源关系。这种音乐方面的具体比较，在郝毅的《论〈西凉乐〉"羌胡之声"与"花儿"的关系》和杨鸣健的《"花儿"特型终止式研究》二文中有较详细的材料，可以参阅。据他们的比较，四川现代羌族民歌与河州型"花儿"在音节（五声）、调式（徵调式）、旋法、骨干音、首部上行、尾部下行和前长后短的独特终止式等方面都有共同之处；四川现代羌族的民歌同甘肃甘南的藏族民歌的不少曲调，在音调、调式、旋律的骨干音等方面也相同或相似。这些都说明古羌族音乐是河州型"花儿"音乐的主要构成成分。

汉族是长期生活在河州型"花儿"主要流行地区的重要民族之一，汉族的音乐应当是构成河州型"花儿"音乐的因素之一。遗憾的是，目前尚未见"花儿"的音乐研究者就汉族音乐与"花儿"音乐进行具体对比考察研究，来有力地证实它们之间的渊源关系。不过就当前的研究现状看，从微观角度证实河州型"花儿"受汉族音乐影响的资料，也还是有一些的，主要有：（一）不少"花儿"音乐研究者对"花儿"音乐的民族特色进行研究，认为河州型"花儿"有汉族"花儿"、回族"花儿"、东乡族"花儿"、撒拉族"花儿"、保安族"花儿"和土族"花儿"

等之分,公认属于汉族"花儿"的曲调有《尕马儿令》《呛啷啷令》《绕三绕令》《白牡丹令》和《二牡丹令》等。这说明这些"花儿"曲调是由汉族民歌演化而来。(二)有的"花儿"音乐研究者认为,《河州三令》是河州型"花儿"的"曲令之源",许多河州型"花儿"都是在它的基础上发展演化而来的。而《三令》却是在古羌族民歌和汉族哭腔的基础上经过融合形成的,因为《三令》与汉族吴腔在音阶、调式、旋律的进行和终止等方面都相同或相似。(三)另外,宏观地看中国音乐发展的历史,汉族音乐在其中是起着重要作用的。我国音乐发展最辉煌的时代是唐代,而唐代的繁荣局面又是经过汉魏六朝及隋等朝代的发展逐渐形成的。由于丝绸之路的开辟和十六国时期北方民族的大融合,西域音乐大量进入中原,它们都经过汉族音乐与之融合,才成为中国的民族音乐,地处丝绸之路要冲的河州地区,当受这种汉族音乐因素的影响。

撒拉、回和东乡等族是河州型"花儿"流行的中心地带形成的民族,他们是如今传唱河州型"花儿"的主要民族,也应当是这种"花儿"的历史的主要创造者,而根植于他们族源的中亚民族的音乐则无疑是形成河州型"花儿"音乐的因素之一。关于中亚民族音乐对我国民族音乐的影响,由于已久,可以上溯至隋唐以前。自打西汉张骞出使西域、开辟了丝绸之路之后,中国内地的丝绸、铸铁炼钢技术等经过甘肃、新疆地区,跨越葱岭,传到了中亚各国及欧洲。而西域的葡萄、苜蓿、胡桃等物产也沿着这条路线传入中国。随着经济的往来,文化交流也跟着发生,阿拉伯、波斯等中亚民族的音乐、舞蹈陆续传来,对我国音乐、舞蹈等艺术的发展繁荣产生了重大影响。隋初朝廷的燕乐曾设"清商伎""西凉伎""龟兹伎"(今新疆库车)、"安国伎"(今乌兹别克斯坦的布哈拉)、"天竺伎"(印度)、"高丽伎"(朝鲜)、"文康伎"等七部乐;大业年间又增设"疏勒伎"(今新疆疏勒)和"康国伎"(今乌兹别克斯坦的撒马尔罕)两部乐,成为九部乐。唐高宗时,去掉"天竺"与"文康"二部,改立"宴乐"和"扶南"(今柬埔寨),唐太宗贞观十六年又增设"高昌乐"(今新疆吐鲁番),成为十部乐。这里的"康国伎"和"安国伎"就是中亚的音乐,而西域的龟兹、高昌等地的音乐又是长期受着中亚阿拉伯、波斯以及印度等地音乐影响的。凉州(甘肃武威)是当时丝绸之路的重镇,著名的音乐城,既保存着汉族的传统音乐,又最先接触了西域的音乐,有名的《凉州乐》就是这两方面音乐因素融合的产物。而河州又是丝绸之路的必经之地,从兰州向西北上行,经青海的乐都、西宁、自俄博—扁都口穿越祁连山到距凉州不远的甘州(张掖),也就是隋炀帝当年西巡所走的丝绸古道的南线。中亚的音乐就是汉唐以来越过千山万水沿着丝绸之路传进丝绸古道上的古河州,并给当地民族音乐以影响的。这仅仅是一个粗略的历史回顾,这种回顾所蕴含的中亚音乐对河州型"花儿"的具体影响,尚待"花儿"音乐研究者通过两种民族音乐的对比考察去加以证实。

第四,河州型"花儿"主要流行区的文学影响。

河州型"花儿"的歌词属于文学范围,它的形成必与当地所受文学影响有着密切关系。由于河州型"花儿"的歌词是用汉语表达的,它自然主要受影响于汉族文学,尤其是汉族的诗歌。而就汉族诗歌发展来说,每一种新诗体的出现,总是先从民间开始,然后再经过文人利用、改造才进入文学史的。因此,我们主要考察汉族民间歌词对河州型"花儿"主要流行区的历史影响。

为了叙述的方便,让我们先对汉族民间歌谣的发展作一概括的历史回顾。

汉族早期的民间歌谣最重要的是收集在《诗经》中的作品。《诗经》是我国第一部诗歌总集,共收入作品305篇,是产生在西周初年至春秋中叶大约五百多年间的可以配乐唱的诗歌。历代研究者按其音乐的不同把它们划分为风、雅、颂三类,其中十五国风就是十五个地方的民间歌谣,它们流传在今陕西、山西、山东、河南、河北、湖北等省的一些地方。"国风"的内容,歌唱婚姻爱情的占较大比重,有些作品反映了劳动人民的生活遭遇或困苦处境,也有些作品揭露了统治者的荒淫无耻;"国风"在形式上基本上是每句四言,每句两个停顿,双字尾,同时按音乐分章,章节复叠,用反复吟唱来表达诗歌的感情。《诗经》,尤其是其中的"国风"对汉族文学的发展有着巨大的影响。

秦统一后,为了适应统一帝国的需要,在政治、经济和文化上进行了一系列改革,但由于实行极端严酷的思想统治,几乎没有什么文学。民间虽有歌谣流传,但保留下来的仅见到这样一首:"生男慎莫举,生女哺用脯,不见长城下,尸骸相支柱?"这是一首反映人民反对征戍徭役的五言诗。

汉代兴办音乐机关——乐府,既演奏歌舞,又采集民歌,后来这种音乐机关的名称变成了它所演唱的带音乐性诗体的名称。汉代的民间歌谣主要是乐府民歌,它的采集范围遍及黄河、长江两大流域(《汉书·艺文志》:"自孝武立乐府而采歌谣,于是有赵、代之讴,秦、楚之风……"),比周代民歌"国风"还要广。西汉的乐府民歌,据《汉书·艺文志》所载篇目,共 138 首,但现存的只有三四十首。乐府诗按使用范围和演唱方式被分为十二类,汉乐府民歌主要保存在"相和歌词""鼓吹曲词"和"杂曲歌词"之中。所谓"相和"指一种演唱方式,意思是配合器乐或人声演唱;"鼓吹曲"是汉武帝时吸收北方民族音乐的一种音乐;"杂曲"则指那些声调失传的杂牌曲子。汉乐府民歌的内容与国风相似,除涉及婚姻爱情之外,更多地反映了西汉人民的痛苦生活,如阶级剥削压迫和战争、徭役所带来的不幸等;艺术表现以长于叙事为特点,其章法、句法无固定格式,但主要形式是杂言和五言,所谓五言,即每句五字,三个停顿,单字尾。汉乐府民歌的五言诗渊源于秦代民谣,它的出现与发展,预示了汉族诗歌发展中五言体逐步取代四言体的趋向。

魏晋南北朝时期,大约有400年间中国处于长期分裂与动乱不安的状态之中。西晋被灭亡后,北方的匈奴、鲜卑、羯、氐、羌等族的统治者先后建立了十六个国家,北方进入五胡十六国混战时期;而晋朝逃到江南的贵族在建康(今南京)建立东晋。经过了100多年,南北先后各自统一,形成南北朝的历史局面。南北朝时期的民歌是在汉乐府民歌影响下形成的乐府民歌。由于南北社会情况的差异,南朝和北朝的民歌各自有着自己的特色。南朝乐府民歌主要为"吴声歌"和"西曲歌",几乎全是情歌,它们大都来自商业发达的大都市,又多出于女子之口,不少是妓女婢妾的作品,在一定程度上反映了这部分人的生活遭遇和辛酸,其形式多为每首四句的五言诗。北朝乐府民歌主要为"梁鼓角横吹曲"这是一种北方民族在马上演奏的军乐,歌词多为鲜卑等北方民族人民所作。由于北魏孝文帝(鲜卑族人)提倡接受先进的汉族文化,加速了北方民族的融合,现存北朝民歌全用汉语表达,它们有些是经过懂汉语的鲜卑人或懂鲜卑语的汉人翻译的,有些则原来就是用汉语创作的作品,北朝民歌的内容,反映了北朝的战乱和人民生活的疾苦以及北方各族的尚武精神、爱情生活;形式以每首四句的五言诗为主,又出现了每首四句的七言诗(每句四个停顿,单字尾)。南北朝时期出现的这种五、七言绝句诗体,是盛行于唐代的五、七言绝句诗的渊源。

隋实现了统一,但它是一个仅存在了37年的短暂的朝代,民间歌谣方面没有出现新诗体。唐代是我国古代诗歌高度繁荣的黄金时期,主要诗体有在汉魏六朝以来民间五、七言诗基础上形成的五、七言绝句和律诗;另外,需要特别提及的是盛唐之后出现的新诗体——曲子词,这种新诗体在后来的宋代有了成熟的发展,即文学史上有名的宋词。词的出现是先从民间开始而后进入文人诗坛的,它是唐代城市经济繁荣与音乐高度发展的结果。汉魏六朝以来,随着西北民族进入中原,胡乐(即西域音乐,包括西部我国各少数民族音乐和外国音乐)大量传入内地,与汉族音乐结合成燕乐。"燕乐"又叫宴乐,是宫廷宴会上演奏的音乐。上面曾提到的隋唐所设置的七部、九部、十部乐都是燕乐。唐代城市经济的繁荣促进了这种胡汉结合的音乐的发展,据《旧唐书·音乐志》载:"自开元以来,歌者杂用胡夷里巷之曲。"在当时,从宫廷到民间这种音乐都是相当流行的。宫廷燕乐是大型舞乐,由许多乐段构成,首尾具全,层次繁杂,在宫廷宴会上配合大型舞蹈使用时是可以不用文辞的,但在民间用于日常生活时就得配上歌词了。于是,人们摘取大型舞曲中的精华部分,制成短曲,并配上歌词,这种歌词被称之为曲子词,也就是后来形成一种新诗体的词。词的创作,在文学与音乐的配合上同汉族以往所有的乐歌都是不同的。已往的乐歌,包括"国风"和乐府都是词在曲先,即先有文词、然后按词配上曲谱;而词则正好相反,是词在曲后,即先有曲谱、然后按曲谱填词。这种创作方式对"花儿"的产生有着重要影响。

唐代的民间曲子词,我们目前见到的就是在敦煌石室发现的敦煌曲子词,共545首(据任二北《敦煌曲校录》)。由于它们是随城市经济繁荣发展起来的,其内容多反映城市生活,其中以表现爱情题材为最多,也有部分反映了唐代统治者发动扩张侵略战争给人民带来的痛苦。这种新诗体集三、四、五、六、七言等于一身,形成所谓长短句,这种情况就语言的发展来说,自然是同社会生活日趋复杂,新词语不断出现,双音词和多音词大大增加密切相关的。词的样式,每首因所配曲词的不同而各有固定句数,大多数作品分上下两段,而且历史上第一次使双字尾与单字尾集汇于同一篇作品之中。词在形体上的某些特点同今天的河州型"花儿"十分相像。

唐以后的五代和宋,除了五、七言诗之外,占统治地位的是愈来愈发展和成熟的词。

　　元代又出现了新诗体,这就是与唐诗、宋词并称的元曲。元曲按传统的说法包括杂剧和散曲,由于杂剧同我们所探讨的"花儿"没有直接关系,我们着重考察散曲。散曲的产生仍然是随着一定社会的发展首先在民间开始的。宋统一后,契丹、女真、蒙古等族先后在北方建立政权;南宋偏安江南,北方先后落入金、元贵族的统治之下,形成南北对峙的局面,直至后来元统一了全国。元散曲就是在宋与金、元对峙时期,在金、元统治下的北方兴起的。从元散曲产生的这种社会条件看,它就是我国各民族文化融合的产物。由于汉族文化中心的南移,在北方,民间传唱的"俗谣俚曲"于是大量涌现;这种"俗谣俚曲"既带有鲜明的北方少数民族乐曲特色,也吸收了宋词的某些成就(不少曲调就是由词调演变来的),而配合这种曲调的歌词就是元散曲。散曲的社会内容不太广,多数是描写男女私情的作品,也有一些是愤世嫉俗以及由此而生出的写景作品;形体上可分为小令和套数,前者是单个曲子,后者则是由同一宫调许多曲子连缀而成的有头有尾的组曲。小令是散曲的基本单位,它又叫"叶儿",是配唱一个曲调的词,它因曲词的不同字数和句数也各不相同。散曲和宋词一样,句子有长有短,句尾有双有单。与宋词不同处是散曲不分上下段,语句中方言俗语很多,从而更加口语化和通俗化;划分节奏的音组中出现了更多三字停顿,用韵较密,几乎每句都押韵,一韵到底,但不像诗词那样严格分平仄,而是平上去三声通押(曲没有入声);另外,在同曲调配合上,散曲可以在正格之外加衬字,衬字多为虚词。

　　到了明代,正统文学的诗词是一直不景气的,而民歌却相当兴盛,各地都有民歌流行,而且深入人心。概括地说,明代民歌大致分为传统民歌和新兴的民间"俗曲"两部分,前者主要是产生和流传在江南一带的"吴歌",后者是南北各地广泛流行的、在元散曲基础上发展而成的新的民间歌曲形式,二者之中以后者数量最多。它们的内容绝大多数都是歌咏男女爱情的,形式一般为散曲式的长短句或五、七言。

以上是汉族民间诗歌发展的概括情况。联系到河州型"花儿"流行区的社会历史变迁以及汉族人在这一地区的活动,汉族民歌对这一地区是按不同时期的不同情况而产生不同的影响的。从春秋战国到隋,古河州地区是一个随着汉族人迁入而形成的羌汉杂居区,汉族的四、五、七言体民歌当对这一地区有一定影响。盛唐时期,丝绸之路畅通,中原与西域各族及外国文化交流甚盛,在此基础上形成的曲子词对于处于丝绸古道上的这一地区当有重要影响。宋代,这一地区主要为吐蕃和西夏人占据,汉族人虽有居住,但人数比例不可能太多,汉文学的影响就比较薄弱了。元明时代,这里是重要的农垦区,在北方民族音乐交流基础上形成的元散曲以及明代民族歌中爱情题材占统治地位这种情况,当对这里产生重要影响。

综合河州型"花儿"流行区的上述情况,可以概括出如下要点:

时代	居住主要民族	经济生活	音乐影响	文学影响
春秋战国	羌	牧业	羌汉音乐	四言、五言、七言诗
汉魏六朝（西晋）	汉、羌（吐谷浑）	农业、牧业		
隋	汉、羌	农业、牧业	西域音乐	词
唐	汉、吐蕃	牧业、农业		
宋	吐蕃、党项、汉	牧业		
元	回、汉、蒙古	农业、牧业	中亚音乐	元散曲
明	汉,回、撒拉、东乡等	农业、牧业		爱情民歌

据此,我们可以对河州型"花儿"的渊源推论如下:(一)从音乐因素看,河州型"花儿"流行区所受音乐的影响,主要是古羌族音乐、中亚信仰伊斯兰教民族音乐和汉族音乐,前两者都是经过同汉族音乐相融合而为中国音乐、并最后成为"花儿"音乐的成分的,因之,今天我们所听到的河州"花儿"音乐当形成于隋唐或元代之后。(二)从文学因素看,河州型"花儿"形体上的单、双字尾同存一诗的特点,在产生于唐代的曲子词中开始出现,而元散曲在语言的通俗化上则更接近于河州型"花儿";元、明民歌中以爱情内容为主这一情况无疑对河州型"花儿"作为情歌具有重要影响。根据这些情况,河州型"花儿"的文学形态只能产生于唐代以后,而以元明之际较为可靠。(三)从创造这种民歌的民族看,河州型"花儿"主要是回、撒拉、东乡和汉族等共同创造的,而这里的主要民族是在元末及明代以后形成的,因之,河州型"花儿"的形成时代不可能早于元代之前。(四)从社会历史条件看,河州型"花儿"流行区所经历的历史是一个由以牧业经济为主向以农业经济为主演变的漫长历史时期,其实质是由奴隶制社会向封建制社会的转变。这一社会转变经过长时期的历史反复,充满着动荡不安,直到元明才基本上得以实现。因之,河州型"花儿"是一种产生在从牧业经济过渡到农业经济时期的民歌,它的形成需要相对稳定的社会环境,而明代为它提供了这样的环境。综合影响河州型"花儿"产生的以上多种因素,最后的结论:就这种民歌的某些因素看,它的渊源是相当早的,它是在漫长的历史发展中逐渐形成的;但就一种由多种因素构成的具体艺术形式来说——它是一种由几个具体民族所创造和传唱,并且有独特形态的、音乐与文学相结合的民间情歌,它的形成时间应当确定在明代。从文化角度说,它是一种由多种系统文化融合的产物。

三、洮岷型"花儿"的渊源

探讨洮岷型"花儿"的渊源,同样要考察我们在研究河州型"花儿"时所涉及的几方面的情况。

第一,洮岷型"花儿"主要流行地区的民族历史变迁。

洮岷型"花儿"的流行地区不如河州型"花儿"广泛,它主要流行在甘肃省境内的洮河流域的中上游一带,包括莲花山和二郎山两个歌唱中心,即临潭、康乐、临洮、渭源、卓尼、岷县、宕昌等7县以及漳县、舟曲、武都和文县的部分地区。洮河流域在秦代以前是古羌人活动的地方,据《洮州志》说:"洮州本番戎地,中古以前远不可考,自秦汉以迄元明废置无常。"《岷州志》也说:"中古尚不入版图,自秦汉迄元明,废置纷纭,初无定制。"这虽都说的是作为地方行政单位的建置,但也透露了民族变迁的某些信息。秦统一后,这一地区的临洮一带是秦陇西郡的一部分,秦长城曾修到了这里;之后,随着两汉在这里屯田,汉族人进一步进入这里,这里逐渐形成羌汉杂居区。但在这以后,由于中原封建王朝对这一地区的征战,这里战火不绝,一直很不安定。唐末至宋,这里又为吐蕃人长期占据,以至形成一个以吐蕃人为主、杂以汉羌融合的居住区,这种情况至明以后才有改变。明王朝建立后,为了加强对西北少数民族的控制和巩固边防,从南京、安徽、陕西、山西、河南等地将大批汉族人迁入这一地区,进行屯垦,于是,这里逐渐形成像今天这样的汉藏杂居的局面。历史地看,中原汉族政权势力对洮岷地区控制,是由东北向西南逐步推进的,其间不断地受到当地少数民族的抵制,而最终形成了较为明显的如下民族杂居格局:洮河流域的东北方基本是汉族居住区,西南方则基本是藏族居住区,而洮岷型"花儿"两个歌唱中心的莲花山和二郎山一带正处于汉、藏居住区的交界地带。就这两个歌唱中心来说,其民族聚居情况又有一定差别。莲花山一带(即洮州中心区)藏族人数较多,二郎山一带(即岷州中心区)汉族人数较多,而这种民族聚居情况的差别又导致了两个中心民歌格调的差异。综合以上情况,历史上活动于洮岷地区的民族,主要有古羌族、汉族和吐蕃人(藏族),洮岷型"花儿"自然是由他们创造的,他们的经济、文化等都是培育这种艺术花朵的土壤。

第二,洮岷地区的经济生活。

如上所述,秦以前这里是古羌族人的游牧地,其经济生活自然是牧业经济。秦汉之后,随着汉族人进入这一地区,农业经济开始有所发展,但由于这里远离丝绸之路和长期处于民族战争的不安定状态,很少受到先进生产技术的影响,农业生产未能有较大发展。唐末及两宋时期,这里又长期处在吐蕃人的占据下,农业生产在牧业经济的抑制下遗失殆尽,得到开垦的农田又多还原为牧场。明代以后,大批汉族进入这一地区屯垦,农业经济才有了较快发展,从而使这里逐渐变成一个农牧业兼营的地区。纵观洮岷地区社会经济生活的演变,明代农牧业兼营的经济生活以及较安定的社会条件,更适合于用汉语歌唱的洮岷型"花儿"的诞生。而随着明王朝在西北少数民族地区实行茶马贸易(洮州即为设有茶马司的西北重要交易中心之一),洮岷地区的经济交流促进了汉藏民族文化的交流,为洮岷型"花儿"的形成提供了条件。

第三,洮岷地区的民族音乐的影响。

洮岷型"花儿"是一种民间乐歌,它是由活动在洮岷地区的古羌人、汉人和吐蕃人创造的,这种民歌的音乐部分自然来自它的创造者的音乐影响。由于吐蕃人与羌人有着共同的族源,洮岷型"花儿"实际是羌族和汉族音乐影响下形成的,因此,我们从这两个方面来探讨它们对洮岷型"花儿"音乐的影响。

上面曾经讲过,汉族是在秦汉以后进行入洮岷地区的,而且多在这一地区的东北部边沿如临洮一带活动,很少进入洮岷型"花儿"的中心区,加之这个中心区又远离丝绸之路,汉族音乐、包括受西域音乐影响深刻的汉族音乐都没有能够给这一地区以有力的影响。至于唐末及两宋时期,这里为吐蕃人占据,自然更谈不上汉族音乐的影响;只有元明以后,随着大批汉族人的迁入才可能把汉族音乐的影响扩展到这个地区。明代是秦汉以来汉族进入洮岷地区人数最多的一个朝代。明王朝建立之初,即通过屯军、罪戍等办法将大批汉族迁往这一地区,最后在民族人数上出现了汉族多于藏族的情况。可以说,汉民族真正居住在洮岷地区始于明代。据历史文献记载,明代向洮岷地区移民中人数最多的是南京和安徽等地,但是考察如今洮岷型"花儿"的音乐,其中却并无南京、安徽一带汉族民歌的特色。我国音乐研究者将全国的民歌分为八、九个色彩区,江淮、江南一带的山歌一般以流畅、秀丽见长,旋律性较强,多宫、征调式,而洮岷型"花儿"的音乐则属西北民歌色彩区,它的特色是高亢、嘹亮、粗犷有力,旋律较单调和原始,多商、羽调式,二者的差别是十分明显的。这种情况似乎说明,洮岷型"花儿"音乐形态远在明代之前就基本形成了。

那么,洮岷型"花儿"是在羌族音乐的影响下形成的,这个论断就必然成立了。这可以从以下几方面得到说明。

首先,古羌人传下的乐器是物质方面的佐证。如今,洮岷一带民间流传着一种叫"草咪咪"的吹奏乐器,也就是前面曾提到过的"咪咪",据多数"花儿"音乐研究者认为它就是古羌人所使用的"羌笛"。

再者,从洮岷型"花儿"与羌族音乐的对比考察中可以看出二者同出一源。宋志贤在《洮岷花儿源流初探》一文曾做过这种考察,我们将其考察情况简介如下。这是甘肃迭部县的藏族"拉伊"(甲)同二郎山"花儿"《啊欧令》(乙)的对比:

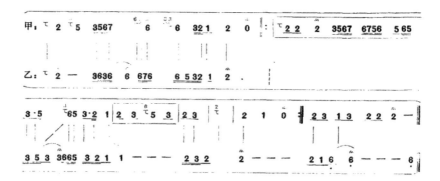

这两首乐曲基本相同,都是山歌体,体式都较短小,又都是行腔自由的散板节奏和二乐句单段式曲调。它们的不同处在于:1. 由于民族语言与音节的不同,甲曲中的一些波浪式托腔被合理地删去了。2. 两曲的中结音和终止音处有所不同,乙曲调性较明显,中结音与终止音运用较合理,给人以稳定和完满的结束感;而甲曲则由于过分强调了羽音6,其中结处不够稳定,终止也给人以不够完满的感觉。两相对照,可以明显地看出洮岷型"花儿"《啊欧令》是在藏族"拉伊"的基础上的革新。又如下面这首流传在迭部县的"勒"(甲)与莲花山"花儿"《莲花令》(乙)的对比:

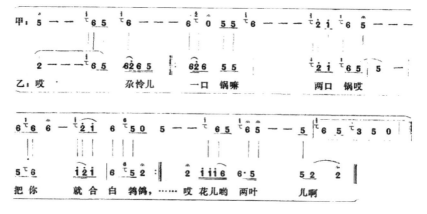

　　这两首乐曲也是基本相同的,洮岷型"花儿"的《莲花令》同样是在藏族民歌"勒"的基础上发展而成的。这种对比考察总体可以说明这样两点:其共同处说明两者同出一源,其不同处显示了洮岷型"花儿"音乐是在藏族音乐基础上发展演化而成,它具有汉族民歌结构严谨的特点,更符合"起、承、转、合"的创作原则。

　　需要说明的是,藏族民歌是非常丰富的,按形式分为"路系民歌"和"谐系民歌"(王沂暖教授在《藏族文学史略》中的分法,有人称为"鲁体"和"谐体")两大类,前者属只歌不舞类,后者属载歌载舞类;按内容和使用范围又可分为酒曲、情歌、舞蹈歌和生活歌等,每种形式或内容的民歌又包括许多乐曲,而洮岷型"花儿"的主要曲调只有两种,不过是对极丰富的藏族民歌的部分利用而已。关于它们的产生时间,一些藏族诗歌研究者认为,在敦煌发现的《吐蕃古代历史文书》中,"鲁体"或"谐体"民歌都已出现,只是一律被称做"鲁",说明它们公元 8 世纪已在当时的西域流行,可见仅从吐蕃音乐来看羌族音乐对这一地区的影响,历史也相当久远了。

　　另外,藏族民歌的歌唱方式也对洮岷型"花儿"具有一定的影响。据杨世隆在《浅析卡车藏族酒歌恰鲁与阿加》(见《祁连歌声》,1983年 5 期)一文中介绍说,"这是一种主要由男声对唱的歌,一对一,主持评判的人叫'关系',当'关系'双手高举酒杯,说上简短的开场词以后,对歌便开始了。一问一答,从天文、地理、历史、新闻到家庭生活琐事,都是对歌的内容,丰富多彩"。前面所引同《莲花令》相对比的"勒"(即"鲁"),在安木多藏区一般指酒曲,这种酒曲的歌唱方式同莲花山"花儿"是十分相似的。

　　第四,洮岷地区所受民族文学的影响。

　　汉族民歌对洮岷地区的影响,同汉族音乐一样,在唐代以前由于汉族人未能真正进入这一地区的中心地带,是微乎其微的;唐末及宋代这种影响就更谈不上了;只有元、明,尤其是明代以后这种影响才能产生实际作用。明代在洪武时期,迁入洮岷地区的汉族人数就已经逐渐占到多数,这些移民中以南京、安徽一带的人最多,他们将汉族文化,尤其是汉族民歌带进了这一地区。进入洮岷地区的汉族民歌包括五、七言体民歌以及元散曲等,它们对洮岷地区的影响不应当是平衡的,而是随社会和时代的需要有大小之分的,明当代七言体的影响可能最大,时间上有一定距离的元散曲次之,五言体的影响可能最小了。

　　羌人民间文学对洮岷地区的影响,主要表现为吐蕃人的,即后来的藏族民歌的影响。如今的洮岷型"花儿"虽是用汉语歌唱的,但这并不妨碍它在文学形态上接受藏族民歌的影响。藏族"路系"(即"鲁体")民歌的基本文学形态是"三段体",即每首由三段构成,每段多为三至五句;"谐系"(即"谐体")民歌的基本形态是"单段体",每首一般四句,它们都对洮岷型"花儿"有一定影响。如"鲁"的最常见的三段体、三句式是这样的:

　　　　在雄鹰的翅膀上,
　　　　有一对漂亮的羽毛,
　　　　如有本事你就拔来。

　　　　在野牛的大头上,
　　　　有一对锐利的武器,
　　　　如有胆量你就取来。

　　　　在我歌手的舌头上,
　　　　有两首对答的歌,
　　　　如是歌手你就问来。

这种特点不是在莲花山"花儿"中表现得很明显吗!

综合洮岷地区的上述情况,我们对洮岷型"花儿"的渊源作如下推论:(一)洮岷型"花儿"是在多种因素的影响下、在较长的历史发展中逐步形成的;就其音乐因素说,它渊源于公元8世纪的古藏族民歌,就其语言因素说,它只能产生于明代汉族大量迁入、汉语普及之后;就其文学因素说,它受着藏族"鲁体""谱体"和汉族七言诗以及元散曲等多方面的影响,而莲花山与二郎山两个歌唱中心所受这些方面的影响又不平衡,就其社会情况说,明代农业经济的稳定发展为它的产生提供了最适当的社会条件。(二)作为一种音乐因素与文学因素相结合、并且有独特形态的歌种来说,洮岷型"花儿"最终形成于明代。

四、两种类型"花儿"渊源的异同

通过两种类型"花儿"渊源的探讨,我们大体上了解了两类"花儿"的历史形成过程,现在,我们可以在这个基础上通过对两种类型"花儿"渊源异同的比较,来进一步认识它们的各自特点及其历史根源。

从两种类型"花儿"的历史渊源看,它们具有如下共同或相近之处:(一)两种类型"花儿"的主要流行区都处于我国自然区划的同一地区——西北高原地区,有着同样的地理位置、相似的自然条件;(二)这种毗连的地理位置,又决定了两种类型"花儿"流行区在民族聚居及历史演化上情况的类似,它们在先秦时代都是古羌人的游牧区,秦汉之后汉族才逐渐迁入,后来又都处于长期历史动乱之中,直到明代才都进入一个社会环境较为稳定、农业经济较快发展时期;(三)以上两者又导致了两种类型"花儿"流行区所受传统文化影响的相似,它们都长期处于羌汉两种基本文化系统熏陶之中。正是由于两种类型"花儿"在历史渊源上具有这些相同或相似之处,才给两类"花儿"本身带来了某些共同的特点。例如,它们都有着羌族音乐和汉族七言诗的明显印记,都带有西北高原艺术的粗犷与古拙,都主要反映了高原民族的爱情生活,而且又都产生在相同的时代;另外,传唱"花儿"的某些民族是有自己的民族语的,而唱"花儿"却都使用汉语,等等。因此,两种类型"花儿"流行地区的群众都用"花儿"这个名称来称呼这种民歌,"花儿"研究者把它们归为一种民歌进行研究,是很自然的事。

两种类型"花儿"的历史渊源中,又表现出了它们共同中的差别,这主要是:(一)所处的地理位置在共同中有差别,河州地区处于古丝绸之路的交通线上,与中原地区发生较多联系,而洮岷地区则同丝绸之路有一定距离,与中原地区联系较少,比较闭塞;(二)这种地理位置上的差别,以及在此基础上产生的中原封建王朝和当地各民族的关系,使两种类型"花儿"流行区在历史上出现了两种情况不同的演化,河州地区最后形成回、汉、撒拉、东乡、保安、土、藏等多种民族的杂居区,而洮岷地区形成以汉、藏两个民族为主的民族杂居区;(三)以上二者最终导致两个"花儿"流行区所受文化等影响的差异,大致说来,河州地区受到了羌族、汉族和中亚信仰伊斯兰教民族这三方面文化的影响,而洮岷地区则只有羌、汉族这两方面的文化影响。这些差异使两种类型"花儿"各自带上了自己的特点,例如:河州型"花儿"的音乐方面受多种音乐因素影响,其音乐色彩更为丰富,文学方面除受汉族七言诗影响外,还受到唐代曲子词和元散曲的影响,以至其文学形态出现了单双字尾同存一诗等突出特点。因此,两种类型"花儿"的特点,都是在各自的具体历史环境中长期形成的。

(原文发表于《西北民族研究》,1988 年第 2 期,第 194—206 页。)

感情浓烈撼人心肺的心灵之歌

——河州型爱情"花儿"的内容及其特点

爱情"花儿"在河州型"花儿"的传统作品中占绝大多数,它们是整个河州型"花儿"的最主要组成部分,也是这种类型"花儿"的精品。由于它们产生得最早,流传的时间最长,在流传过程中经过众多的传唱者反复加工修改,千锤百炼,数量多而质量高,历来为人们所喜爱。

作为一种民间文学品种,爱情"花儿"是以爱情生活为表现对象的。但是,爱情作为人的生活内容,又同其他社会生活密切相关,这样说来,爱情"花儿"又是一个社会生活的窗口,通过这个窗口人们可以看到人的精神面貌的各个方面。因此,爱情"花儿"所反映的生活以及针对这些生活所表达的思想感情, 远比它直接描写的对象要丰富和广阔得多。

爱情 "花儿" 按它所描写的直接对象——爱情生活的进程和感受,可分为以下八个层次,我们分层次进行论述。

一、赞美

赞美是爱情进程的第一个层次, 指爱情萌动初期恋爱者对对方的称赞,以此表达内心的爱慕之情。这类作品有赞美外形和赞美品质之别。赞美外形的在这类作品中占比较大,它又分为总体感受、模样、身材等角度赞美几种情况。从总体感受赞美,是指对对方第一印象的美的感受,这第一印象在情人眼里往往是极强烈的,如:

　　阴山阳山八宝山，

　　好不过挡羊的草山；

　　尕妹出来着门前站，

　　活像是才开的牡丹。

然而，第一印象终究又比较粗略，它往往不及对模样的赞美更加具体、生动。对模样赞美的作品数量较多，主要是对面部，即眉毛、眼睛、牙齿嘴巴等的赞美，如：

　　天上的星星星对星，

　　天河口里的亮星；

　　尕妹的眼睛毛东东，

　　尕嘴红，

　　尕模样咋这么心疼。

　　大路边上的好香柳，

　　走过时香喷喷的；

　　糯米牙齿樱桃口，

　　说话时憨敦敦的。

　　大燕麦出穗是索拉拉吊，

　　歇地里种芝麻哩；

　　一对的大眼睛水活活笑，

　　笑眼里说实话哩。

这类作品并不限于对模样诸部分的静态的赞美，而是往往把形式美同神气、动态密切结合在一起，这就透出了一股勃勃生气。这同非劳动人民偏爱静态的、重纯形式的审美趣味是不大相同的。赞美身材的作品不多，这种状况本身在某种程度上反映了在封建思想长期影响下形成的重模样轻身材的审美倾向。这类作品同样注意身材的形式美与动态的结合。如：

白杨树上的一架鹰，
柳树尖上的凤凰；
苋干的身材儿站起来，
凤凰展翅地走开。

以上关于赞美外形美的“花儿”，就恋爱者个人来说自然唱出了本人的爱慕之情，但把他作为社会的人看，其中也反映了西北高原唱“花儿”的各族人民的一定审美观。这种审美观具体表现为：女性的樱桃口、红嘴唇、糯米般的细白牙齿、大眼睛、长睫毛、苗条的身材和利洒的动作，等等。值得注意的是，这种审美观同那种认为劳动人民只欣赏由劳动需要而来的直观式的观点是不相符合的。它起码说明了劳动人民在女性美欣赏上的多样性，他们并不排斥“黑粗”之外的东西。还需要说明的是，这种对外形的赞美几乎全出于男性对女性这一单方面，而不是相互的赞美，这大概也是封建影响的一种表现。

赞美品质的作品在河州型“花儿”中不多，其中对品质的赞美往往是同对外形的赞美结合在一起的。如：

兰州城里的紫葡萄，
根扎在城外前了；
身子苗条心肠儿好，
十三省挑不出了。
石头崖上的芨芨草，
羊羺羢吃多少哩？
身材不大模样儿好，
好心肠盖天下哩。

这类作品虽然在内容和艺术上都比较一般，但它们所显示的更带社会色彩的内容，是应当引起特别注意的，它说明即使在主要表现自然性性爱活动的“花儿”中，也是不可能不渗进一定带有社会意义

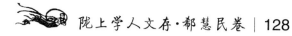

的要求的。这类作品数量不多与质量较一般这种情况,也间接地反映了在封建礼教统治的社会里,性爱活动还不可能发展到基于更多了解,而提出更多品质要求的地步这一实际。

二、追求

追求是爱情进程的第二个层次,但从恋爱双方接触的角度说,却是所采取的第一个行动。这种内容的作品在传统的河州型"花儿"中数量较多,它不仅说明爱情与婚姻的自由自主是人们的普遍要求,也说明在封建时代,作为情歌的"花儿"在西北高原农村生活中具有一定的实用价值。这类"花儿"由于追求者的种种主观因素和对方的不同反映,又呈现出丰富多彩的方式与情况。

首先,要采取种种方式引起对方同自己答话,这其中有直接大胆切入的,如:

三星儿上来单站下,

七星儿摆八卦哩;

叫声尕妹妹你站下,

我给你说两句话哩。

有用赞美对方的方式来引起对方同自己答话的,如:

大路旁边的好香柳,

过路着香喷喷的;

葱样身材樱桃口,

咋能不答个话哩?

有的则把赞美同自己求爱心迹含蓄结合在一起,如:

青石头青来蓝石头蓝,

青石头跟前的牡丹;

阿哥是孔雀虚空里悬,

尕妹是才开的牡丹。

其次,递进一步,由与双方答话到表白自己的爱情要求,这种表白一般都是十分明朗和直截了当的,如:

上磨拆了要修哩,

清水儿要漫个紫葵;

有心了我俩修一条路,

拜一个生死的姊妹。

这里的"姊妹"是哥哥妹妹的意思。以上表现追求这一层次的爱情"花儿",主要是男性对女性的追求,而女性对男性的追求则不多见,这种情况大约可以说明封建礼教对妇女爱情的束缚。而这类男性追求女性的"花儿",又反映出这种追求是在男女平等的基础上进行的,其思想中很少有封建观念的流露,民主色彩相当浓厚。

三、热恋

热恋是爱情进程的又一层次,这类"花儿"是爱情"花儿"中最富有色彩的部分之一。这类作品数量较多,而具体内容与情况又丰富多彩。

这里有抒发男女交往与感情交流的愉快心情的,如女方的情绪:

南山的头上云起来,

半山里闪出个虹来;

看见了阿哥把头抬,

不由的精神儿上来。

又如男方的感受:

清水的河里磨一盘,

三道山,

牛羊儿往下着赶哩;

　　陪住尕妹着坐一天，

　　六月天，

　　日子还嫌着短哩。

这显然尚处在恋爱初期,往往以相见时的感情来表现,感情是真挚和朴素的,但看来还比较平稳。那些倾诉相互依恋之情的作品,就远比这热烈多了。如女方对男子的恋情:

　　园子里长的是绿韭菜,

　　不要割,

　　就叫它绿绿的长着;

　　尕妹是阴沟阿哥是水,

　　不要断,

　　就叫它慢慢地淌着。

男方对女方的恋情:

　　尕妹是冰糖阿哥是茶,

　　茶离了冰糖是不甜;

　　尕妹是河水阿哥是鱼,

　　鱼离了河水是不成。

这里虽然表达得比较含蓄,但从所抒写的感情火候讲,已颇有点难分难舍的意味了。而这种感情更进一步的发展,就是带有私情的用"花儿"来表示永不分离的誓愿。这类作品的数量不少,大都具有相当艺术质量,很有撼人心肺的感情力量。如:

　　清油灯盏亮照下,

　　羊油的白蜡放下;

　　黑头发陪成白头发,

　　死了时一块儿葬下。

　　青石头根里的药水泉,

担子担，

桦木的勺勺儿舀干；

要得我俩的大路断，

三九天，

青冰上开一朵牡丹。

以上抒发热恋感情的"花儿"，涉及男性和女性的都有流传，这说明在冲破封建礼教樊篱的短暂交往中，人们的这种正常的感情就会自然地奔涌而出，如火如荼，而这种难得的欢乐之情是叫人永远不能忘怀的，于是，它们转化为美好、动人的短歌，供人们长期回味、咀嚼。这是封建时代的社会现象。

如果上面所说的只是自然情况下的热恋之歌，它们主要反映的是人们对正常爱情的渴望，社会因素只能有淡薄的显露，那么，当这种要求受到一定阻挠而产生矛盾冲突时，它的社会色彩就会显得相当浓厚和突出了。这时，恋爱者的热恋之情变得更为直率、大胆、强烈和执拗了。如：

十字当街的杂货铺，

对面儿修下的当铺；

我俩修下的常走的路，

哪一个汉子敢挡住。

这是对阻挠者的挑战方式中所显露的热恋之情；

三间房子四方院，

柱子上拴下的狗歪；

宁叫打坏筋挑断，

偷偷地看一回你来。

这是在为反抗干涉而甘冒风险时表现出的热恋之情；

不怕你细扎绳大绑下，

不怕你大梁上吊下；

不怕你千刀乱剐下，

不死了还这个闯法。

这则是面对强大的干涉势力所表现出的宁死不罢的执拗的热恋之情。从恋爱者本身说，这类作品抒发的是特殊条件下的热恋之情，而从文艺与社会生活的关系讲，它们则突出地反映了旧的封建礼教在爱情与婚姻领域同人们的尖锐冲突，以及人们对它的强烈反抗。因此，它们是深刻揭示社会本质和规律之作。

四、情变

情变，指恋爱进程中所发生的变故，即一方中止了爱情活动。在旧时代，爱情生活不自由的情况下，爱情受种种社会因素的影响，情变的发生是免不了的。河州型"花儿"的传统情歌也反映了这个生活面，抒发了这种场合的思想感情。

有不多的"花儿"触及了恋爱者对情变的感受，如：

前面的水沟后面的崖，

水沟里磨轮转了；

叫一声尕妹跟前来，

风刮着听不见了。

坠入情网的人们感情是极细腻敏感的，从细微而不正常的表现中往往能察觉出对方的变化。而当恋爱者确实证实了对方的心迹，他们会产生一种天塌地陷的痛苦感受。这是男性的感受：

兰州城里的兵变了，

四城门上了个锁了；

我维的尕妹心变了，

大眼睛不看个我了。

这则是女性的感受：

> 张翼德喝断了当阳桥，
>
> 东城上割了些药草；
>
> 两耳里听见你丢我，
>
> 身上的肉，
>
> 好似春天的雪消。

这类作品往往把这类感受表现到相当真切的程度，说明没有亲身经历是写不出的，它们以此反映了这种社会现象。

更多的"花儿"表现的是对负心者的指责。这类"花儿"往往能够从不同角度细微而鲜明地表达出歌唱者的怨恨之情。下面是针对爱情不专一的：

> 太子山根里的牛尾巴草，
>
> 锦鸡娃多，
>
> 黄鹰抓不住兔了；
>
> 哥哥肚里的心思多
>
> 实话们说，
>
> 实心我抓不住了。

这种指责仅仅是对对方的不见真心而发，它表达了对情变的一种总的感受。而当对情变的感受为具体的情景所证实时，用对比的方式去指责对方就显得更带感情色彩和有力了。例如：

> 麻豆开花一点红，
>
> 枝端上结的豆角；
>
> 想起你来心疼烂，
>
> 你这里冷冷的坐着。

有的作品用夸张的方式来诉说自己的痴心，实际上是一种细微的、变相的指责，这不能不说是情歌在表情达意上的一种创造。例如：

张翼德城头上擂鼓哩，

老爷要斩蔡阳哩；

想你着眼睛滴血哩，

黑云里盼太阳哩。

太子山高不过积石山，

细细看，

一堆着一堆的草山；

一年下三百六十天，

细细算，

我把你没忘过半天。

它们表面上都不带明显的指责，但却含蓄地表达了这样的情绪。

值得注意的是，有些表现情变情绪的作品，透露出某种造成情变的社会因素：

井里打水绳断了，

霜打了九月菊了；

我俩的好事拆散了，

娘老子作主着坏了。

这是诉说包办婚姻对自由情爱的冲击和破坏的。

大峡里赶峡的人没有，

小峡里赶峡的人多；

成全个婚姻的人没有，

挑拨离间的人多。

大燕麦绿的水钻了，

胡麻的骨朵们烂了；

尕妹的肚子里鬼钻了，

你听了坏人的话了。

这是对旧的社会习惯势力干涉自由爱情的抱怨。

> 黄沙里澄金金贵了，
>
> 金子的个头大了；
>
> 有钱的尕妹人大了，
>
> 穷阿哥搭不上话了。

这则是对基于经济原因的嫌贫爱富思想的指责。这类作品的不足之处，在于侧重于对情变原因的思索，其感情色彩势必有所减弱。

情歌中对情变的指责发展到极端，就成为对对方的诅咒：

> 白杨树上的野麻雀，
>
> 柳树上垒窝着哩，
>
> 无义之人你快死掉，
>
> 阳世上人多着哩。

文化素养欠缺的劳动者，自然无法理性地认识情变得复杂原因，他们把情变的责任简单地归为对方的"无义"，而施以恶毒的诅咒。但同时，我们又看出他们也能摆脱这种情变带来的苦恼，用"阳世上的人多着哩"来排遣失恋的痛苦。这又反映出劳动者对待生活的某种达观态度，它显然同那种爱情至上者的"失恋即灭亡"的信条是绝缘的。

关于抒发情变情怀的"花儿"，从数量上看，男性受情变之苦的作品稍多于女方，这大约说明，旧时代男子走南闯北，用"花儿"表露此情的机会多于女方，因此这类作品流行的数量稍多。

五、别离

别离是爱情生活的又一层次。青年男女在没有成为眷属之前，相见只是暂时的聚会，在见面中互诉衷肠。但是，这种聚会、甚至是已成眷属的聚会，也不能成为寸步不离的厮守，而总是有聚有散的。河州型"花儿"中有不少作品反映了这一层次的生活及感情。别离是最容

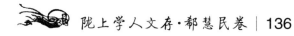

易掀起人们真实感情的时刻,因此,这类作品颇有一些抒发真情实感的感人之作。同时,这类作品又从不同角度对不同情景的离情进行了具体显现。有些是抒写不愿别离之情的:

> 尕马儿拉在了柳林里,
>
> 柳林里有什么草哩?
>
> 一口一声的出门哩,
>
> 出门是有什么好哩?

这首"花儿"反映了迫于生计不得不背井离乡出外谋生的生活现实。唱歌的这位妇女,对情人的依恋显然大于对经济生活的考虑,于是表露出这种情绪。更多的歌者充分理解外出和分离的必不可免,于是用"花儿"互相叮嘱,借以表达这种离别之苦:

> 高高山上的五雷阵,
>
> 四周里扎下的草人;
>
> 家儿里来了我照应,
>
> 路儿上你个家小心。

表现离情的作品,数量较多而且也更为精彩的,是那些表现当事者揪心痛苦的作品:

> 骆驼鞍子是肉鞍子,
>
> 铁垛子咋驮着哩?
>
> 妹妹肝花你拔了去,
>
> 干腔子咋活着哩!
>
> 一对犏牛犁地哩,
>
> 头上的鞭子下绕哩;
>
> 眼看着阿哥出门哩,
>
> 心上的刀子下绞哩。

这类作品大都是饱含真情实感之作,因而能产生撼人心肺的艺术效果。这种表现离情的作品,从数量上看,以抒发女性离情者为多,显然反映出封建社会妇女在整个社会生活中处于不自由状态的这种社会现实。

六、思念

恋爱者对对方的思念是爱情生活的再一层次。这类情歌是河州型"花儿"中内容最丰富、最富有表现力、同时又最有艺术魅力的部分。在旧时封建色彩浓厚的社会里,由于旧制度与道德的影响,人们的自由爱情生活大多是不顺利的,大多数恋爱者所吞咽的都是那悲剧的苦果,即或有少数成功的,也可能要经受众多的阻挠与磨难,而思念性情歌正是这种带有悲剧色彩的恋爱的具体表现,它反映了这种爱情的普遍性遭遇。因此,这类作品所抒发的情绪也是有一定社会的因素的。

这类思念性情歌内容多是抒写思念的苦情,所采用的角度较多,写法也很不一般,成功之作颇多。我们看到有这种捶胸顿足式的痛苦的思念:

> 月牙的锅盖柳木的匣,
> 风匣下拉,
> 柴湿着架不成火了;
> 山高路远着来不成,
> 腔子上砸,
> 由不下你连我了。

也有在喝茶、吃饭时思念的:

> 黑乌鸦落了一河滩,
> 沙雁儿落在了河岸;
> 三碗的肚子吃两碗,

想你着吃了半碗。

它们用带一定夸张的语言,通过对吃喝的异常来抒发思念之情。更富有色彩的是式样繁多的日思夜想的种种思念之状、之情:

芍药牡丹的黄丹桂,

叶叶上滚的是露水;

一晚夕想你没瞌睡,

大白天想你着难黑。

三更里梦个好睡梦,

眼前的白牡丹开了;

惊着醒来你没见,

心儿似乱刀子绞了。

把思念之苦抒写得淋漓尽致的,大概要算下面这首"花儿"了:

兰州的木塔藏里的经,

拉卜楞寺院的宝瓶;

痛烂了肝花想烂了心,

哭麻了一对的眼睛。

这类以思念为内容的"花儿",多数是发自女性歌者之心之口,因为她们受的痛苦最深重,体验最深刻,这些作品可说是呕心沥血之作,所以听来分外感人。

七、重逢

这是抒写爱情生活的最后一个层次。恋爱中有聚有散,有散也有聚,重逢反映了这种过程的最后一个场景,抒写了这种情景的情感。

这类作品之中,有的在表现重逢的情绪时揭示了分离的原因:

走罢凉州走甘州,

嘉峪关靠的是肃州;

> 挣上些钱了回家走，
>
> 心上的尕妹啦看走。

它从侧面透露出"花儿"流行区人民的某种经济生活。更多的作品则表现了恋爱者在久别重逢时的急切而欢乐的心情。

> 一张红纸四面方，
>
> 四角上盘云字哩；
>
> 想起个尕妹下夜川，
>
> 三站踏一站到哩。

这是写男子在回家途中的表现和心情的。

> 满天的黑云吹跑了，
>
> 夏晴天又重新见了；
>
> 出门的阿哥回来了，
>
> 欢心着，
>
> 不知阿么办了。

这是表现女子在突然同情人相见时的心情的。

> 香子游山回来了，
>
> 鹿吃了清泉的水了，
>
> 腔子想成冰块了，
>
> 见你时化成水了。

这则在与分离的对比中，表现了处于重逢幸福中的那种欢乐。

表现重逢的作品在描写上大多突出一个"急"字，色彩明朗，情调轻松，带有喜剧气氛。由于旧时代这种爱情上的欢快情景并非常事，因而这类作品的数量也是有限的。

八、教训

这不是爱情生活本身进程的一个层次，而是恋爱的"过来人"对这种生活的有关评论。这类作品的编创者往往以第三人的身份和口气来咏唱,态度比较冷静,没有浓厚的感情色彩;内容涉及对爱情甚至人生的某种认识、总结或教训,饱含着一定的道德观念,带有某种哲学意味。如:

> 隔墙院里的白牡丹,
>
> 叶叶儿扯在个路边;
>
> 年轻的时节都一般,
>
> 哪一个不唱个"少年"。

这首"花儿"写得很含蓄,又有双关的意味,它表现了旧时代情场上的"过来人"对年轻人追求自由爱情的一种理解和宽容的态度,而且也含有从人性角度对自由爱情要求的合理性的肯定。

> 京娘连赵匡胤出了城,
>
> 一晚夕要站个店哩;
>
> 维人的恒心你拿稳,
>
> 不稳是要落个贱哩。

这里指出维人(交朋友)不可不出于真心而三心二意,它不仅讲处理爱情,更指处理人与人关系的一种准则,具有某种训诫的意味,同时也体现了民族的传统道德观念。

> 大豆开花白加黑,
>
> 小豆开花像紫葵;
>
> 人家的尕妹眼szz黑,
>
> 她本是草尖上的露水。

这则是对某些见异思迁的男子的一种告诫,指出同别人的情人相好是不会长久的,它既含有一定的道德观念,也是对类似现象的某种总结性的表达。

纵观河州型爱情"花儿"的内容,尽管它们广泛地涉及了爱情生活的各个方面,并借以抒发了种种类型不同的情感,但是,这些类型不同的感情却有着共同特点,这就是在抒写感情上的浓烈性。它具体表现为感情的真挚,方式的直露、态度的执拗、格调的粗犷、气势的宏大和色彩的浓烈。无论何种类型的感情,它们总表现得那么大胆、那么直接、那么有泪有血和撼人心肺。表现追求就是"尕妹的庄子刀枪林,你有心,我修条宽大路走哩",表现离别就是"指甲连肉离开了,刀割了连心的肉了",表现相思就是"看见旁人好像是你,心里扎刀子哩"。似乎整个爱情生活都是在一种极其险恶的情势下进行的,面对深刻而尖锐的矛盾,充满激情和不顾一切地去相爱、去思念,充分体现出生活在西北高原的人民群众的共同精神面貌和性格特点,那是一种雄奇、骠悍、粗犷和带有悲壮气氛的精神。这种精神是在西北高原特殊的自然环境、经济生活、政治情势和文化传统的汤水里浸泡出来的。作品反映了这样的精神,也就反映了这样的社会面貌。因此,河州型爱情"花儿"是根植于西北高原社会生活的一种带有突出特点的西北高原民歌。

（原文发表于《西北民族学院学报·哲学社会科学版》,1989 年第 1 期,第 76—83 页。）

"花儿"的搜集整理和民间文学工作的科学性

　　本文打算就"花儿"的搜集整理问题进行一些探讨。"花儿"的搜集整理究竟存在哪些问题？这些问题是怎样产生的？什么是正确的、符合科学要求的搜集整理？要回答这些问题，我们得从考察"花儿"搜集整理的历史入手。

一

　　"花儿"在民间已经存在了好几百年，但它经过文化人搜集整理而进入文化领域，不过只有短短六十多年的历史。这不长的历史是怎么构成的呢？

　　"花儿"的文学形态真正最早见于文字是在 1925 年，刊载在民国十四年三月十五日北京大学《歌谣》周刊八十二号上的 30 首"花儿"；同时刊出的，还有搜集者袁复礼的介绍文章《甘肃的歌谣——"话儿"（按：即"花儿"）》。这 30 首"花儿"全系河州"花儿"，袁复礼在介绍文章中说它们"皆是本来面目"，也就是说，是从演唱者那里原模原样记录下来的。仔细看了这 30 首"花儿"，确乎如此。例如：

> 生个相公应官马，
> 引着回来至槽桩吊下；
> 睡着了半夜里想平话，
> 浸两泪枕头泡下。

这里的后两句，今天一般习惯记录为："睡着（了）半夜里想平话，浸眼泪枕头泡下"。搜集者完全按演唱者的语音记录,既不因某些原词不好理解而随便修改,也不照自己的语言习惯而轻易改动,而是用注释来加以说明。如第一句"官马"注为"出外当兵";第二句全句意注为"牵马回营",第四句全句注为"两眼落泪之多,可将枕头泡下"。这样,就客观地呈现了"花儿"的本来面目,保存了"花儿"社会、历史和语言等方面的特色,给我们了解"花儿"流行地区的社会历史等状况提供了宝贵的民间的文化依据。袁复礼的"本来面目"式的忠实记录,保存了许多富有特色的方言词。例如:"叫一声尕妹你出来,马立得赛过鹞子"中的"马立"(按:现在一般写做"麻利");"黄河沿上水白菜,一天赶一天嫩了"中的"赶",并不改作"比";"头帮的骡子走开了,二帮的骡子稳了"中的"稳"(按:应写作"撵")。对"尕"的注释,可以说是最早一批把这个西北特殊方言词介绍出来的文献资料,它注为:"尕,读《丫,即小之意",相当准确。至于在"花儿"记录中保存了某些西北特殊语法现象的资料,则更是难能可贵。如:"八仙的桌子上吃酒呢,尕手拉模盅子呢"的第二句,是"用尕手模盅子"的意思。

袁复礼记录的"花儿",还保存了一些西北地区的独特风貌。如:"凉州不凉米粮川,甘州不干水湖滩",具体地概括了今甘肃武威和张掖的地理特点,与"金张掖银武威"的俗语可以互作注释。又一首"花儿":"唐汪有个隻船呢"。袁复礼注道:唐汪即河州唐汪川,唐汪二大姓中同族有回汉各半",点明了唐汪川的地理位置及所居民族的情况。这里的"隻船"不好理解,袁复礼也未作注释。其实,"隻船"应为"扯船",是西北高原人民使用的一种特殊的交通工具。搜集者大概不明其意,因之未作注释,但用相近的字音录出,也为探求这种特殊风物提供了线索。

还有一点值得注意的是袁复礼在所有他搜集的"花儿"题目之下,都特别注明了"花儿"歌唱者的身份,诸如"榆中幼童""狄道学生"

"秦安脚夫""河州学生（现为马兵）"等等，其中有的还涉及搜集地点。
而且还在介绍文字中概括地介绍了歌唱者的有关情况："现在唱的人
多半是不识字的人，并且多半是出外作客的人，于成年人中很普遍，
于童年人中较少。"这些，又为"花儿"创造者的研究积累了资料。

袁复礼，河北人，清华大学毕业，曾留学美国，是我国老一辈的地
理学专家。他所搜集的"花儿"，是他在甘肃进行地质勘探时业余搜集
的。一个自然科学家在民间文学的搜集方面做得如此忠实民间原貌
而符合科学要求，确实令人赞叹！

20 世纪 30 年代搜集"花儿"的主要有两个人，一个是甘肃镇原
人慕少堂，另一个是甘肃榆中人张亚雄。前者是西北地方志专家，著
有《甘宁青史略》等书。他在《史略》副编卷五中，曾以"花儿"名目收入
民歌 111 首，但实际上真正属于"花儿"的，仅有 6 首，因此我们放过
他不谈，主要考察张亚雄对"花儿"的搜集。

张亚雄是学新闻的，20 世纪 30 年代在甘肃《民国日报》当编辑。
他利用编报的方便，"坐地征花"，实际上是发动群众搜集"花儿"，然
后，由他刊登出来。张亚雄不同于袁复礼的，是他并不直接从民间搜
集，而是发动、组织和编选"花儿"，但他的发动、组织和编选都是在科
学的原则和方法的指导下进行的。因此，他搜集"花儿"的成果要比袁
复礼大得多。自然，张亚雄也研究"花儿"，在刊登"花儿"的同时，发表
自己的议论。这些活动促成了他那对"花儿"研究具有开创意义的《花
儿集》的产生。《花儿集》于 1940 年出版，分上、下两编，上编是张亚雄
对"花儿"的研究，下编是他选编的"花儿"，全书共收纳"花儿"600 多
首，洋洋大观，内容十分丰富。《花儿集》所编选的"花儿"作品，几乎每
首都有注释或具体说明，保存了大量西北地区社会、民俗、语言等珍
贵资料。这当然也是搜集工作忠实于"花儿"民间面貌的结果。我们看
到，张亚雄编选的"花儿"中保存了大量"花儿"流行地区的方言虚词，

如收音词"哩",语助词"吧""哈""是""啦"等等,既体现了方言特点,又为后来"花儿"的搜集记录工作规范化起了开路作用。至于《花儿集》中保存的"花儿"流行地区的社会民俗情景,更是随处可见,不胜枚举。像"尕马儿骑上枪背上""上山着打一个梅花鹿,下山着打一个香子"这些句子,生动描绘出西北高原旷野的生活,反映了当地农民以游猎辅助其生活的实际;"天爷下着不晴了,白土窑儿漏了",展现了某些农民的穴居生活情景;"清茶不喝奶茶喝""口袋儿里装了些炒面",又透露出"花儿"流行地区人民受藏族风俗习惯影响,改变饮食习惯,饮奶茶吃炒面的生活习俗。这些保持了民间原汁原味因而饱含着社会历史内容的"花儿"作品,为我们科学地研究"花儿"流行地区的社会、历史、民俗、经济、地理,提供着最丰富、最可靠、最原始的客观材料。

到了20世纪40年代,搜集整理"花儿"的文化人逐渐多了起来,他们的搜集成果主要刊登在《新西北月刊》《西北通讯》《西北论衡》《甘肃和平日报》《青海民国日报》等一些报刊上。可以说,他们对"花儿"的搜集整理和研究工作是在张亚雄的带动下搞起来的。他们作为文化圈子里的"花儿"搜集者,人数比张亚雄的单枪匹马要多多了,但搜集成果的量却很有限,每次刊登不过一二十首,或稍多一点,刊发"花儿"数量之总和,比起张亚雄来要少得多。然而,他们的搜集方法大体上是"忠实记录"的,因之,其刊登的"花儿"作品也是大体切合民间原貌而不走样的。

20世纪50年代之后,由于政府部门对文化工作的重视,搜集整理"花儿"的队伍越来越壮大,刊登和出版的"花儿"作品越来越多,无论其人力或成果均大大超过了二三四十年代。这些作品,零散的大都刊登在文艺性报刊或综合性报刊的文艺专栏上,另有"文联"等单位编印、出版的多种"花儿"选本不断问世。这时的"花儿"搜集整理工作同以前相比,有着明显的差异。这种情况首先表现在某些带有社会历史或时事性的"花儿"作品上,为了配合某种宣传上的需要,刊登出来的作品与民间面貌有了较大的出入。例如:

> 封建社会几千年,
>
> 穷人们,
>
> 过下的光阴儿可怜;
>
> 端起了饭碗心里酸,
>
> 思想起,
>
> 清眼泪湿透了布衫。

这是反映旧社会劳动人民生活处境的作品,内容确实不错,但由"封建社会几千年"等句子来看,显然不是以前流行于民间口头的东西。又如:

> 春风一吹着花开放,
>
> 花心上,
>
> 花蝴蝶对对飞翔;
>
> 共产党一来着得解放,
>
> 草原上,
>
> 升起了不落的太阳。

这首描写人民翻身解放心情的作品,作为文学作品来说,其内容和艺术表现也都是可取的。但其中的"春风""对对飞翔""草原""不落的太阳",明显的不是民间口头语词。

后来,这种由于配合而带来的对民间"花儿"词句的更改,又渐渐波及了某些反映爱情生活的传统"花儿"上。这首先表现在语言的改动上,例如:把"一天赶一天嫩了"改成"一天比一天嫩了""人多着下不上嘴了"改成"人多者插不上嘴了",把"上山的鹿羔儿下山来"改成"山上的鹿羔儿下山来"等等。表面看来,它们只是改动了几个词,似乎算不得什么,其实正是在这些地方可能正浸透着"花儿"流行地区的自然的、地理的、社会的、历史的特殊滋养,改掉了它们,也就冲淡、甚至失去了当地的民间风味。另外,在编辑工作当中,为了考虑使"花儿"演唱有情节与情绪上的连接,用人为的办法来实现这一目的,结果增加了一些文人编选的成分。

二

以上就是关于"花儿"搜集整理工作的一个粗略的过程。从这个过程中我们可以看到,随着时间的推移,搜集整理工作的情况是在不断发生变化的,20世纪20年代到40年代,有变化但不算大,1949年之后,亦即50年代之后,变化就大了。20年代袁复礼搜集整理"花儿",比较严格地遵循搜集民间文学要"忠实记录"的基本原则,也就是袁复礼自己所说的他搜集的"花儿""皆是本来面目"。即首先保持民间歌唱作品原貌,然后再对方言实行注音解释,而且注意标明歌唱者身份和搜集地点等。30年代和40年代,张亚雄搜集整理的"花儿",数量上自然大大地超过了袁复礼,在保持"花儿"的民间原貌上,也作得同袁复礼一样;但是,在标明歌唱者的身份和搜集流传地点上,却完全忽视了,例如:《花儿集》全书总收纳"花儿"作品600多首,标明歌唱者身份和搜集流传地点的,竟一首也没有,这不能不说是一个缺憾。中华人民共和国成立之后,陆续出版了许多"花儿"集子,不仅全都不涉及歌唱者,就连保持民间"花儿"的原貌都不能很好做到,而且,随着对文艺宣传工作的强调,某些作品距离民间口头作品的原貌越来越远了。

那么"花儿"搜集整理工作中的这些变化究竟是怎么产生的,原因在哪里呢?既然,民间文学的搜集整理工作是由文化人来完成的,原因自然要在这些文化人身上去找。

第一，我们认为，搜集整理者对搜集整理科学原则的正确把握，是作好搜集整理工作的基础。20世纪20年代的袁复礼，是正确地把握和遵循了民间文学搜集整理的科学原则的。我国科学的民间文学搜集整理工作始于五四运动前后。当时，作为新文化运动重要组成部分的歌谣运动蓬勃开展，北京大学成立了歌谣研究会，设立了歌谣征集处，创办了《歌谣》周刊，并发起了在全国范围内征集歌谣的活动。征集歌谣的《简章》对搜集整理歌谣的方法作了科学的规定，它说："歌辞文俗一仍其真不可加以润饰，俗语也不可改为官话"；"一地通行之俗字书所不载者当附注音，能用罗马字或Phonetics尤佳"，"歌谣通行于某社会时代当注明之"；"歌谣中有关历史地理或地方风物之辞句当注明其所以"。至于歌唱者的身份，《简章》中虽未有明确规定，但《歌谣》周刊上所刊登的歌谣作品，是没有忘记这一点的。记录民间歌谣为什么要作如此严格的要求？《歌谣》周刊的《发刊词》中回答说："搜集歌谣的目的共有两种，一是学术的，一是文艺的。"关于学术的目的，它指出："歌谣是民俗学上的一种重要资料，我们要把它辑录起来，以备专门的研究。"袁复礼搜集的"花儿"刊登在《歌谣》周刊上，他对搜集整理歌谣的科学原则的正确把握和遵循是十分自然的事。20世纪30年代的张亚雄，对搜集整理民间歌谣的科学原则也有着清醒的认识。他明确宣称：采录民歌，要"小心翼翼地保存原来的方言土语，使民歌强烈的'泥土味'不致纷失"；认为"假如纯粹站在文学的观点上来记录民歌，研究民歌却把民歌原来的形态任意修改，要算第一等的大笨伯"。主张"站在社会科学的观点上，从民歌里研究民风、民俗、社会形态"；而要达到这一目的，"最珍贵的资料，还是朴素的原始字句，可以见农业渔猎社会的本来面目"。（引文见中国文联出版公司《花儿集》第72页。）正因为张亚雄具有这样的认识，他收集和编选的"花儿"，大都保持着浓厚的民间的"泥土味"。不过，由于受他的编辑身份和"坐地征花"特殊方式的局限,他没有注意对"花儿"演唱者和具体作品的流传地区等情况的了解。至于 20 世纪 40 年代的"花儿"搜集者们,我们对他们的具体情况虽无从了解,但由于他们的工作是在张亚雄的影响下开展起来的,他们搜集整理的"花儿"能保持张亚雄所能作到的科学程度,也就并不奇怪了。

1949 年之后的"花儿"搜集整理工作,是在一种与过去全然不同的文化背景下进行的,因此,它所发生的变化也就大得多。中华人民共和国成立了,新建立的"文联"领导组织了"花儿"的搜集、整理、编辑和刊登等工作,具体工作则是由文艺工作者进行的;由文艺工作者搜集、整理,由文艺工作者编辑并刊登在文艺报刊上。新中国成立之后,我国的文艺工作被纳入有组织的文艺宣传工作的范围之内,文艺工作者所受的业务教育和所负担的业务责任,就是尽力做好宣传工作,为革命事业服务。从文艺工作的角度说,这是为我们的文艺工作的性质决定的,是十分自然的,也是正确的。问题在于,"花儿"的搜集整理工作者身份的变更,大大地改变了人们的民间文学观念。袁复礼、张亚雄们一般地说都属于科学工作者,他们的民间文学观念是搜集歌谣有两个目的,第一是学术的,它是研究民俗的重要资料;第二才是文艺的,它反映了国民的心声。这样既可使优秀作品得以传布,又可繁荣新的创作。而中华人民共和国成立后的文艺工作者则把民间文学的目的仅仅归结为"文艺的"这一项目,再加上当时对文艺工作的宣传功能的单纯强调,于是人们对民间文学的观念就由它的多种功能变为单一功能,多种目的变为单一目的。为了运用这种单一的功能,去完成单一的目的,人们可以随意改变民间文学的原貌,这就无形中削弱了民间文学工作的科学性。

第二,文艺工作者的特殊心理素质是歌谣搜集整理工作产生非科学化倾向的主观原因。应当认识到,文艺工作者的心理素质是同一般人不大相同的。文艺是客观的,它要反映客观的社会生活,文艺又是主观的,它在反映客观社会生活的同时,还要表达作者主观的思想感情。文艺的这两种性质,对于从事文艺工作的人来说,职业会不断地增强他们心理上的认识和把握主、客观两方面素质,而文艺宣传工作的单纯强调,则使他们的心理素质向主观方面发生倾斜,因此,文艺工作者的心理素质,一般地说都有着较强的表现性。这种表现性的心理素质,对民间文学的搜集整理工作往往会产生一定的干扰,即往往会按照自己的主观认识和个人爱好去更改民间文学的词句, 时不时地要透出一个"我"来,其结果是刮走了作品的民间泥土味,民间文学的科学性也就随之消失了。在我身上就曾发生过这样的事情。我过去是搞文艺编辑工作的,没有搜集过"花儿",却多次编选过"花儿"集。初次参与这一工作时,看到"上山的鹿羔儿下山着来"这个词句,总觉得它含义不清,正在往山上走的鹿羔儿下山来了,那它到底是在往山上走还是往山下来? 于是随手把这个句子改成"山上的鹿羔儿下山着来",自以为这样语意就明确多了。后来到山区去工作了,才知道"上山"指山的"上部","下山"指山的"下部",上面的句子经我一改,正好把产生于山区的"花儿"的那种山味改掉了。1963 年我编辑《花儿》一书时,看到下面这首洮岷"花儿":

> 干沟里,
>
> 羊撒里,
>
> 慢慢不走忙啥哩?
>
> 跟黑到你娘家哩。

老感到作为"兴"的第一句语法不通,我认为它是牧羊人的歌,意思应当是"把羊赶到干河沟撒开",就把它改成"干沟里撒羊哩"。这本书出版后,我去莲花山一带考察,当知道"干沟""羊撒"原是地名时,我十分不安,因为那首"花儿"经我一改,不仅破坏了它的形式(音韵),又一笔勾销了它那原先的自然而特定的情境。

三

　　探求了"花儿"搜集整理工作中的问题和原因,再来探讨如何改进我们的"花儿"搜集整理工作,使之符合科学要求,就比较容易了。根据"花儿"搜集整理中的问题和原因,我们应当从以下几方面做起。

　　第一,要树立科学的民间文学观念。科学的民间文学观念是建立在对这一工作的性质和特点的深刻认识的基础上的。民间文学是一种特殊的文学,它是劳动人民集体创造和口头传播并广泛利用的作品,它描绘了劳动人民最熟知和最关心的事物,所涉及的社会生活内容极为广阔,同时,通过对生活的描绘,又反映着劳动人民的思想感情、政治态度、道德观念、宗教意识等精神世界,它是整个人民生活的有机组成部分,是人民生活的百科全书。正因为如此,我们可以通过民间文学去研究劳动人民生活的各个方面。民间文学的这种多功能性,决定了这一工作本身的科学性,只有充分而真实地提供民间文学的原貌,才能在它的基础上开展科学的学术研究;否则,只能把学术研究引向歧途。搜集整理民间文学是为关于人民研究的学术提供可靠资料的工作,是整个民间文学工作的基础,它本身也必须是科学的。为了维护民间文学工作的这个基础,我们要彻底改变在搜集整理工作中对民间文学随意更改的错误做法,为民间文学、也为学术研究提供符合科学要求的民间文学原貌。

　　第二,要坚持忠实记录、慎重整理的科学原则。搜集整理,是把口头流传的民间文学运用文字记录固定、转化成为书面作品的工作。搜集是这种转化工作的第一步,它的基本原则是忠实记录,这是获得真实可靠的民间艺术原貌的根本保证,必须严格执行。为了做到记录忠实,要求演唱者唱什么就记什么,演唱者怎样唱就怎样记,忠实准确,一字不移。整理是把记录的材料进行适当调整、补缀,并用文字最后写定的工作。对于"花儿"这类短小的歌谣作品来说,其语言比较固定,整理的主要任务是校正错别字和标点符号,以及个别需要考订的字句;有变异的,需要加注解或以附记的形式来说明。整理工作要慎重,绝不能凭主观想象去理解作品内容,随意更改自己认为不妥当的内容或字句, 更不能为了配合某些的需要, 对民间文学作品进行改造,导致民间面貌的完全丧失。

第三,握掌搜集整理的科学方法。科学方法是获得充实可靠的民间文学的基本条件。已往,民间文学的搜集整理,曾被不少人误认为是简单易行的工作,没有起码的专门知识也可以开展工作,结果搜集整理的东西距科学要求甚远。除了因配合宣传而对"花儿"作品随意改动的倾向外,更普遍的是,许多按科学要求应当具备的项目,长期无人理睬就好像它同"花儿"的搜集整理毫无关系似的。这种历史的缺憾是难以弥补的。这种状况,今后再也不能让它继续下去了。应当向做民间文学工作的文艺工作者和民间文学爱好者进行有关民间文学基础知识的教育,掌握搜集整理的科学方法,把搜集整理"花儿"的工作做好。搜集整理民间文学作品,不仅要保持作品的民间原貌,还要记下正文之外的有关情况,例如采录的时间和地点,演唱者的有关情况,以及与演唱有关的其他情况(如仪式、风俗、歌唱方式等),为以民间文学为基础的学术研究提供丰富的资料。

当前,《中国民间文学集成省卷》的编选工作正在全国各地积极进行,这是国家"八五"期间的重点科研项目,是我国文学建设的百年大计工程,总编委会对它的编辑质量,尤其是对它的科学性的要求十分严格。这项工作在全国已经进行数年,据了解,在总编委会制定的《〈中国民间文学集成〉工作手册》的指导下,新的搜集整理工作一般是符合要求的;但是上面所提到的一些问题,不少还没有得到克服,尤其是某些搜集整理的历史成果必须选入，却无法弥补它的某些科学要求的不足（如缺少作品流行地区、采录时间、演唱者情况等）而造成缺憾。目前，就甘肃省的民间文学集成编辑情况来说，绝大多数县的县卷编辑工作已经结束，但是民间文学的搜集整理工作并不是一次就能作完的，传统的民间文学作品不断被发现，新的民间文学又在不断产生，就这个意义说，民间文学的搜集整理工作是长期的，永远也没有尽头。因此，关于民间文学科学性的研究，仍然是有价值的。愿我们今后的民间文学工作沿着科学而健康的道路发展。

（原文发表于《西北民族学院学报·哲学社会科学版》，1992 年第 4 期，第 97—102 页、115 页。）

"花儿"研究与"花儿学"

　　这是一篇探讨西北"花儿"研究状况的文章。"花儿"的研究进行得相当深入，收获颇丰，这在全国各种民歌的研究中都是极为少见的；尤其是新时期以来的研究，确确实实曾经大大地红火了一个时期。但是，几年之后，这种研究却好像有些"塌火"了，它仿佛一下进入了低谷，再也走不出来了。"花儿"研究究竟怎么了？它能不能走出低谷，再度辉煌？这是"花儿"研究者、爱好者以及歌谣的关心者们都十分关切的问题。辩证唯物主义者认为，任何事物的问题和规律都隐藏在该事物的客观存在与运动发展之中，"花儿"的研究也不例外。因此，我们探讨"花儿"研究中的问题，也得从对已往的"花儿"研究的考察入手。

一

　　我国的"花儿"研究始于20世纪20年代。

　　1925年3月，在刊登有30首"花儿"的北京大学《歌谣周刊》八十二号上，同时刊有一篇该"花儿"搜集整理者袁复礼写的关于"花儿"的介绍文章《甘肃的歌谣——"话儿"》，对"花儿"的音乐特点、歌词内容、流布的大致范围和歌唱者的身份，以及文学形态的基本特点和两大类型等都有简要涉及。这可说是我国"花儿"研究最早的开始。

　　20世纪30年代，张亚雄利用他在《甘肃民国日报》编辑的身份，在征集、刊登"花儿"的同时，发表了介绍和研究"花儿"的文章，并于

1940 年出版了研究"花儿"的专著《花儿集》。该著作的上编即是他关于"花儿"研究的成果。这些研究文字,除描述了"花儿"与民俗的某些关系、演唱"花儿"的情景以及介绍"花儿"流行地区的特殊方言外,还对"花儿"的性质、特点、类型、流布、内容与形式等,作了多方面的阐明和概括。它对我国"花儿"研究工作有着开创的意义。

到了 40 年代,关心和研究"花儿"的人逐渐多了起来,但他们大多是在搜集整理的同时针对搜集对象发表有关意见的,其研究所涉及的范围和达到的水平,一般来说均未超过张亚雄的《花儿集》,而真正取得更大成果的,则是在中华人民共和国成立后、特别是改革开放之后。50 年代,出于文化宣传工作的需要,我国搜集整理和出版"花儿"的工作相当突出,但"花儿"的研究却同 40 年代一样,主要是附属于"花儿"的搜集,即作为对搜集对象的评述而进行的。剑虹发表在《民间文学》1955 年 7 月号上的《试谈"花儿"》一文,可说是这类研究的代表。此文较具体地介绍了"花儿"的流行地区、民族、内容以及派别、形式结构规格和音乐特点等。60 年代,青海省文艺界为了吸取新民歌运动的经验教训,以繁荣诗歌创作,掀起了一场关于"花儿"提高与发展问题的讨论,继而讨论的目标又转向于对"花儿"的渊源和其他问题的讨论。前者属于对传统"花儿"的利用;后者才涉及关于"花儿"本体的研究。由于讨论的重点不在"花儿"研究,其研究也没有可能进一步深入下去。

70 年代中期,党的十一届三中全会之后,随着改革开放在各个领域的深入,"花儿"的研究工作呈现出前所未有的繁荣景象。参加研究的人员有百人以上,先后发表研究论文达数百篇,研究对象也涉及当今"花儿"研究中所包括的一切方面。研究水平也有了质的飞跃,所有涉及的问题都有所深入,不少问题的研究具有理论深度,有的研究的问题已经解决或基本解决。

　　以上就是我国"花儿"研究的一个粗略的轮廓。把这段研究历史加以概括,大体可分为这样两个阶段:中华人民共和国成立前至成立初期阶段和新时期阶段。前阶段从总体上看,参与研究的人数很少,研究多属于分散性的个人活动,并附属于"花儿"的介绍之中;所谓研究也多为对"花儿"某种性质、特点的简单的说明,证实较为薄弱,理论性不强,成果较小。后阶段参与研究的人数很多;研究摆脱了附属于搜集整理的地位,形成了独立的文化领域;研究工作从个人的单独行为转化为群体性的有组织活动;研究注重论证和理论性,成果显著,不少研究领域都有所突破;而且本阶段后期研究界还出现了"花儿学"这个新概念,并先后出版了全面、系统研究"花儿"的"花儿学"专著或专论达□部之多。然而令人费解的是,在这段研究高潮过去之后,接续它的却是一片冷冷清清的寂静,"花儿"研究工作从此"塌火"了。对此,我曾与一些"花儿"研究者交谈过,回答几乎是完全一致的:该研究的问题已基本研究过了,要说的话也差不多说完了。

　　情况果真如此吗?

二

　　从表面上看,情况似乎确实如此。"花儿学"的出现集中了"花儿"的研究成果,绝大多数的课题都已经有了一定结果,而更进一步的深挖又不是一般研究工作所能做到的。因此,从研究的广度来说,"花儿学"的出现把"花儿"研究带进低谷是合乎实情的。然而,经过一段时间的研究与思考,我发现对"花儿学"应当有两种理解:(一)它是研究"花儿"的学问;(二)它是以"花儿"为研究对象的学问,两者之中所包含的内容,差别是非常之大的。前者指关于"花儿"本身诸课题的研究;后者则指除此本身课题之外,还包括以"花儿"现象为材料、突破"花儿"本身研究圈子、而进入其他领域的其他研究,例如:关于"花儿"本身之外的,"花儿"流行地区的人的性格、意识、心理的研究,该地区的历史、文化研究,地理、地形研究以及气象、气候研究,农业、物产研究等等,研究的内容是相当宽泛的。对"花儿学"内涵的这种新理解是以如下理论为基础的。

"花儿"作为民间艺术是一种特殊的区域性艺术。它因受该区域民族、历史、文化、地貌以及气候等因素的影响,形成了它所独有、而其他地区艺术所没有的特点。倒过来,我们研究"花儿",自然也可以透过这些特点对它所赖以形成的民族、历史、文化、地貌、气候等因素进行探索。例如:"花儿"从总体上说是一种感情十分强烈的山歌,这种特点的形成同环绕它的民族、历史、地貌、气候等密切相关,我们即可以从"花儿"这种山歌的艺术特点入手和对"花儿"流行地区的民族性格等进行研究一样。这种研究理论可称之为逆式研究理论,它为"花儿"的广度研究开拓了一条十分宽阔的新路。

在新时期的"花儿"研究高潮中,这种逆式研究在个别论文中已经不自觉地露出端倪。我在《民族文学研究》1989年第1期上发表的《"花儿"的内容和文学观念》和刊登在《西北民族学院学报》1987年第1期上的《感情浓烈、撼人心肺的心灵之歌——河州型爱情"花儿"的内容及其特点》两文,就是这方面的例子。这是两篇研究"花儿"内容的论文。前文通过两种类型"花儿"内容的对比,去研究两种"花儿"歌唱者在文学观念上的差异。该文将临夏"花儿"与洮岷"花儿"的内容进行了不同角度的对比,发现洮岷"花儿"内容宽泛,情歌中女性歌者恋爱积极主动且歌词夸张过分以至情感失之于虚假。经过仔细研究,发觉这类"花儿"像是男歌手打着女性的旗号唱出来的,这从这种"花儿"的独特歌唱方式的具体考察中得到了证实。通过上述对比研究,我认为这说明两种类型"花儿"的创造与传唱者关于"花儿"的文学观念是不同的,临夏"花儿"侧重于抒情,而洮岷"花儿"则更侧重于

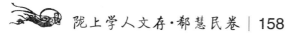

娱乐。后文主要对河州爱情"花儿"的直接对象——爱情进程的八个层次及其感受进行论述,值得注意的是,论文触及了"花儿"创造者精神特点的形成问题。该文在具体论述了河州爱情"花儿"八个层次的内容之后,认为"花儿"创造者各种感情的共同特点是抒情的强烈性,具体表现为感情的真挚、方式的直露、态度的执拗、格调的粗犷、气势的宏大和色彩的浓烈,充分体现出河州"花儿"流行地区各族人民共同的精神面貌和性格特点,它是一种雄奇、剽悍、粗犷和带有悲壮气氛的精神,而这种精神是在西北高原特殊的自然环境、经济生活、政治情势和文化传统的汤水里浸泡出来的。此二文都是以"花儿"的内容为讨论对象的,但又都进入了"花儿"创造者精神领域的研究,因而具有开拓研究范围的意义。当我意识到这种逆式研究理论可能成为拓宽"花儿"研究之路的一把开山利斧之后,我即将这一认识向我的民俗学(含民间文学)硕士研究生们作了宣传。几个月之后,"花儿"研究圈子里有了反应,有关按逆式研究理论要求制作的论文,探头探脑地在刊物上显露了出来。发表在《西北民族学院学报》2000 年第 2 期上的,我的学生罗彦莲硕士写的《宁夏"花儿"承载的农业民俗以及由此引发的点滴思考》一文就是明显的例子。这篇论文绕开已被人们写烂了的"花儿"自身的内容,独辟蹊径,从"花儿"承载的农业民俗入手来开展自己的研究,把研究的视角引向"花儿"流行地区的农业状况,这就把"花儿"研究带到了一个过去人们从未涉及过的新领域——农业领域。从论文本身看,作者对当地的有关情况比较熟悉,因而能通过"花儿"中的农业民俗去探索当地人的农业意识,发现问题,深入开掘。论文最终竟将研究目的同改变当地贫困面貌和实现农业现代化联系到了一起,则真是既让人拍案叫绝,又感到顺理成章。从"花儿"研究潜入农业研究,我们说它具有开拓性价值是并不过分的。上述例子说明,逆式研究完全可能使"花儿"研究走出低谷,进入一个新的境地。

三

那么,"花儿"研究是否可以就此再度辉煌呢?

否。

要合乎科学要求的实践逆式研究,把探索触角伸向"花儿"之外的其他领域,绝非易事。首先,"花儿"应当为研究者提供绝对可靠的相关情况资料。例如:你要从"花儿"研究甲地的气象状况,你就得从货真价实的甲地的"花儿"中去选取相关情况资料;因为"花儿"是一种区域性文艺,非甲地的作品是不可能提供科学的甲地气象数据的。然而,由于历史的原因,目前流行的绝大多数"花儿"选本,有几本选入的作品能够确实肯定它们的甲地地区属性呢? 所以, 遇到这种情况,你得首先去做"花儿"作品的甲地地区属性确认工作,而这项工作要科学的完成是有相当难度的。必要时,你得重新去作搜集甲地气象"花儿"的工作,以获取有关资料,那这个圈子可就绕得太大了。

其次,研究者得相对熟悉被研究领域的基本科学知识。例如,你准备研究农业领域,你不懂得二十四节气,不懂得土壤、种子、水、气候等等和农业的关系,行吗? 如果这样,你想象的翅膀将被折断,联想将被扼杀,推理则无由进行,还谈什么科学研究!

其三,研究者得具有为科学献身的精神。上述两项工作,关乎逆式研究能否正常开展,其中既包括扎实细致的案头劳作,更涉及风尘仆仆的实地考察,其目的全在于奋力穷究被研究对象的真相。这种研究,既属于开拓新研究领域的行为,就得打破传统的常规工作程序,走出书斋,迈向田野,深入实际,扎扎实实。而这没有积极进取的拼搏精神和扎根大地的奉献精神是无由实现的。

鉴于上述缘由,我们对未来的"花儿"研究作这样的预测:逆式研究理论虽为开拓"花儿"研究打开了认识之门,但实践这种理论尚有一些条件有待进一步解决,因此,"花儿"研究要出现 20 世纪七八十年代那样热闹红火的局面,是没有可能的。但是,随着这种理论的宣传和实践,某些较为深入、具有较高学术质量的成果的出现,是可以期待的。

愿"花儿"科研之花愈开愈加鲜艳!

(原文发表于《西北民族学院学报·哲学社会科学版》,2002 年第 4 期,第 11—13 页。)

"花儿"物质民俗的文化内涵

　　"花儿"作为民间文艺,是一种民俗现象。"花儿"本身又包含着数也数不清的民俗事项,可以说,"花儿"处处有民俗,而这些民俗事项之中又隐含着无穷无尽的文化内容,只要我们认真地加以发掘,展现在我们面前的"花儿",必将是一个五彩缤纷、万紫千红的文化世界。

　　"花儿"的物质民俗,是指这种民歌所涉及的人们在物质生产与产品消费过程中的风俗习惯,具体包括物质产品及其生产与消费行为中的种种民俗事项。什么是文化内涵呢?当今学术界对文化这一概念的理解相当宽泛,举凡人类所进行的一切物质的和精神的活动及其成果,都可以称作文化;而文化内涵则指事物中所包含的属于上述人类创造物的各种因素。我们探讨"花儿"物质民俗的文化内涵,就是要对"花儿"中的生产和消费民俗事项的文化因素进行研究、发掘,并对它们的来源做出尽可能科学的说明,也即是有些学者所说的,从文化人类学的角度来研究、阐释"花儿"的民俗现象。

一

　　"花儿"中生产民俗内容的总量,在整个物质民俗中占有较大比例,而其中又以农业生产民俗的数量最多,这种状况明显地显示出了流行"花儿"的河湟地区农业经济和农业生活的基本面貌。

　　河湟地区农业生产的最常见景象是这样的——上去个高山望平川,庄稼们起了个浪了;天上无云地下旱,庄稼苗像是火烤干。这是两幅典型的自然面貌模式图——喜人的丰产景与愁人的旱荒景，两者都是中原式农业社会的代表图景。

"犁铧挈上牛赶上，路过着把尕妹喊上。""黄牛黑牛着驾三对，再驾上两对着五对。"这是常见的耕种模式图。"挈"音"茄"，西北方言，用肩膀扛的意思；这里犁地两牛并驾，所以用"对"。这是一种人畜结合的耕作方式，西汉时就已经使用，如今西北山区有的地方仍在继续使用，当地人称之为"二牛抬杠"，这是一个花了两千年时间也没有得到彻底改变的变化。

1. 青稞出穗挑签哩。
2. 上地里种的糜穗儿，下地里种的豆儿。
3. 青稞哈大麦我不种，我种个大豌豆哩。
4. 洮河沿上种谷子，谷叶儿飘者个水上。
5. 大豆开花虎张口，胡麻打蓝伞者哩。
6. 大豆地里的洋芋花，连开了三年的虚花。
7. 大河沿上种荞麦，枣骝马它种的玉麦。

大豆，又叫大豌豆，也就是蚕豆、胡豆，和胡麻等是当年张骞一起从西域带回来的作物。胡麻，又叫亚麻，山地能长二尺多高，开蓝色小花；茎能织麻布，籽像芝麻，是油料。

上面是一份河湟地区主要农作物名单，其中青稞、糜子、谷子、大豆、洋芋、玉米（玉麦）等是该地区的基本作物，是当地人民赖以生存的食粮。它们抗旱、耐寒，最适于当地生长，是当地群众结合自然条件经千百年实践遴选出来的物种。

1. 正是杏花二月天，尕妹妹坐在了地边；麦苗儿满地着像绿毡，你锄的头遍吗二遍？
2. 手拿的铲铲把草铲，你铲的头遍吗二遍？
3. 麦子拔了草留下，雀娃儿抱个蛋哩。

4. 八棱滚子满场转,白马儿拉出个汗来。

这是田间管理、收获、打碾等几道工序中的行为,前两种行为很有当地特点。1、2讲的都是锄地。河湟地方多旱地,锄地不用长锄,得坐着锄——实际上是铲草,使用的工具称之为"手锄"。3讲的是收割,其中的"拔"字不是用词不当,而是准确地描绘出了实情。这是因为当地许多山地是旱沙土地,庄稼长得矮小,无法使用镰刀的缘故,这项工作一般是由妇女来完成的,她们往往蹲着干活。这些耕作行为与技能,是当地群众根据当地环境与条件在实践中总结创造出来的。

上述一切耕作行为的总和,即河湟地区的整个农业经济生产模式,与中原地区的模式基本相同,这是如何形成的?是历史造成的,是河湟地区的历史之斧砍削出来的。这里本是远离中原的边荒之地,春秋战国时,过着游牧生活的古羌人还在这里放养牲口,秦始皇统一后,迁徙大批人去临洮、北地一带实边,这说明中原文化已经进入这一地区。西汉武帝时,卫青、霍去病把匈奴赶到蒙古大漠以北,又先后把100多万人迁徙到河套、河西与临洮等地屯田。还把汉族人迁到羌族居住区、羌族人迁到汉族居住区,使青海、甘肃、陕西一带形成了一个羌汉杂居区,汉、羌文化得以融合。到了晋代,北方边塞的匈奴、鲜卑、羯、羌、氐等族先后在黄河流域建立政权,于是他们大量进入中原,而随着新建政权的崩溃,到北朝时,他们都已与汉族融合。自然,甘肃西南和青海东部地区那时也住着大量经过民族融合的新汉族了,他们的文化也充满了中原色彩。北朝末年,由辽西西迁到青海游牧的吐谷浑人建立了政权。隋统一中国后,把吐谷浑赶向青海之南,在当地设郡,历史上第一次使今青海省大部分归入了中原王朝的管理之下,而这些地方也居住了很多汉族人,其文化的中原色彩自然进一步扩大和浓化。

公元755年,吐蕃趁唐发生安禄山反叛,夺取了河西、青海东部及甘肃南部地区,进而攻破长安。公元847年,吐蕃内乱,河陇地区民众进行归唐斗争,河西张议潮起义,收复河西等地区。公元857年,吐蕃侵占的河西、青海、甘肃地区又归唐所有。虽然如此,这些地区已不单纯是汉族人住地,而有不少吐蕃人也留居这里了,其文化的中原色彩受到一定抑制。宋时,吐蕃人唃厮啰在青海湖以东、洮河以西的地区建立政权。宋神宗时,宋征服唃厮啰,收复河湟地区,但在西北吐蕃诸部的不断攻击下,始终未能有效地统治这一地区。由于唐、宋两代吐蕃人曾占据这一地区,宋时这里已形成较稳定的汉、藏杂居格局,其文化的中原、吐蕃色彩呈现出并驾齐驱的融合态势。元一统后,在甘、青地区军屯,后来这部分人又由军户转为农户。这就为这一地区后来形成多民族聚居区提供了新的条件, 也为该地区民族文化的多元化发展开辟了新的领域。明朝建立后,为了控制甘、青一带各少数民族,从南京、陕西、山西、安徽等地将大批汉族人迁入,进行屯垦。这样,到明朝末年,随着几个新民族的形成,这个地区就形成了汉、藏、回、东乡、撒拉、保安、土族等几个民族的聚居区,其文化多元化发展的民族条件已经完备。

从河湟地区上述历史变迁可以看出, 随着不同民族在这一地区进进出出、衰亡与诞生, 它们的文化种子或多或少地留在了这一地区,因此,这一地区文化的多元性是必然的。而随着汉族的大批迁徙与屯垦,中原地区先进的农业文化以其强大的历史优势,在河湟地区播种、生根、开花、结果,逐渐成为占主导地位的物质生产文化。所以,我们说这一地区的经济生产与生活面貌具有明显而突出的中原型农业模式特点,是有其深刻的历史渊源为依据的。

“花儿”中涉及牧业生产内容的作品数量很少,而且突出地显示出它们对农业生产的依附性质。它们绝不是一个独立的生产部门,而是农业生产的附庸,具体地说,它们主要是依靠农业生产的辅助劳动力来完成自己的生产行为。“花儿”中关于牧业的具体景象是这样的：

1. 金山银山八宝山，放羊娃爱的是草山。

2. 阴山阳山的八宝山，牛羊儿赶到了平川。

3. 挡羊娃上了阴洼坬，牛娃儿满山上跑了。

4. 羯羖一帮羊一帮，羊伙里来狼着哩。

5. 石头崖上的芨芨草，羯羖吃多少哩？

6. 羊羔儿吃草转滑崖，雾拉着山根里过来。

这里共选录6组牧业景象，前3组是从人的角度表现的，后3组是从羊的方面描述的，不管从哪方面表述，它们都无法摆脱当地牧业对农业的依附。牧人们放牧的对象是“羊”，而不是“大牲畜”的牛马，即使个别歌词中有有关大牲畜的词语出现，也是牛羊并提，因为在农业区，大牲畜是生产的动力，是不可能大批集中在一起放牧的。正因为如此，我们在“花儿”里也就很难看到关于成群放牧大牲畜雄壮场面的描述。

河湟地区牧业对农业的这种依附性质，我们在有些“花儿”歌词有关两业并提的细节中，可以看得很清楚。例如：“羊毛放在山间里，哪一天纺成个线哩”，这里的“山间”是指农家房子“山墙”与大梁相连接的一段空间。你看，与农业生产、生活相配套的农家居室里，竟然存放着牧业产品羊毛，这不明明白白地显示出牧业对农业的依附性质吗？河湟地区的牧业生产对农业生产的这种依附状态，是这个地区两千年农、牧生产方式争斗历史中，农耕方式最终取得主导地位的结果。

中原地区的农耕生产方式本是一种先进的生产方式，它在河湟地区的生产中占据了主导地位，但民族矛盾所带来的农、牧生产方式长期反复的历史争斗，对生态环境有所破坏。特别是近代以来，有的人出于狭隘的经济利益考虑，对当地林木大肆野蛮砍伐，致使河湟地区满目疮痍,地难养人。于是,人们只好腾出手脚来,在副业这个领域里再求发展。

河湟地区的副业生产种类繁多,主要有三项:狩猎、赶脚和筏运。狩猎是本地区的传统副业,狩猎方法和狩猎对象都有历史渊源。狩猎的民俗图景,我们从"花儿"中引录了以下7则:

1. 尕马儿骑上枪背上,西口外打一趟黄羊。
2. 上山着打了个梅花鹿,下山着抓了个野狐。
3. 五月的香子(香獐)你不要打,肚儿里盘胎着哩。
4. 连打三枪枪不发,枪口里可有了病了?
5. 千只的黄羊没打中,打上了一对儿乌鸦。
6. 高山顶上的飞云泉,青山上打围着两天。
7. 嘎啦鸡飞了着鹰没有飞,鹰飞时铃铛儿响哩。

这几则图景显示了河湟地区狩猎的主要对象,它们是黄羊、梅花鹿、野狐、香獐和嘎啦鸡等,其目的或在取其肉食,或在用其毛皮,或在谋其药材,都有很好的经济价值。捕获它们所用的方法多种多样,2则里所说的"抓",是指用小型陷阱,但在大多数情况下是用猎枪打,然而这里又存在一个用枪的技术问题,弄得不好,出现4、5则里所说的"枪不发"和"没打中"等情况是常有的事,那就很不划算了。6则里说的"打围",是一种较大规模的集体狩猎活动,常常要出动数十人,并布划一定陷阱,采取追击和轰赶的办法捕获猎物,围猎对象也多是黄羊一类成群结队活动的动物或举止拙笨的山鸡类动物。当然这种狩猎方式同样也会出现不划算的情况,那就"劳民伤财"了。7则里说的是一种"以禽兽制禽兽"的狩猎方式,这里仍然存在出现不划算的情况。嘎啦鸡是一种像鸽子般大小的小野鸡,面对这种不起眼的小猎物,这位狩猎者连鹰都不撒。看来,现在的同历史上的狩猎对象和狩猎方法并没有什么差异,重要的只在于狩猎者按"划不划算"原则去选择适合自己的狩猎方法而已。

大凡人类狩猎所采用的基本方法都是雷同的，最原始的方法大概就是"布置陷阱"了。这种方法原始社会里就在使用，而现在河湟地区的居民仍然有人继续沿用，不过他们布置的是一种被称为"夹脑"的铁夹子，其中带了点简单的小机件。猎物一旦挨"夹"，至少要断掉一条腿，逃是绝对再逃不了的；即使溜脱，也会用"打踪"的方法追寻回来。狩猎者细心地布好"夹脑"后，就心满意足地回家坐在暖烘烘的炕头上喝酒去了。但是，这种单纯布置陷阱的方法似乎有点"守株待兔"式的被动，使用的人已经不是很多了。

"枪击猎物"也是一种最原始的狩猎方法，只不过随着时代的进步和科技的发达，所使用的工具在不断革新罢了。最早用投枪和长矛，接着用弓箭和机弩；火药出现后，人们又改用土枪和猎枪。目前，在世界的某些地区，甚至将相隔千万年的各种武器同时并用。因此，"枪击猎物"法可说是有史以来使用得最多、也最为普遍的一种狩猎方法。

"打围"是"陷阱法"与"枪击法"两者的结合，这也是原始时代经常使用的方法，在部落这一社会组织存在时，由部落长组织安排一场大规模的"围猎"活动，是顺理成章的事，也是他们的家常便饭。在千万年以后的今天，组织类似形式的活动，难度就大多了。因此，这类狩猎活动已经相当少见，即使偶尔遇到一次半次，也多半是为了"过打围瘾"而组织的。

"以禽兽制禽兽"是后起的一种狩猎方法，早在战国时期就已经有人使用，它不需狩猎者直接同猎物"交锋"，而通过狩猎者所驯养的鹰犬去完成捕获猎物的使命。这一狩猎方法的思路很新，但具体操作有相当难度。所幸的是本文笔者之一曾目睹驯鹰的场面，深感其独特，愿介绍其情景，以供研究。驯鹰被称为"熬鹰"，人们是这样"熬"的。

深夜,在乡民空旷的堂屋里亮着冒着浓浓黑烟的火把,一位老者与一只站在架子上的鹞鹰一声不响地对视着,气氛严肃而紧张。这老者是位东乡客,黑脸膛,圈脸胡,身着黑色皮紧身衣,满面怒容,两眼冷冷地瞪着鹞鹰。那鹞鹰虽被铁链绑住了双爪,仍不失自由时的威风,昂首而立,一双圆眼恶狠狠地盯向驯鹰人。半个多钟头过去了,那鹞鹰被下面的炉火烤得昏头昏脑,渐渐显得有些支持不住了,眼睛眯得越来越小,最后终于把头缩进脖子,双眼闭实,好像已经睡去……突然,驯鹰人猛地大喝一声:"呔!"那鹞鹰骤然被惊醒,打个趔趄,重新站直身子,大睁两眼,凶相十足地向老者瞪去。于是,人鹰相对怒目而视的状态又重新出现。如是周而复始下去,几天几夜之后,这只鹰就被"熬"成了。据说,那鹰经过这样反复的受惊与对视之后,驯鹰人的形象深深地刻在了它的脑板上,它承认驯鹰人是它永久的主人,一辈子受其驱使,为其服务。

上述两类思路下的四种古老的狩猎方法,各自通过一定的渠道传承下来,成为河湟儿孙谋生的手段。其中"枪击法"最受青睐,因为它最为稳妥,而且它还可以通过狩猎者的努力,把失误缩小到最低程度。因此,老猎手们不厌其烦地告诫他们的子侄们"要苦练枪击技术",是可以理解的。

赶脚和筏运也是河湟地区的传统副业,具体活动内容虽有一定差异,性质却是一致的,都是在运输和交换中获取利益,带有明显的商业性,我们将其放到一起来考察。从事赶脚和筏运行业的,相当一部分是河湟地区的回、撒拉和东乡等族群众,他们之所以从事这种行业,同他们居住区的自然面貌与经济基础密切相关。他们大多数居住在山区,山峦起伏,沟壑纵横,耕地缺少,气候干燥;虽有众多河流,但其水利资源长期未能开发利用,因此,当地的回、撒拉、东乡等族群众除了从事农业外,大都又从事副业生产,他们的主要传统副业就是充当脚户、筏客,运送货物。他们来往运送的货物主要有羊毛、皮货、药材、布匹、茶叶、水烟等。他们足迹所至,遍及邻近各省、各地,这在"花儿"作品中有具体的反映。如"走了大峡走小峡,西宁的店儿里站下",大峡、小峡都在青海省西宁东部,是从甘肃省经民和到西宁的必经之地,这是说往西到西宁;"走罢了凉州走甘州,嘉峪关靠的是肃州",凉州、甘州、肃州是甘肃河西走廊的武威、张掖和酒泉的古称,这是说西北到河西;"大马走了个宁夏了,小马下了个场了","放筏的阿哥们走包头,尕妹吓扯的个盖头",这是说从水、陆路北到宁夏、内蒙古;"一溜儿山来两溜儿山,三溜儿山,脚户哥下了个四川",这是说南下四川;"十八条骡子走泾阳,哪一条骡子儿稳当",泾阳是陕西的地方,在西安以北,又东到陕西了。他们有时几个人联为一伙,在清脆的骡铃声的伴随下,悠闲地吼着"花儿",在山间林下行进;有时为了预防强人的骚扰,就结起百人大帮,处处小心,严阵以待。下面一则中的景象就是对这种情势的绝好写照,"三十头骡子四十匹马,大河的浮桥上站下"。他们背负着生活的苦难,跨越着岁月的艰辛,明明在艰难险阻中备受着煎熬,却处处流露出乐观精神和豪迈气概。"黄河上度过了一辈子,浪尖上耍花子哩;双手摇起个桨杆子,好像是虚空的鹞子。"这就是河湟的脚户与筏客,他们就是这样共同推着这个地区沉重的农耕之车,艰难地前进!

赶脚与筏运是当代河湟地区两种行之有效的谋生手段,但它们并不是当代聪明人的发明创造,而是当地历代老人的陆续馈赠。河湟位于农、牧交汇处,自唐、宋以来就是有名的茶马交易地区,明朝政府又在这里设立"茶马司",专门负责官营的以茶叶交换马匹的事宜,这种制度和组织促进了当地集市贸易的发展,于是河湟成为一个以茶马为主,兼及南北土产的交换地区。河湟地区的脚户正是在这种情势下应运而生,并逐步发展成为这一贸易大军中的重要成员的。与赶脚

相比,筏运的文化渊源还要更早一些。早在汉代就有"缝革囊为船"渡黄河的记载,宋代文献则为后代留下了以"浑脱"羊皮(即整张剥下的羊皮)充气渡人的生动情景。河湟地区形成并发展了集市贸易之后,"浑脱"由渡人演变为运物是顺理成章的事。羊皮由单用发展为多个连成筏子,品种由羊皮改成牛皮,以不断增加运载能力,有的筏子把五六十只"浑脱"相连缀,运载量高达 30 多吨。当然,随着时代的进步,水陆交通事业日新月异,大幅度改观。如今,河湟地区的各类交通线上,车辆飞驰,船只乘风破浪,南来北往,繁忙地承担着运送货物的新的历史任务。赶脚和筏运作为一种事业,已经无可挽回地退出了历史和生活的舞台,但它们的历史功绩是不可磨灭的。而脚户和筏客作为"花儿"的主要创造者和传唱者,则永远值得人们怀念。

二

"花儿"物质民俗的消费民俗部分,主要包括衣、食、住、行等几个方面的内容。我们先看"食"。说起"食",人们常常要引出一句话来——民以食为天,什么是"民以食为天"?"天"是会意字,指平伸双臂、叉开两腿的人头上的那一画,其本意是"头顶"的意思。因此,这句话说的是吃饭是头等重要的大事,因为它维持着人们的生存。也正是由于这个缘故,关于"食"的民俗在"花儿"消费类民俗事项中出现的总量较大。

"锅里煮的是肥羊肉,囊囊儿吃一顿手抓。"这首"花儿"里所说的吃食,大概是河湟人如今所吃到的最早从畜牧业社会吃食脱胎而来的吃食品种了。"囊囊儿"是吃得很香、很尽兴的意思。"手抓"就是手抓羊肉,用清汤煮带骨肉,待七八成熟时连骨装盘端上桌,众吃客们围坐在一起,撕着蘸椒盐吃。讲究围着吃半熟半生的肉,畜牧时代的印记相当厚重。"花儿"中最常见和最普遍的吃食则莫过于"撒(音

san)饭"了。"反革命坏熊敢胡干,就把他打成个撒饭",这里用撒饭做比,说要把敌人消灭得粉碎。撒饭是以玉米、荞麦、豆类等秋粮食为原料做成的稀糊饭,这个比喻把撒饭从形态上做了准确的展示。撒饭制作起来比较简单,烧一锅开水,一只手拿根擀面杖在开水锅里转着圈儿地搅,另一只手抓起面粉均匀地向锅里抛撒,待水、面搭配适当而又煮熟,这一锅撒饭就算做成了。这是一种有丰富历史内涵的饭食,它既包含着河湟先民对创造早期农耕饭食的可贵贡献,又蕴含有当时动荡生活为做饭带来的急迫仓促之情,还为后来河湟风味食品的发展打下了基础。撒饭按其稀稠程度分为三类:拌汤、撒饭和搅团。拌汤是用很少一点面粉打成的稀糊饭,"花儿"里说"拌汤碗里把人见,窝窝割破嘴边边",这显然是穷苦劳动人民常食的饭食。撒饭是处于中间状态的糊糊。稠得能用筷子夹着吃的称之为搅团,"花儿"里有"油泼辣子着油泼蒜,辣辣地吃上个搅团"的句子,这说明它已经进入了风味食品的行列。食用时三类撒饭全都和着大量酸菜同吃,这又反映出河湟地区历史上粮食并不充裕这一事实。

烘烤食品的普遍,是河湟地区饭食的一个值得注意的特点。"花儿"里触及这类食品的很多,"黑沿的大锅里烙馍馍,蓝烟儿庄子哈罩了";"哭下的眼泪啦和成个面,给阿哥烙下些盘缠"。这里的"盘缠",完全不像西北其他地方解作"路费",而是解作"烤饼",这又说明烙制烤饼是为了"路上"用的。还有一种专门用来烘制烤饼的锅具引起了我们特别的注意,这就是用生铁铸成的烘锅,又称烤锅,用它烤制的饼叫作"烤锅子"或"烧锅子"。烘锅像一个长方体的盒子,分为锅体和锅盖两部分。烘制烤饼时,先将用发面做成的馍馍"胚子"放进锅体里,盖上锅盖儿,然后埋进烧得半透的牛羊粪或柴草的灰堆里。待过半个来小时,刨出烘锅,打开盖儿,几个金黄焦脆、香气扑鼻的烤锅子就会呈现在你的眼前,你便可在丰盈口水的伴随下大嚼这种热气腾腾的烤货,心满意足地充饥了。"烤锅子"的直接用途自然是作为"外出"时的干粮,但历史地看,其中难道说就没有蕴含散落在饮食领域的、从畜牧向农耕生产方式演化的陈迹吗?使人进一步打开思路的是,河湟地区藏族的传统食品糌粑也具有类似的用途和历史身份,只是它的本质的历史作用在大片藏族牧区还在继续不断地发挥罢了。

当高档粮食小麦大摇大摆走上河湟人的餐桌时,河湟地区的饮食领域发生了一场重大的革命。

各种制作方式和形态各异的饮食品种争先恐后挤进餐饮界的饭谱,出现了饮食圈子无限繁荣昌盛、兴旺发达的局面——带馅的包子、饺子,油炸的油饼、馓子,等等,各式各样应有尽有。但是,这种"革命"却大都只是对中原农耕社会食品品种的全盘照搬而已,从中是很难看到河湟特色食品的历史演化痕迹的,而清真面食在这方面就显得相当突出了。

青海有首"花儿"这样唱道:"尕面片来拉条子,东关里过了个瘾了。"东关是西宁市的一个地名,这里清真饭馆林立,擅长做面片和拉条子;"过瘾"是享受的意思,吃碗面就算享受,足见其风味独特,已毫无愧色地走进了美食行列。清真面食的发明同该类社会人群的宗教信仰有关。由于信仰习俗的需要,人们用放有"蓬灰"的水和面,制作出一种吃起来特别筋道、皮实,吃过后又异常耐饥抗饿的面食。这种面食的基本类型是拉条子,拉面师傅经过一定训练,一般都可以达到能拉出细如棉线、粗似皮带的面条的水平。最常见的拉条子饭食品种是清汤牛肉面,冬天食用这种面食,碗里浇上一口气吹不透的红艳艳的辣椒油,一碗面下肚,通身淌汗,就是患有感冒也会好七八分。面片是拉条的发展,即先把一条带状的面条一片一片揪进开水锅里,煮熟,捞出,然后或烩或炒,形成各种的面食。最精致者是把面片揪成指甲盖大小,称作"指甲盖儿面片",用很小的小碗盛出,作为一道风味小吃,经常在清真餐宴中出现。

餐饮相连。与"食"相比,河湟地区的"饮"的特色似乎更浓一些,表现为以茶为中心饮品的多种独特展现。"清茶不喝了奶茶喝,渴死是凉水莫喝。""清茶"是单纯用茶叶煮的茶,"奶茶"是在奶子里搀上清茶的一种喝法。后者是畜牧业生活受农耕生活影响在饮奶习惯上的变化,是河湟牧人早期饮茶习俗的表现。河湟人饮茶习俗的另一独特表现,是给茶里加入某种意想不到的东西。"花儿"里有"清茶碗里的盐大了,不喝去是安下了"("盐大"即盐重,"安下"是煮好了),说的就是这一情景。给茶里放盐最早本是河湟一带藏族人的饮茶习俗,后来才影响到河湟地区的,此习俗的产生与当地的自然环境密切相关。最特别的恐怕要算洮、岷一带饮罐罐茶的习俗了。"花儿"里有关于此习俗的简略描述:"四山云雾拉得严,大雨眼看头上悬,我把你请到我的家里喧。你在炕上捣罐罐,我在地下卷旱烟,咱们两个再干盘(聊天)。"罐罐,是一种民间烧制的黑褐色小砂罐,很小巧,高七八厘米,口径3厘米,每次煮茶只能容纳半玻璃杯清水。茶叶用茯茶,放在炉火上煮时罐里插有一根细细的竹棍儿,时不时地要翻捣几下。待到"茶水熬成牛血了,茶叶煮成个纸了"时,这才把牛血般的液体倒进比烧酒杯大不了多少的茶盅里,或敬客待友,或自斟自饮,一小口一小口地品尝。此茶味极苦涩,不曾喝过它的人简直不堪下咽,但据当地人说此茶专能祛火、最善提神,看来已属保健饮品了。最近的饮茶习俗是喝"三炮台碗子"茶,"花儿"里的"三炮台碗子喝了个茶,舒坦着气儿散了",指的就是这种茶俗。因其所用茶具由茶碗、碗盖和底座三件组成,故称"三炮台";又因喝茶时常用碗盖把茶叶刮向一边,所以又叫"刮碗子"。这种茶俗与已往饮茶习惯全然不同,茶叶一般用青茶,制茶也不用凉水煮,而是拿开水泡;泡茶时除茶叶外,还放入冰糖、桂圆,讲究一点的,还要放葡萄干、枸杞等,已经完全进入了美食

行列。河湟茶俗至此,可说已完成了从同畜牧生活相适应到同农耕社会相协调的转变,这个过程是漫长的。我国饮茶有 3000 多年的历史,唐代时饮茶习惯已传至民间,河湟人饮茶当始于此时。先是河湟牧人的先辈们发现了茶的消化肉食功能而饮茶,继而中原的统治者们利用这一需要兴起了长达 1000 多年的"茶马交易",而民间则在这种交易之下发展起了互通有无的经济贸易。于是,在河湟及其相近的土地上,不断上演着勾人心魂的历史话剧:和睦的联姻、带血的政治、公平而友好的交换以及在夜色笼罩下的阴谋诡计……而茶就在同时沿着"茶马古道"走进河湟地区,并在这里来来去去,沉重地行走了三万多个日日夜夜,终于完成了从纯粹实用到融入美食的茶俗演变。如今,当人们坐在安乐椅上舒适地品尝佐料齐全的"三炮台"时,又有谁能想起上述动人心魄的历史景象呢!

涉及服饰民俗的在"花儿"中并不少见,但大多数是受影响于中原农耕生活的有关服饰。例如:

1. 泾阳的草帽十八盘,红主腰咋这么干散(精干、漂亮)。
2. 新缝的夹夹柴扯烂,扯烂时纽子儿有哩。
3. 细瓷的碗子细白的面,炕上铺的是棉毡。
4. 尕妹穿下的蓝衫子,大门上把人耀了。

1 中的草帽产自陕西泾阳,只是近代甘肃种起了小麦,甘谷、武山一带才编制草帽,但质量不高,尚需经常从陕西输入;"主腰"是同物异名,就是中原农耕地区的棉袄。2 中的"夹夹"也是同物异名,普通话叫"背心"。3 中的"棉毡",也来自陕西以东的产棉区,因为甘、青流行"花儿"的地区种植棉花已是晚些时候的事了。4 中的"衫子"则是中原农区典型的女式单装。尽管如此,"花儿"流行之地的河湟地区毕竟是我国西部的一条熙熙攘攘的民族走廊、一片从畜牧向农耕过渡的广袤莽原,经过了数千年的剧烈翻滚,其文化上难道说就没有在环境、民族、历史等方面留下某些抹不掉的痕迹吗？有的，自然是有的。
于是，我们在一些"花儿"当中看到了某些历史文化的鲜明显示。有一
部分表现了古代服饰的遗存，主要是清代服饰的遗存。例如："只要阿
哥的心肠有，不要扯红绿的膝裤。"膝裤，又叫"筒筒"，是妇女绑在胫
腿下的两块既约束裤管、又做装饰用的织物，用缎或布制成。此饰物
在河湟地区流行到民国十四五年前后。又如，"大红锦缎的卧龙袋，二
龙戏珠的战带。""卧龙袋"是清朝时的一种小袖马褂。清初，马褂本是
大袖的，做礼服用，我们在看文艺作品时，经常看到"赏穿黄马褂"的
话，指的就是这种东西。后来为了生活方便，改为小袖，这才有了"卧
龙袋"这个名字。进入民国，无大小袖之别，不少人就不知它是什么东
西了。"战带"是清朝武官用的一种腰带。有的服饰则从制作的质料方
面显示了自己地域性的物质特点，如"牛毛的褐褂蓝搭衩，二郎担山
的纽子""大红氆氇卧龙袋，二龙戏珠的扯缰"。"褐"和"氆氇"都是用
牛羊毛织成的呢子类的织物，前者质地较粗，但农民制作这样一件褂
子却是相当体面的；后者质地较细，色彩鲜红，传说系用藏红花染制
而成，相当名贵，产自西藏。这些"花儿"作品或有着厚重的历史性，或
有着突出的民族性、地域性。从总体上看，上述作品向人们透出了由
畜牧业向农耕社会转变的趋向。引起我们特别注意的是有的作品还
具体展示了这一趋向的过程。如青海有这样一首"花儿"："前山后山
的家西番，辫子上没续个缣了。""家西番"是从事农耕生活、讲汉话的
藏民（也即是汉化了的藏民），"辫子上没续缣"是说没给辫梢续上做
假发用的黑丝线，这是因为藏族人以发长为美，头发不够长的往往要
续丝线加长。这首"花儿"写得很细致，把握住了人们生活改变后在服
饰方面所产生的细微变化。

　　"饰"在"花儿"里见到的不多，但是以间接方式"记首"面目出现
的却频频可见。如："你有了实心维人的意，给阿哥换下个记首。""记

首"，据"花儿"书上的注释说，是"情人间互赠的纪念品"，但显然又不是荷包之类的物件。"花儿"中有"尕妹有我我有意，三环指换了个记首"之句，张亚雄解释"三环指"时说"它是一种小戒指，盛行于清末民初，为乡间妇女所用，多属银制点翠，以三圈合成"。看来"记首"就只有戒指这一种形态了。一切耳朵、脖子、胳膊、腿儿等部位戴的首饰都源于原始社会，惟有戒指等指头上的饰物产生于商品社会。据查，我国的戒指出现于宋代，文献上有关于宋代帝王曾将戒指分赠后妃的记载。清代民间戴戒指之风甚盛，河湟"花儿"中连连出现"记首"一词当在此时。河湟农家用"记首"者不多，赠送此物的专利多半为脚夫与筏客等社会群体所垄断，因为他们手头才真正活泛些。因此向情人赠送记首也就成了河湟男子梦寐以求的盛事，而"花儿"里出现下面这样有趣的作品也就是很自然的事了，"我你(下)看见了，没给头耶；你的尕手里呀悄悄地哟，捏给个大豆"。这句话的前半句是倒装句，意思是我把你遇见了，可没有礼物相送，只好捏一颗大豆给你。大豆权当记首送人，如果说这算不上是一种独特的潇洒，那这位河湟男子可也就太小气了。

　　"住"在河湟"花儿"流行区主要为瓦房与帐房两大类型，各个类型住房分别随着它们所依附的农、牧业生产而具有不同的用途与形态。它们的文化内涵与意义相对来说比较明显，故不赘。我们重点考察一下河湟地区特有的住处——庄窠。庄窠，有人把它理解为村庄是不对的，这种理解掩盖了这一事物丰富的历史文化内涵。较早出现庄窠一词的"花儿"作品是"新打的庄窠下罗经，四角子下的是宝瓶"。打庄窠的行为显然与宗教密切相关，而且受中国道教的影响。"双扇大门井合院，狗歪着进不去。""井合院"即"四合院"，也就是中原民居的典型住宅；"狗歪"即"狗凶、狗厉害"。这首"花儿"应产生于前首之后。随着人口的增加，一所庄窠不能占据更多的地盘，于是高大雄厚的堡垒式围墙为普通院墙所代替，但防盗贼的功能是马虎不得的，所以就养起了"歪狗"。"大房修下的七架檩，厨房修下的过厅。"这首"花儿"产生最晚，全然四合院的布局，由于局势相对平和，连"歪狗"也不强调饲养了。西北农家住宅，多就其所耕地段之中心地带修筑堡垒式的围墙，中间盖房居住，这就是上面所说的庄窠。庄窠建造的历史悠久，其渊源可以上溯至秦代屯兵时期，经过千百年的历史演变，最后才出现了村庄这个概念，有人不了解其历史演变，仅仅简单地说它是村庄，就不大对头了。

"行"所涉及内容的项目不多，主要有耕地的牛、代步的马和渡河的筏子与船。关于骡马和筏子，我们在前面讨论副业时已经做过考察，重复部分就不再多啰唆，这里着重考察扯船、牦牛和骡马。

扯船是河湟地区特有的一种专门用作载人的过渡工具。"花儿"里唱道："尕妹妹送给在洮河岸，哭给着走上了扯船。"洮河等河水水流湍急，船划渡困难，经过几百年的努力，岸边群众利用流水产生分力的原理，创造出一种适应当地环境的渡河工具——扯船。这种船的基本配置，是在河面上横拉一条铁索，铁索上装上滑轮，借水冲船产生的推力把船推向对岸。扯船一般分为两种，较小的一种可乘七八人，靠人拉扯作为动力；较大的一种可乘20余人，靠水产生的推力作为动力。

牦牛是我国西部一个异于中原牲畜的独特品种，一个生气勃勃的动物家族，它耐寒、健壮、力气大，吃苦耐劳，能出色地完成一切农牧活，是农牧民最好的帮手和朋友之一。河湟"花儿"流行区的第一代牦牛原产于青藏高原，毛极长，特别是肚皮下面，毛色主要有黑、白两色。它们力气特大，善驮运，举凡驮柴运水、牧民转场搬家等驮运事宜，全靠它们辛勤劳作。它们曾经成功地为河湟牧家完成过成千上万次搬运任务，被誉为"草原之舟"。遗憾的是我们至今尚未找到一首歌唱它们劳动雄姿的"花儿"作品。当中原的温顺动物——黄牛摇摇摆摆走进河湟地区,而河湟人也开始懂得一些牲畜配种技术时,第二代牦牛出现了,这就是犏牛的诞生。犏牛是黄牛与牦牛杂交的产物,雄的叫犏犗牛,雌的叫犏雌牛。它们健壮而温顺,最适于耕地。"南山根里的白犏牛,乌亮的墨黑的眼睛。"这首"花儿"是写犏牛外貌的,细节的强调把这种牛温顺的特点表现到了可爱的地步。犏牛毛色浅淡、毛质短小而柔软,它们精于耕作的特征,使自己每每在河湟"花儿"中潇洒出现,出尽了风头。例如:"一对的犏牛犁地哩,头上的鞭子吓绕哩""一对的犏牛吃水哩,鼻圈儿搭在个河哩"。第二代犏牛是在第一代牦牛的基础上发展而来的,是对第一代牦牛农耕化的结果,这一过程经历了不到一百年。

骡马,前面副业部分我们讨论的是它们的职务功能,这里我们要考察的,则是它们对使用者本身的作用——代步。河湟汉子是非常爱骑马的,这种爱既是生活上的,又是精神上的,骑马几乎成了他们生命中的第一需要。说是生活上的,是说外出总离不了用马代步。"尕马儿骑上枪背上,西口外挖一趟大黄""尕马儿骑上枪背上,走一趟四川的地方"。西走口外、南下四川都要靠骑马来完成。说是精神上的,是说拥有几匹好马就感到无上光荣和幸福。无怪乎小调里的那位尕老汉,快80岁了,还花30两银子买一匹高头大马,要享受一番"想怎么骑就怎么骑、爱怎么跑就怎么跑"的乐趣。而如今河州正在风行的"压走骡"风俗,也正是这种过"乘骑瘾"精神的具体表现。河湟人的这种爱马精神是有着深厚的历史渊源的。河湟地区是一个历史上争战不断的地方,马匹对当地人来说至关重要,人们养马、用马,在长期亲密交往中,建立、积累、丰富、发展了河湟祖辈对马的这种独特的感情。而在类似的条件下,这种爱马之情又分毫不差地传递给河湟人的后辈们,以至于在"花儿"这种民歌诞生之后,所有的河湟人都会脱口而出吼一声"尕马儿骑上枪背上"。

　　以上,我们对"花儿"的物质民俗进行了较概括的考察,与此同时,对蕴含于其中的文化内涵进行了发掘,并就其有关关系及原因做了尽可能合理的回答,从而展现出了一个丰富多彩的文化世界。这对我们真切地感受客观事物、科学地把握客观规律有重要的帮助,这也是我们提出"逆向研究"(注:见《西北民族大学学报》,2002 年第四期上的《花儿研究与花儿学》一文)的目的之一。本文是实践上述研究方法的第一篇论文,希望学界批评指正。

　　(原文发表于《西北民族学院学报·哲学社会科学版》,2005 年第 1 期,第 98—105 页。)

歌谣研究

甘肃草原歌谣

　　甘肃草原歌谣是指产生和流传在甘肃省草原地区的民歌。甘肃草原地区包括甘南藏族自治州的夏河、迭部、碌曲、玛曲、卓尼、舟曲县，武威地区的天祝藏族自治县，张掖地区的肃南裕固族自治县和酒泉地区的肃北蒙古族自治县以及阿克赛哈萨克族自治县等十个县，分属甘南高原和河西走廊地区。这些地方草原连布，经济以畜牧业为主，聚居着藏、裕固、蒙古和哈萨克等民族。这里的歌谣就是生息在当地、从事畜牧业生产的上述四个民族所创造和传唱的歌谣。

　　甘肃的藏族属讲安多方言的藏族，在甘肃大地活动的历史悠久，可上溯至唐宋时期。目前主要聚居于甘南州和天祝县，人口据 1990 年统计约 36 万多，有本民族文字。甘肃藏族歌谣的内容主要有仪式歌、情歌和生活歌三个方面，其他方面的内容则数量较少。

　　藏族最重要的仪式歌是酒曲。酒曲是在庆典宴会上唱的歌。它有着特有的程序。一般在酒宴开始时，先由善于辞令的主持人朗诵祝酒词，赞扬酒宴丰盛，祝愿主人家安乐富足，吉祥如意。之后，歌手们唱"起首歌"，在美酒的前导下大家欢聚一堂，歌手们为宾客们歌唱；接着，歌手们分为两组互唱赞颂歌，赞颂聚会、赞颂美酒、赞颂山川大地、五谷牲畜以及首领、父辈和青年；再下来，就是一问一答的盘歌，其内容涉及历史、地理、自然、社会、时事等各个方面，以难倒对方为快，气氛十分热烈；最后，唱着吉祥如意的祝福歌结束酒宴。

　　除酒曲之外，另一种内容综合性很强的仪式歌，是具有藏族风俗特色的香浪节歌谣。"香浪"藏语是采薪的意思,甘肃藏族每年农历六月十五前后要过"香浪节",这是利用采薪时机,到山野去游乐的一种民俗活动,具有一定程序和仪式。节日第一天日出前,人们要上山祭神,以祈求神灵的保佑。祭神时,先要点燃松柏枝火堆,并向火中浇洒酥油糌粑等物,谓之"煨燥";然后骑上马围着火堆转圈、放枪、向空中抛撒一种被称做"风马"的符纸。之后,把一个四五丈高,饰有彩色翅板和绸旗的木箭插到祭神山头的木栏里,以表示驱邪赶魔。接下去就是开展各种形式的娱乐活动,如赛马、赛牦牛及摔跤、拔河等体育活动。晚间点起篝火,吃着酒肉,集体跳舞唱歌,还有的年轻人则离开人群,到树林、河湾处谈情说爱。香浪节期间与民俗活动相配合,自始至终穿插着系列内容丰富的歌唱活动,主要有祭神歌、酒歌、舞蹈歌和情歌等。

甘肃藏族还有一种独特的仪式歌——采花歌。这是生活在甘肃南部的舟曲、文县与四川交界地区一部分被称为"白马藏族"的人们在采花节风俗活动中所唱的歌。白马藏族与甘肃其他地方的藏族,在衣食住行及风俗等方面都有很大不同。他们每年农历五月端阳有过"采花节"的风俗。采花节的活动大致可以分为"抢水""采花"和"祝福"三项内容。"抢水"是活动的开场,农历五月五日举行,传说这天的泉水能消灾除病,给人带来吉祥。"采花"是活动的中心内容。"抢水"结束后,各家父母把自己的女儿送上山采花,姑娘们唱着《告别歌》离开村庄上山,一路上边走边对唱;而小伙子则在山上插上木刀、木斧、木箭,祭祀花神。接着,姑娘们唱着歌游山、采花,并把采得的花插满头;小伙们则喝着酒,唱着歌,采下柏枝和药材装进背篼。傍晚,人们燃起篝火,围着唱歌、跳舞,直至天亮。五月六日,人们唱着《离别歌》,相互告别返家;在村寨附近,村人迎接采花人,唱着《敬酒歌》向她们敬酒,迎接她们进寨。在村里的打麦场上,人们围成圆圈跳舞,边舞边唱,在表示祝福中结束采花节。白马藏族采花的目的是敬献"至尊的天王爷""至圣的地王爷""至威的水王爷"以及"至贵的祖宗"和"至贤的父母",以求得五谷丰登,人畜平安,幸福吉祥。因此,采花节歌反映了白马藏族的自然和祖先信仰以及祈年祝福等方面的内容。

藏族情歌的藏语叫"拉伊",数量较多,是藏族民歌的另一重要内容。甘肃藏族情歌与甘肃其他民族的情歌相比,其显著特点是追求歌、相爱歌和热恋歌占绝对多数,而邻近地区其他民族情歌中数量较多的是别离歌和相思歌,在藏族民歌中却很少见。这种状况反映了藏族在爱情和婚姻生活方面享有着更大的自由。

甘肃藏族歌谣生活歌的内容比较多样,除了同其他民族相类似的生活苦歌之外,又有相当丰富的舞蹈歌、恋乡念亲歌和一定数量的宗教歌。这自然是由藏族人民的生活状况决定的,而它们又从歌谣角度反映了藏族人民的这些生活状况。

甘肃藏族歌谣文学形态的基本样式多为三段体,即每首歌由三段构成,前两段多为比喻,末段才是主旨;每段由二、三、四、五句构成,而以三句最为常见,例如:

> 在白雄鹰的翅膀上,
> 有一对漂亮的羽毛,
> 如果你有本事就拔来。

> 在野牛的大头上,
> 有一对锐利的武器,
> 如果你有胆量就取来。

> 在我歌手的舌头上,
> 有两首对答的歌,

如果你是歌手就问来。

也有少数四句单段体一首的,就像汉族的绝句一样。这些都是受藏族民歌音乐的制约而形成的。

藏族民歌的歌唱,除情歌多采用独唱外,其他各类民俗性仪式歌多采用对唱、合唱或独唱等多种方式,而集会场合上的对歌带有竞赛性。

裕固族是甘肃省特有的一个少数民族,主要聚居在肃南裕固族自治县和酒泉黄泥堡一带,据 1990 年统计人口约 11000 多人。裕固族的族源可上溯到唐代的回纥人,在甘肃活动已有 1000 多年的历史。他们的经济生活以畜牧业为主,生活习惯与藏族相似,无本民族文字,信仰藏传佛教。裕固族由于人口较少,其歌谣搜集到的数量不是太多,但其内容却相当丰富,较为突出的是劳动歌、仪式歌和历史歌。

裕固族的劳动歌集中于畜牧业及其附属劳动生活的咏唱。以牧草为对象的劳动歌和擀毡时唱的劳动歌,集体劳动的气氛都很浓厚。如《割草歌》:"哎咳哟,哎咳哟,/青青草儿多肥茂;/羊儿吃了长满膘,/快来割草,快来割草!"明显地显示出劳动的集体性和劳动的热烈气氛。而当劳动对象变为能吃会动的牲畜时,则又着重于牧人与牲畜间感情的抒发,例如《奶牛犊歌》:"小牛犊呀小牛犊,/你快快吃奶,/吃了奶才能长大,/呀嘎嘎,呀嘎嘎!"完全是一个牧人在向幼畜说话。其他如《牧羊歌》《奶绵羊羔歌》也莫不如此。

裕固族礼俗歌的丰富多彩在其仪式歌中显得很突出。裕固族人热情好客,对过往投宿的客人向来有敬食、敬酒的习俗,其时有《敬酒歌》和《待客歌》,以表示对客人的欢迎和尊敬。小孩满三岁时,要举行剃头仪式,届时要唱《剃头歌》、诵《剃头诵词》;马驹长大了,也要举行剪马鬃仪式,临场又得诵《剪马鬃诵词》。这些仪式既热烈又隆重,要有亲戚,家族成员和客人等许多人参加,并有种种物质准备和一系列琐细的程序。仪式中由一人领诵"诵词",众人应和,其郑重程度犹如宗教礼仪。至于青年男女结婚这样的人生大典,其婚礼仪式就更加庄严隆重和欢腾热闹了。裕固族婚礼一般要举行数日,第一天在新娘家,先由婚礼主持人诵婚礼祝词,宣布婚礼开始,接着歌手对唱婚礼的来历和意义的歌。此时,伴娘正在为新娘梳妆打扮,唱着《戴头面歌》,给新娘戴上一种被称作"头面"的美丽而贵重的头饰,之后,送新娘进入大帐;在这里,由舅舅和代表新娘的歌手对唱《告别歌》。第二天,送亲人骑马把新娘送往男家完婚,这时男家要在中途铺上毛毡,备好酒肉,表示迎亲。迎、送亲人在此吃酒、休息,称为"打尖";其时,也要唱《敬酒歌》、诵《打尖诵词》。接着,人们继续向男家进发,途中,送亲队要派人纵马先期到男家,进行几次"转帐房"的打闹活动。来到男家门口,新娘要从两个火堆之间穿过去,新郎要向新娘射三木箭,而且新娘还要把一块象征结婚凭证的羊腿骨交给新郎,然后把新娘送进帐房。在帐房里,要举行娘家人向婆婆交人仪式,由新娘父亲把新娘及其嫁妆交给婆婆,并请亲家关照自己的女儿。最后举行盛大的婚礼宴会,婚礼才算结束。整个婚礼过程中,自始至终穿插着色彩纷呈的歌谣活动,把这个善于歌唱的民族的特点表露无遗。

　　裕固族对历史歌的重视,是这个民族歌谣活动的另一重要特色。裕固族人从少年时代就开始接触历史歌并学习唱这类歌。裕固族的历史歌集中于歌唱其族迁徙的历史。裕固族源于唐代的回纥人,在一千多年的变迁中,屡屡迁徙,敌人攻击他们,疾病袭击他们,自然灾害打击他们,使他们不得不在痛苦的迁徙中求生。他们的历史充满着动荡和苦难,实际上是一部颠沛流离的迁徙史。正因为如此,裕固人特别重视歌唱自己的历史,并把这些历史歌传给下一代,教育他们不忘自己的祖先,牢记民族苦难,保全自己的民族特性。

裕固族歌谣的文学形态,以具体篇章来说,有长有短,但其基本样式是每节四句或两句,而每节两句的占大多数,每句音节数大致相同,这同裕固族民歌音乐大部分由两句体的单乐段构成密切相关,其艺术表现方法以直说式的赋体为主,很少用比兴。裕固族歌谣的歌唱,除具有民俗性质的仪式歌采用对唱或领唱(或诵)与众和外,一般歌多采用独唱方式,而集体性劳动歌则用合唱方式。

甘肃的蒙古族大部分于清代中后期由青海厄鲁特蒙古中的和硕特部迁来,小部分来自新疆土尔扈特部,目前主要聚居在河西走廊西段的肃北蒙古族自治县。据 1990 年统计人口约 8300 多人,主要从事畜牧业生产,有本民族文字,信仰藏传佛教。肃北蒙古族人口较少,搜集到的歌谣数量不多,内容主要有生活歌、仪式歌和情歌等,其中以赞歌祝词较为突出。

肃北蒙古族的赞歌祝词贯穿在日常生活和风俗性仪式活动之中。进行聚会要唱赞歌,对家乡的风物要唱赞歌,对人们乘骑的骏马要唱赞歌,新毡房搭成也要唱赞歌,举行婚礼更要不断诵祝、唱赞歌,在这些被祝赞的事物中,人们发现了自然的、生活的和人生的美,怀着诚挚的感情,运用优美的语言把它们加以赞颂,表达了肃北蒙古族人民群众对自然和生活的无限热爱。

肃北蒙古族歌谣的文学形态大多数为三段体,但每首达十段以上的多段体也有一些;每段一般四句,有少数每段二句或五、六句的;各段之间的关系,不似藏族民歌用第一、二段为比喻去突出第三段的主旨,而是用多段语言对对象作不同层面的表现。例如下面这首《八个明亮》:

夜间行路月亮的光明亮,
无私的心肠肺腑中明亮。

　　天空的星星明亮，
　　有学问的人智慧明亮。

　　山中的花儿明亮，
　　泉中的水儿明亮。

　　无斑的镜子相貌明亮，
　　众人共商的主意明亮。

　　青年时期知晓了这八个明亮，
　　行事做人会明亮。

这种艺术表现无疑会产生扩大表现范围的良好作用。

　　肃北蒙古民歌的演唱，除风俗性仪式歌多采用合唱、有领有和方式外，其他类歌一般采用独唱方式。

　　甘肃的哈萨克族进入甘肃时间较晚，主要是 20 世纪 30 年代的事。1935 年，新疆巴里坤的一部分哈萨克族人因不堪于反动军阀的压迫，先后进入甘肃，流落于肃北草原，过了十多年动荡不安的流浪生活，新中国成立后才由人民政府安置在阿克赛县；其人口据 1990 年统计仅 3100 多人，主要从事畜牧业生产，有本民族文字，信仰伊斯兰教。

　　哈萨克是一个非常擅长于唱歌的民族，他们以歌代言，把歌声渗透在生活的各个领域和人生的整个历程之中。小孩降临人世有祝贺诞生的歌和摇篮歌，对家乡山川和各类牲畜有赞歌，青年男女有情歌，部落及民族英雄有颂歌，结婚有婚礼歌，人死了还有哀悼歌，其谚语说："歌和马是哈萨克人的一对翅膀"，是一点也不夸张的。甘肃的哈萨克人虽然很少，收集到的歌谣也有限，但仍可以显示出哈萨克歌

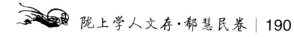

谣的突出特色。阿克赛的哈萨克歌谣,歌唱爱情内容的较多,而且多为追求歌,明显地显出其以歌代言的特点,表现唱歌对人生重要意义的内容的也不少。哈萨克人以唱歌为人生乐事,甚至有某种"唱歌至上"的意味。另外,阿克赛的哈萨克歌谣中赞美和恋念美丽家乡的内容也占有一定比例,这在一定程度上反映了甘肃哈萨克人颠沛流离的历史经历和情感。

阿克赛县哈萨克民歌的文学形态一般为多段体,最短者每段两句,长者可达十句以上,而以每段四句最为常见;每首多为两段或四段不等;艺术表现多用直陈式抒情,比喻、衬托体式较为少见。例如:

> 人最可贵的是对友谊的忠诚,
> 离别亲人最伤年轻人的心;
> 有谁愿意与好友长久地离别,
> 世上谁是没有愿望和理想的人。
>
> 离别好友叫我实在难忍,
> 痛苦悲伤笼罩了我的心;
> 思念好友我的泪水流淌,
> 让我用泪水洗净脸上的灰尘。
>
> 我们曾在一起度过漫长的岁月,
> 这些年月记在我的心上;
> 年轻时代虽然逝去,
> 你一去不返,年轻时代的歌声。
>
> 稍不在意生活便飞逝而过,
> 这是自然的力量不可抗衡;

　　年老之后双眼朦胧，

　　白霜一下子落满你的头顶。

　　哈萨克歌谣的演唱用民族弹拨乐器冬不拉伴奏，边弹边唱，除个人独唱外，又有阿肯（歌手）弹唱会。弹唱会每年盛夏在草原平地上举行，各地民间歌手云集，附近牧民也赶着牲畜、带着帐篷前来听唱。弹唱会有对唱和合唱，具有比赛性质。比赛时，互问互答，将被难倒者淘汰，而由另一人接着对答，通宵不倦，以能唱到最后者为优胜。阿肯弹唱会一般要持续数日。

　　（原文发表于《丝绸之路》，1994 年第 1 期，第 20—22 页。）

甘肃歌谣概观

一

　　甘肃省位于我国的西北部,以省内甘州(今张掖市)、肃州(今酒泉市)二地的首字而得名,简称甘。由于省境大部在陇山之西,古代曾有陇西郡和陇西道的设置,又简称为陇。省会设在历史古城兰州。甘肃地处黄河上游,是一个地域辽阔的省份,东邻陕西,西连青海和新疆维吾尔自治区,南靠四川,北与内蒙古自治区、宁夏回族自治区接壤,面积45万平方公里。在这辽阔的陇原大地上,居住着各族人民2230万;超过千人的民族有汉、回、藏、东乡、土、满、裕固、保安、蒙古、撒拉和哈萨克共11个,其中裕固、东乡、保安为甘肃所独有的三个少数民族。他们团结友爱,和睦相处,共同开发甘肃,发展和繁荣当地的经济文化,在建设中国特色社会主义新甘肃中贡献着各自的力量。

　　甘肃地处我国黄土高原、内蒙古高原与青藏高原的交汇处,地形呈西北东南走向的狭长状,境内地貌复杂,景象万千。东南的陇南地区为重峦叠嶂的山地;中、东部是沟谷纵横的黄土高原;西南的甘南草原有草原覆盖;西北部在合黎、祁连诸山间展现着千里带状平地,形成河西走廊,绿洲与沙漠、戈壁断续分布其中。全省海拔多在1000米以上,总体上说,是一个山地型的高原省。由于地理位置距海遥远,高山阻隔,海洋暖湿气流难以到达,省内大部分地区气候干燥;冬季漫长而寒冷,夏季短暂而温热,春季长于秋季,具有明显大陆性气候特征。全省以农业经济为主。地势平坦的陇东高原和千里沃野河西走廊,都是著名的粮食生产地;甘南和河西草原地区,有数千万亩天然牧场,畜牧业较为发达,也是我国重要的畜牧业基地。

甘肃是我国古代文明的发祥地之一。据考古发现,至迟在十万年以前,陇东庆阳一带就有人类活动,处于旧石器时代;而甘肃仰韶文化、马家窑文化、齐家文化和火烧沟、辛店等文化遗存的发现,又让人们在陇东、陇中、河西等地看到了甘肃先民从野蛮时代步入人类文明时期的历史痕迹。其后,甘肃在中华民族的发展中又较早地得到了开发。据古代文献记载,在西周和春秋战国的七八百年间,甘肃境内主要为戎狄等民族居住。西周末年,秦国在今清水、天水一带兴起,并沿渭河逐渐向西开拓,设置了陇西、北地二郡。秦始皇统一后,实行郡县制,陇西、北地二郡的辖地相当于今甘肃陇东、陇中、陇南及宁夏、陕北和内蒙古的一些地区。西汉时,武帝击败匈奴,河西走廊归入汉王朝版图;汉统治者在此设置河西四郡,筑长城,迁移民,戍边屯田,进行大规模经营开发。随着汉代疆域的开拓和丝绸之路在陇原的出现,河西走廊成为中西交通的孔道。通过它,中西方的经济文化得以长期相互交流,甘肃的经济文化也得到繁荣发展,汉以后的千余年间,不同朝代的不同政权在甘肃境内角逐,不同时期的不同民族在陇原大地活动,而阿拉伯、波斯等中亚民族又通过经商和战争等东迁,这些都对甘肃幅员和民族格局的形成以及经济文化的发展,产生了巨大影响。元统一后,在甘肃设行中书省,这是甘肃设省的开始,其辖地仅包括今甘肃的西部地区。清康熙八年(1669年)甘肃正式建省,辖地跨今甘、宁、青三省(区)。民国十八年(1929年),青海与宁夏分别建省,甘肃才形成今天这样的格局。目前,甘肃共设天水、庆阳、平凉、陇南、定西、临夏、甘南、武威、张掖、酒泉等10个地州和4个地级市。纵观甘肃开发的历史,有三件事是我们必须特别提及的,一是贯通中西交通的丝绸之路的开拓,二是敦煌艺术宝库——莫高窟的开凿,三是陇东革命根据地的建立。这三者不仅在甘肃,也在中国整个历史发展中产生了巨大作用,而且还具有世界影响。

甘肃是一个民间歌谣非常丰富的省份。它的歌谣历史悠久,我国最早的诗歌总集《诗经》里就有歌咏甘肃的篇章;汉魏及北朝的乐府中也有不少甘肃民间歌谣;敦煌石室发现的唐代曲子词中自然更不乏甘肃的歌谣。甘肃的少数民族大都能歌善舞,在被发现的少数民族历史文书中,也有他们先辈们在千百年之前创作的作品。遗憾的是历史上的甘肃民间歌谣,没有被人系统地加以搜集整理编辑成书出版罢了。我们这次编辑的《中国歌谣集成·甘肃卷》,所收歌谣基本上是清代以后的作品。它们从不同方面和角度反映了甘肃的社会生活,抒发了甘肃劳动人民的思想感情,是认识和研究甘肃社会政治、经济、历史、文化的珍贵历史文献。

二

文学是反映社会生活并表达创作者思想感情的,作品中渗透着创作者主观思想感情的客观社会生活即是作品的内容,歌谣也不例外。甘肃歌谣的内容是十分丰富的,它涉及社会生活的各个领域和方面,并对有关生活表达着自己的感情反应。通过甘肃歌谣的内容,我们可以认识甘肃的社会生活历史,把握甘肃各族人民的思想感情和要求、愿望。

甘肃的劳动歌是多种多样的,显示了陇上劳动生活的丰富多彩。总观劳动歌的种类和数量,却又突出着以农为主、以牧为次的总倾向。农田歌涉及农业劳动的各个方面,从备耕、耕种、撒籽、田间管理到收割、打碾等全过程,都有专歌歌咏,而其中以陇南的《薅草歌》最为独特。薅草季节,组织专人在田间地头敲锣打鼓歌唱,内容并不局限于生产本身。目的在于鼓舞劳动情绪和消减疲劳。牧歌歌咏的对象主要集中于牧草的劳动、放牧与喂养幼畜劳动和挤奶劳动等三个方面。农牧歌之外的其他劳动歌涉及面也较广,有《拉木歌》《造屋歌》《打墙歌》《擀毡歌》《织褐子歌》和《猎歌》及《船歌》等,都触及了甘肃富有特点的生活面。以人体动作的活动为主要内容的劳动歌,如《夯歌》《擀毡歌》《打墙歌》等,都有着很强的集体性,歌声节奏很强,与劳动动作密切配合,气氛十分热烈。相当数量的劳动歌产生于新中国成立后,大都通过对劳动的歌咏,表达了创作者改天换地、创造新的社会和新生活的决心和愿望。

甘肃的时政歌在汉族和汉族参与创造的歌谣中表现突出,其题材内容可分为刺世的、颂世的、时事的和世态的四类。刺世歌主要揭露旧时代的社会弊端和极"左"路线影响下的不良社会现象;颂世歌着重歌颂中国共产党、中国人民解放军和人民领袖的业绩及社会主义制度的优越;时事歌对重要社会事件进行反映和评论;世态歌则以讽喻的态度对某种社会世相作了精彩概括与描绘。

甘肃的仪式歌种类最为丰富。它遍及所有的民族,并触及了众多的生活领域,而又以带有风俗性的礼俗歌最为多彩。甘肃各地的汉族都有大体相似的《闹社火歌》,陇南地区汉族的《乞巧歌》很有地方色彩,而被称之为"花儿会"主要活动的《莲花山朝山歌》,则以它独特的内容及形式吸引着中外民族、民俗学者的极大关注。回、东乡、撒拉、保安等族的《宴席曲》,藏族的《酒歌》《采花歌》和《香浪节歌》,整个甘肃草原民族的热烈多彩的《婚礼歌》和裕固、蒙古族的礼仪各异的《敬酒歌》《待客歌》《剪马鬃诵词》《剃头歌》及各种祝词赞歌,把不同民族的风俗习惯作了多方面的展示,为我们认识和研究不同民族的特性提供了可贵的资料。

情歌是甘肃歌谣中数量最多并占有重要地位的民歌。"花儿"本为民间情歌发展而来,各族民歌中情歌也都占相当比重。这是一种特殊的民歌品种,它通过爱情这个特定的歌咏对象,展现出了陇上各族人民的精神面貌的各个方面,有着重要的间接认识作用。甘肃的民间情歌按其歌咏的直接对象——爱情生活的进程,大体可分为赞慕、追求、相爱、热恋、别离、相思、重逢、怨情和训谕等几大类;但由于受不同文化的影响,不同民族在不同歌咏对象上所表现的比重和色彩又有着明显的差异。一般来说,受汉族传统文化影响较深的农业区情歌,其别离、相思类歌谣数量较大,感情色彩浓烈,颇能动人心魄;而草原民族情歌中,恰恰这两类歌谣较为欠缺。而追求、相爱、热恋类歌谣占重要地位。这种状况反映了草原民族在爱情方面少受约束这一社会历史实际。训谕类情歌在农业区歌谣中具有特殊意义,它通过对爱情生活中某种现象的评论,阐发人们对爱情、对社会,乃至对人生的认识、总结或教训,蕴含着一定道德观念,带有某种哲学意味。

甘肃歌谣生活歌的内容也比较丰富。它们除了一般纯农业省区所具有的各类苦歌和写景状物歌外,还有甘肃藏、裕固、蒙古和哈萨克等草原民族所特有的"恋乡念亲歌""宗教歌""舞蹈歌"和"欢乐歌"。它们从不同方面反映了甘肃各族人民的社会生活和民族特点。

甘肃的历史传说歌包括历史歌、传说歌和故事歌三类。历史歌是指关于一定历史事件和历史人物的歌。汉族历史歌仅零星地涉及了某些事件或人物,如反映清朝平定准噶尔叛乱的《出大兵》,歌颂革命领袖人物刘志丹的陇东歌谣,歌咏抗日战将吉鸿昌在天水活动的民谣,以及红军过境甘肃的有关"花儿"等。裕固族重视对下一代进行关于本民族历史的教育,其历史歌较为突出,主要集中于关于本民族历史迁徙情况的歌咏。甘肃的传说歌不多(史诗等长歌不包括在歌谣内),主要表现为对汉族文化中某些传说或通俗小说中的故事的咏唱,如"孟姜女""八仙""西游记""三国演义"之类。甘肃的故事歌较为丰富,但内容所反映的生活面较窄,各民族的这类歌几乎都集中于旧时妇女的生活苦难和爱情悲剧的歌唱, 较有影响的有汉族的《方四娘》《兰桥担水》,回族的《马五哥和尕豆妹》《索菲亚诉苦》和裕固族的《黄黛琛》等。

甘肃的儿歌主要表现为汉族的儿歌,其他少数民族则儿歌较少。汉族儿歌可分为催眠歌、事物歌、游戏歌和绕口令等四类。其中事物歌所占比例较大,内容在游戏中渗入一定教育意义;游戏歌与绕口令则侧重于单纯娱乐。

甘肃歌谣还有一般歌谣划分七大类之外的一类民歌,可称之为起首歌或序歌。这类民歌是一种关于歌谣的歌谣。它们对歌谣活动进行歌咏,呼唤歌手参与歌唱,歌颂歌手的歌唱才能,赞扬歌唱活动的热烈,评述歌唱对生活与人生的意义和作用等等。它们存在于少数民族或少数民族参与创造的歌谣之中(例如藏族民歌和"花儿")。主要出现在群众聚会以进行歌唱活动的场合, 对歌唱活动起着组织贯穿作用。

三

民歌是一种词曲结合进行演唱的艺术形式,歌词是其文学形态,曲调是其音乐形态的表现。甘肃歌谣的文学形态比较丰富, 总的来说,其基本样式有四种。最简单的歌谣样式是流行在陇中和陇南等地区的山歌和陇东地区的"信天游"。这种歌谣样式每首两句;上句比兴,下句主旨。两句结构相同;每句四个音组,前三个音组基本上各有两个音节;末音组一个音节,即单音节句尾。两句表达一个完整意思,押同一个韵。"信天游"与山歌的不同处,主要表现为每句中前三个音组的音节较自由,可以是两个音节,也可以是三个或四个音节。流行在临潭、岷县等地的洮岷"花儿"是甘肃歌谣的另一种较简单的样式。每首基本有三句,第一句比兴,其余两句主旨。三句结构相同,每句四个音组,前三个音组各两个音节,单音节句尾。三句表达一个完整的意思,押同一个韵。临夏等地区流行的河州"花儿"是一种很特别的歌谣样式。其基本形态是每首四句,前两句比兴,后两句主旨。一、三两句结构相同,每句四个音组,前三个音组各三个音节,单音节句尾;二、四两句结构相同,每句三个音组,前两个音组各三个音节,双音节句尾。押韵方式主要在一、三和二、四句部位押对应的韵,且有半数是押多字韵的河州"花儿"的这种四、三音组和单、双音节句尾交替以及押多字韵的方式,在我国整个民间歌谣中都是相当少见的。第四种歌谣样式是四句或多句组歌联唱式民歌,即每首歌分为若干段,每段四成多句。每句四个音组,前三个音组各二至三个音节,单音节句尾。押韵有多种格式。这种样式的歌谣在河西地区及全省其他各地都有流行。藏、蒙古、哈萨克和裕固等草原民族的歌谣,多为组歌联唱样式。每首歌一般都是多段体的,一段可以是两句,也可以是三、四句或更多句,而以每段三、四句的三段体歌谣最为常见。从每首歌谣表达内容的复杂程度上说,上述歌谣样式又可分为三种类型:散歌、组歌和叙事歌。散歌是每首只有两句、三句或四句的短歌。组歌是把若干短歌连缀起来,表达一个较为丰富的意思的歌。叙事歌则是指以短歌为表达单位和手段,去歌唱一个带有情节的事件。

歌谣的文学部分是和其音乐部分相配合的,文学形态在很大程度上要受音乐形态的制约。甘肃民歌的曲调大都是由两个乐句组成的单乐段构成,如山歌、信天游和河州"花儿"都是如此。各类小调的曲调多是由四个乐句组成的单乐段构成。甘肃歌谣的绝大部分是词曲相配、有韵律、可以歌唱的歌;儿歌和大部分时政歌则是有词有韵律而无曲的谣。另外,蒙古族和裕固族的某些风俗歌的祝词,只有词,而无曲无韵律,但有节奏,用一定腔调来吟诵,既不属于歌,也很难称之为谣,只能直说它们是诵词。甘肃歌谣除哈萨克族民歌演唱时一般要用冬不拉乐器伴奏外,其他歌谣是很少用乐器伴奏的。

甘肃歌谣在歌唱时,也像其他中国民歌一样,在特定的地方要加上一定的衬词。河州"花儿"和洮岷"花儿"的衬词尤为丰富,不仅种类繁多,而且变化多端,很难把握。这又更增强了这类民歌的独特地方色彩。

甘肃歌谣的歌唱,绝大多数采用独唱方式。藏族和哈萨克族等族的酒宴歌主要用对唱,即兴编词,有很强的竞赛性。洮岷"花儿"的歌唱方式最为独特,它主要采用集体性对唱方式。集体歌唱中既有独唱,又有轮唱,还有合唱,几乎囊括了所有歌唱方式。这种特别的唱法,在全国各族民间歌谣中也是极为少见的。

四

甘肃的民间歌谣是十分丰富的。但是对歌谣的搜集整理和出版工作,还没能作得尽如人意,以至于丰富多彩的甘肃歌谣没有得到全面、系统的保存。特别是某些产生较早的歌谣,随着时间的流逝已经被历史所淹没。这是让文化工作者十分遗憾的事。

20世纪以前的几千年,由于社会历史和文化观的局限,甘肃的民间歌谣没有引起文化人的注意,自然也没能被搜集、整理而保存下来。直到20世纪20年代,在五四新文学运动影响下的歌谣学运动中,我国老一辈的地理学专家袁复礼才在北京大学出版的《歌谣周刊》上,刊登了他搜集的30首河州"花儿",这是甘肃歌谣搜集整理工作的开始。30年代,在甘肃《民国日报》工作的张亚雄利用编报之便征集"花儿",于1940年出版了收编有600多首"花儿"的《花儿集》一书。其后,不少甘肃报刊开始零星地刊登歌谣作品。这是甘肃歌谣搜集整理工作的继续。中华人民共和国成立以后，随着对文化工作的重视，甘肃歌谣的搜集整理工作出现了喜人变化，连续不断地出版着一系列歌谣选集。如：50年代剑虹、周健编的《甘肃民歌选》（第一辑）、甘肃省文化局编的《甘肃歌谣》，60年代郗慧民编的《花儿》，"改革开放后雪梨、柯扬（柯杨——编者注）编的《西北花儿精选》，才让扎西和强藏才丹编的《藏族情歌》等；此外，还编印了不少有关甘肃歌谣的内部资料，使大量甘肃歌谣得以保存。尽管如此，甘肃歌谣的搜集整理和出版工作仍然存在着明显的不足。具体表现为：（1）"花儿"以外的歌谣的搜集整理与出版较为薄弱；（2）还没有从全省角度把甘肃歌谣进行一次全面、系统的整理与编纂，以至于人们很难从整体上对甘肃歌谣获得一个明晰而科学的认识。

1984年5月，文化部、国家民委和中国民间文艺研究会联合发出关于编辑出版中国民间文学三套集成的通知，接着又组织和领导了这一工作的开展，使全面系统地搜集整理和编纂甘肃歌谣的任务得以实现。《中国歌谣集成·甘肃卷》就是这一工作的结果。由于甘肃省各地进行这一工作的不平衡，现在呈现在读者面前的这个甘肃卷，也还是不能令人十分满意的。我们认为，民间文学的搜集整理工作是不可能一次作完的，传统的民间文学作品不断被发现，新的民间文学作品又在不断产生，因此，这项工作是没有尽头的。我们期望每经过一定时期，都对原先出版的歌谣省卷进行一次补充和修订，使全省的歌谣卷得到不断地完善。

（原文发表于《西北民族学院学报·哲学社会科学版》，1994年第3期，第101—105页。）

从歌谣观念到歌谣的定义

事物的定义是对该事物本质特征的确切而简要的说明，事物的观念则是指该事物在人们头脑中的反映。两者的共同之处，是它们都属于人们对客观事物的认识范围，但两者又有着本质的区别，定义是对事物的规律性的认识。

任何科学的入门，都是由对其定义的认识开始的。定义是该学科理论体系的精髓和基础，它是在对该学科对象的观念进行扬弃、升华的基础上被创造出来的。建立《歌谣学》，首先要创造关于歌谣的定义，而歌谣定义的创造又要从对歌谣观念的探讨入手。

一、歌谣观念种种

既然歌谣观念是人们对歌谣的一种认识，那么不同时代、不同民族必有着各自的歌谣观念，因此，歌谣观念是多种多样的。考察多种歌谣观念，目的在于正确把握关于歌谣的特质。

1. "言志"和"永言"

这是我国最早的歌谣观念，原文见于《尚书·尧典》，文曰："诗言志，歌永言，声依永，律和声。"《尚书》是我国最早的一部历史文献，是春秋以前历代史官所收藏的政府重要文件和政治论文的选编，其中的《尧典》讲的是关于尧和舜的事迹，它的写作年代近人多以为是在周初。因此，"言志"与"永言"是周代以前的人们的歌谣观念。

这里的"诗言志"是我国文艺发展初期人们给诗下的定义，说诗是表达"志"的。"志"据汉代的《诗序》解释说:"诗者,志之所之也,在心为志,发言为诗。"很清楚,"志"是心意,是思想感情,或者说得更概括一些,是内心世界;诗是表达人的内心世界的。这道出了诗在内容方面的特点。"歌永言"以下是对"歌"的解释,"永"是长的意思,说"歌"是诗的语言的延长,以徐徐咏唱的方式来突出诗的意义,即歌是拉长声音咏唱出来的诗。"声依永,律和声"讲的是与音乐有关的内容,声指宫商角徵羽五声;律指我国古代审定乐音高低的标准,把乐音分为六律和六吕,合称十二律,后来用律吕作为音律的统称;合起来意思是声音的高低和长言相配合,而音律又和歌声相谐和。中国古代的诗是能歌唱的,诗与歌的关系非常密切,诗是歌所咏唱的内涵,歌是诗内含的声音形态, 南北朝人刘勰也说过:"诗为乐心,声为乐体。"①把上面各句话联系起来解释"歌","歌"就是把人的思想感情用拉长的声调唱出来的东西,而它的声调又是合乎音律的。应该说,我们的老祖宗在三千年前对"歌"做的这种解释,还真揭示了歌的本质特征。但这时还并未涉及"谣"。

2. "歌"与"谣"

把"歌"与"谣"相区分,始于《诗经》时代。《诗经·魏风·园有桃》篇有"轮之忧矣,我歌且谣"之句。诗中"歌"与"谣"词意并不相等,否则就显得重复,于是人们对"歌"与"谣"的差别进行解释。汉代的《毛诗诂训传》说:"曲合乐曰歌,徒歌曰谣。"认为"合乐"的是歌,"徒歌"的是谣。那么,"合乐"和"徒歌"又是什么意思呢?

"徒"是空的意思,汉代许慎的《说文解字》把"徒歌"解作"独歌";

---

① 见刘勰:《文心雕龙·乐府》,意思是诗歌是音乐的心灵,声调为音乐的形体。

战国末的《尔雅·释乐·旧注》也说：“谣，谓无丝竹之类，独歌之。”都把“徒歌”解作不用乐器伴奏的意思。而“合乐”之“乐”亦被理解为“乐器”，“合乐”即用乐器伴奏，这样，“歌”与“谣”之别，要害就在歌唱时用不用乐器伴奏了。但汉代的《韩诗章句》却说：“有章曲曰歌，无章曲曰谣。”章曲就是乐章、曲调，认为“歌”是有曲调的，而“谣”是没有曲调的。到底谁对呢？

我们认为，关键在于对“合乐”的“乐”究竟应如何理解？是“乐器”还是“曲调”？前面说过，把“歌”与“谣”相区别始于《诗经》时代，而作为古诗歌总集的《诗经》，是经过采诗官先从民间采集，再交给乐官整理并配上乐器，然后才演唱给天子听这一过程形成的，①这个《诗经》的“合乐”，显然是既有乐曲又有乐器伴奏的。但对于《诗经》时代的民间歌谣来说，是不存在乐器伴奏问题的，它们只能是有曲调可唱或无曲调只诵。联系到今天民间歌谣的演唱实际，“合乐”一般也只是有曲调可唱。因此，我们觉得后者的说法是符合实际的，是正确的。正因为如此，我们赞同《民间文学概论》关于“歌”与“谣”的如下解释：“民歌受到音乐的制约，有比较稳定的曲式结构，所以歌词也有与之相适应的章法和格局；民谣才都没有固定的曲调，唱法自由近于朗诵，所以谣词多为较短的一段体，在章句格式的要求上不像民歌那么严格。”②

不过，古人对“歌”与“谣”也并不分得那么死，往往也有两者混用的情况。诗人杜文范在《古谣谚·凡例》中说：“歌字究系总名，凡单言之，则徒歌亦为歌，故谣可联歌以言之，亦可借歌以称之。”认为“歌”

---

①见《汉书·食货志》：“引人振木铎循于路，以采诗，献之大师，比其音律，以闻于天子。”

②钟敬文主编：《民间文学概论》，上海文艺出版社，1980 年，238 页。

是总的名称,单独地说,"徒歌"也是歌,因此,谣可以用"歌谣"两字来称呼它,也可以用一个"歌"字来称呼它。

除了上述"歌"与"谣"的解释外,现代人陈梦家又提出自己关于"谣"的新见解。他在《歌谣周刊》第三卷十二期上发表《"风""谣"释名》一文,说叶公超向他提出"谣必不是歌,而是舞"的意见,他经过研究,觉得这种说法是可信的。他认为谣即摇,《说文》说:"摇,动也""跳也",因此,"谣的初义是舞",谣舞是"且舞且歌"的,"谣舞的歌,也名曰谣"。而且,谣字"引申为'淫'、为'诱'、为'讹',谣舞是男女求偶的相和的舞。他又认为,《说文》说:"徒,步行也",因此,"徒歌,或许是踏歌(或许是行而歌之)。"陈梦家的这些见解,大都是依据文字学和训诂学立论的,他自认仍是一种假说,希望补充证实。由于并未得到证实,后来未见有更多人同意他的说法。

3. 释"风"

"风"一词最早见于《周礼·春官》,文曰:"太师教六诗,曰风,曰赋,曰比,曰兴,曰雅,曰颂。"《周礼》是一部以记述周代官制来阐明其社会制度的书,由于其中涉及《诗经》中各类作品的称呼,后来的学者纷纷对包括"风"在内的称呼进行解释,其不同解释反映了他们的歌谣观念。

汉代的《毛诗序》说:"风,风也,教也;风以动之,教以化之。""上以风化下,下以风刺上,主文而谲谏,言之者无罪,闻之者足戒,故曰风。"意思是"风"就是讽诵,就是教化;用讽诵来感动人,用教化来感化人。君王用诗教化百姓,百姓用诗来讽刺君主。用含蓄婉转的文辞去劝谏,说话的无罪,听话的引以为戒,因此,就叫做风。这是关于"风"的最早的解释。它把"风"解释为教化,而且阐明了实现教化的两种形式:"上以风化下"和"下以风刺上"。这自然出于汉代人的封建礼教观念,而把诗歌当作为政治服务的工具。但这种解释也触及了歌谣的社会功能,它概括了先秦以来儒家对歌谣本质的一种认识。至于教化怎么同"风"联系在一起,唐孔颖达《毛诗正义》说:"微动若风,言出而过改,犹风行而草偃,故曰风。"意思是批评的话一说出,就能使人改正错误,就像风一吹过,能使草倒伏一样。它乃是一种比喻的说法。

对"风"是教化的这种解释,一直延续下来,直到宋代朱熹才对"风"提出了自己的新见解。他说:"风者,民俗歌谣之诗也。谓之风者,以其被上之化以有言,而其言又足以感人,如物因风之动有声,而其声又足以动物也。"①意思是"风"是民歌。所以要把民歌叫"风",乃是因其是君主用言词来教化百姓的,而这些言词又能使人感动,这就好比风吹得能够发声,而其声又能使外物发生振动一样。朱熹提出的"风是民歌"的确是一个了不起的进步,但他在解释歌谣为什么叫"风"时,却又回到《毛诗·序》的老路上去了。

近代的学者,则从音乐的角度来解释"风"。顾颉刚曾说:"我始终以为诗的分为风、雅、颂,是声音上的关系,态度上的关系,而不是意义上的关系。""《诗经》里的歌谣,都是已经成为乐章的歌谣,不是歌谣的本相。"②后来,多数学者认为,《诗经》原是春秋时代各国乐师演的一部歌曲总集,其中每首诗都是能配乐演唱的,因此,"风"是音乐曲调的意思。音乐曲调为什么叫"风"呢?这是因为风吹时能发出高低长短的声音,就像音乐,使以"风"比喻曲调。顺着这一思路,人们又引申出"风"是带有地方色彩的音乐,雅是周王朝直接统治地区的音乐,以及颂是宗庙祭祀用的舞乐等一整套看法。

与上述意见不同,陈梦家对"风"提出了自己独特的解释。他有鉴

①朱熹:《诗集传》卷 1《国风·序》。
②顾颉刚:《诗经中整理出歌谣的意见》《歌谣周刊》第 39 号。

于朱熹的"凡诗之所谓风者,多出于里巷歌谣之作,所谓男女相与歌咏,各言其情者也。"①认为"风"是"诱牝牡相合"的意思,"风"与"淫"(谣)是一个意思,是情歌。这种解释不无道理。

综上所述,从古到今,关于对"风"的解释主要有以下四种:教化、民歌、曲调和情歌。至于为什么把教化、民歌、曲调叫"风",都是同一种比喻。这四种解释分别从歌谣的作用、命名、形式和内容等角度触及了它的特质。

4."谣"与"谚"

"谣"是民歌的一种,古人往往分不清它与"谚"之间的区别,于是谣谚并提或相混。例如《国语·越语》韦注云:"谚,俗之善谣也。"便是二者概念分不清楚;而《古今谚》(明·杨慎编)、《古谣谚》(清·杜文澜辑)等类书的出现,则是实践中二者的混用,其所收作品就谣谚杂陈。因此,对"谣"与"谚"进行辨析,可以了解古人的某些歌谣观念。

清代杜文澜在《古谣谚·凡例》中对"谣""谚"有着最为详细的解释。他说:"谣训徒歌,歌者,咏言之谓,咏言即永言,永言即长言也。谚训传言,言者,直言之谓,直言即经言,经言即捷言也。长言生于咏叹,故曲折而纡徐;捷言欲其显明,故平易而捷速。比谣谚所由判也。"意思是说:"谣"是"徒歌"的意思,而"歌"是拉长了声音的言词;"谚"是"传言"(即口耳相传的语言)的意思,而"言"是"直言",即快捷的话语。"谣"的"长言"重在咏叹,所以声调曲折而徐缓;"谚"的"直言"重在意思鲜明,所以声音平直而快捷。这就是"谣"和"谚"的区别。在杜文澜的观念里,"谣"与"歌"并没有什么不同(参见前文:"歌与谣");而"谣"与"谚"的最大差异,仅仅在于语言表达上一个徐缓、一个快捷

---

①朱熹:《诗集传·序》。

而已。这似乎并未抓到二者差异的关键。

杜文澜对"谚"的解释是很精细的。他在《凡例》中说:谚"本系彦士之文言,故又能为传世之常言";"谚之体主典雅","谚之用主于流行"。认为谚是有才学的人说出的有文采的语言,它属于一种可以传世的普通话语;因此,谚从原则上讲是典雅的,从具体表现上又是流行的,它是一种既深沉又浅显的语言。这种对谚的认识应该说是相当深入的。

杜文澜认为谚是一种"有韵之言语",也符合谚的实际。

然而,杜文澜对"谣"和"谚"本质差别的认识是含混的。他说:"二者皆系音乐语,体格不甚悬殊,故对文则异,散文则通,可以彼此互训。"认为谣与谚都属于韵文,其格式无太大差别,因此,对比起来有不同之处,分开来看则是相通的,可以互相解释。他所说的"体格",即格式、样式、体裁,说明他从原则上就把谣谚看成是一种东西,无怪乎他编出了这本谣、谚并收的《古谣谚》。其实,用现今的理论来看,"谣""谚"的最大区别恰恰在于"体格";前者是以韵文形式构成的表现一定思想感情的短小民间艺术作品,后者则是以韵文形式构成的反映一定生活经验的民间俗语片断,两者的差别是十分明显的。

5. 歌谣异名

歌谣,也同其他许多事物一样,在不同地区是有不同称呼的。这些名称有的只是叫法相异,声音不同而已,此外再无深意,有的却蕴含着不同地区对歌谣的特殊解释。通过对不同地区歌谣称呼的考察,可以使我们了解更多的歌谣观念,从中探寻对歌谣的性质与特征的认识。

宋代郭茂倩《乐府诗集》引梁元章《纂要》曰:"齐歌曰讴,吴歌曰歈,楚歌曰艳,浮歌曰哇……"前三者是不同地区对歌谣的异称,其中包含什么特殊内容,我们今天无法得知,最后一种的浮歌,据《国语·

楚语》注:"浮,轻也",想来是从声音角度定名的,大约是一种曲调轻靡的歌。不仅古代如此,今天不同地区的歌谣异名更为丰富。例如:北方的山歌、山曲、野曲、酸曲、秧歌、酒曲、宴席曲、爬山调、信天游、"花儿",南方的"欢""西""加""拜系拜"、白曲、琵琶歌,等等。下面,我们着重对西北地区的有关歌谣异名,进行一些考察。

西北广大汉族居住区多有把歌谣称做 "山歌""野曲""小调""酸曲"等等,"山歌""野曲"一般指只能在山间野洼唱的歌,其内容多不很庄重,歌词也不很文雅,即兴歌唱的较多;它与"小调"不同,"小调"多半是"里巷之歌",即可以在村子里、家里唱的歌,内容较稳定,歌词也相对固定。"酸曲"的"酸"字有猥亵的含意,这类歌谣也属于"山歌",但其内容侧重于歌唱男女爱情。

"信天游"是流传在陕北汉族地区的一种民歌,在甘肃、宁夏与陕北毗连的部分地区也有流传。"信"是随便的意思,可引申为自由、不受约束,"信天游"的直解是"一种自由地在空中飘荡的歌";"天"亦可解作"自然",那"信天游"又是"自然而不受约束的歌"了。它应属于山歌。

"宴席曲"和"酒曲",是在喜庆的酒宴上唱的歌,属于"家歌"。前者内容较广,指包括一切可以在这种场合里所唱的歌,后者则多指吃酒过程中的歌,如敬酒、饮酒、划拳曲等。

"花儿"是流传在甘、青、宁、新部分地区的一种民歌,传唱者主要有汉、回、撒拉、东乡、保安、土族及部分藏族和裕固族。这种民歌以在歌唱中男方称女方为"花儿"、女方称男方为"少年"而得名,它的另一个歌名叫"少年"。其内容以歌咏男女爱情为主,属于山歌。

藏族对民歌的一种分类法,是把民歌分为"鲁"与"谐"两类,"鲁"指只歌不舞的歌,"谐"指载歌载舞的歌,歌的观念中蕴含着与舞的关系。这同藏族歌舞的实际密切相关。

以上不同地区和不同民族对歌谣的不同称呼,其中蕴含有丰富的内容,具体包括歌谣的性质、歌咏的内容、格调以及艺术特点等,反映着不同地区和民族的歌谣实际和歌谣观念,为我们认识歌谣提供了很好的帮助。

6. 异域歌谣解

国外的歌谣是在它们自己的社会土壤中产生的,国外的学者也有着他们的歌谣观念。探讨这些歌谣观念,有助于深化我们对歌谣的理论认识。国外学者对歌谣的解释,我们见到的不多,我们主要依据20世纪20年代《歌谣周刊》和朱自清《中国歌谣》中所提供的资料进行探讨。

英国近代的歌谣学运动始于19世纪中叶,第一个注意到乡间歌谣的是卜罗德吴夫人(Jolin Broadwood)。她在1843年出版了一个由乡村歌曲家谱写的民歌集,共收入歌谣16首。其后,不少人也陆续出版了他们搜集整理的歌谣集,并开始了对乡间歌曲的研究。1898年,由三四个热心者发起,英国成立了拥有一百多会员的"歌谣学会",创办会刊,刊载他们搜集的歌谣和研究成果。①我们探讨所据资料,就来自这个运动所产生的著作。

英语把民歌称做 Fok Song 或 people's Song 都是"民众的歌"或"人民的歌"的意思,与汉语的"民歌"意思完全相同。英语也称民歌为 Ballad 这个词由古法文 Balier(跳舞)演化而来,原意是"歌舞队对合节拍的运动所唱的歌"。由此可以看出,在欧洲的歌谣观念里,歌谣同舞蹈是密切关联的。另外,在英国 Ballad 这个词常常用来表示用简单韵文述说的简单故事②,这又表明,英国的歌谣异名往往也蕴含着某种特殊的内容。

---

①家斌译:《英国搜集歌谣的运动》,见《歌谣周刊》第16号。
②家斌译:《民歌》,见《歌谣周刊》第18号。

凯德森(FrankKidson)在他的《英国歌谣论》中,曾对民歌做过如下解释:民歌是一种歌曲,生于民间,为民间所用以表现情绪,或为抒情的叙述者(如历史的叙事歌)。就其曲调而论,它又大抵是传说的,而且正如一切传说一样,易于传诵或改变。关于民歌的"民"的范围,他说是"指不大受文雅教育的社会层而言"①。

庞德(Louisepound)在他的《诗的起源与叙事歌》中,对民歌有类似的解释,他说:"在文学史家看来,无论哪种歌,只要满足下列两个条件的,便都是民歌。第一,民众必得喜欢这些歌,必得唱这些歌,它们必得'在民众口里活着';第二,这些歌必得经过多年的口传而能留存。它们必须能不靠印本而存在。"②

把上面这些论述加以归纳,英国学者心目中的歌谣具有以下特质:一、它是一种能唱的歌曲;二、产生于民间并为民众所喜爱;三、靠口口相传而流行与保存;四、述说简单的故事或表现一定的情绪;五、与舞蹈密切相关;六、"民"指不大受文雅教育的社会层。可以看出,英国学者的歌谣观念竟和我国古代学者惊人的相象。这里需要注意的有两点:一是 Ballad 在英国民歌中数量较大,18 世纪以来该词专指"抒情的叙事短歌",而中国这种叙事歌则极少。③这种歌谣观念的差别,乃是以歌谣实际的差别为根据的。二是凯德森关于"民"的范围的界定,选用了一个属于质的具体标准,显得更为科学,很值得我们借鉴。

二、从歌谣观念到歌谣的定义

本文开头我们曾经说过,事物的定义是对该事物本质特征的确

---

①见《朱自清全集》第 6 卷 316 页,江苏教育出版社,1990 年。
②见《朱自清全集》第 6 卷 317 页,江苏教育出版社,1990 年。
③见《朱自清全集》第 6 卷 318 页,江苏教育出版社,1990 年。

切而简要的说明。我们又用大量篇幅探讨前人的歌谣观念,其目的就是为了从理论上把握歌谣的本质特征。歌谣的特质不在别处,它蕴含在歌谣的实际之中。我们用歌谣的实际来衡量前人的歌谣观念,通过扬弃以把握歌谣的特质,从而为歌谣创造出一个定义来。我们的工作可分两步来走,先对歌谣的特质进行理论概括,再运用理论的语言把这种概括认识加以表述。

事物定义的逻辑结构可包括两个方面:类概念和种差。类概念是指被定义事物所属的最邻近的类,即它是哪个圈子里的事物;种差是指本事物的本质属性,即它与同类事物中其他事物的本质差别。总起来说,事物定义的内涵包括:该事物是什么、它具有什么样的特质。

歌谣是属于哪个类中的事物?它属于民间文学作品范围。而民间文学作品按其存在样式,又分为叙事性的传说、故事,抒情性的韵文和可供演出用的戏剧文学,等等。因此,歌谣又属于民间文学中的韵文样式。作为民间文学,歌谣有着民间文学特有而非民间文学所不具有的性质;作为民间文学的韵文样式,歌谣又有着同其他民间文学样式相区别的特征,它们共构成了歌谣这一事物的本质属性。

歌谣作为民间文学,首先表现为它的创造者是人民群众。人民群众又指什么呢?"人民群众"或称"人民",或称"群众",或称"民",又或称"老百姓",但这些都主要从"群"这个外在角度来表述这一事物,而对其质的规定性则有所忽视。在这方面,英国人凯德森的说法引起了我们的注意,他说:"民指不大受文雅教育的社会层。"正因为歌谣创造者身份本质含义的揭示,又引出我们对歌谣性质其他层面的认识。由于歌谣创造者受文化教育的限制,他们的成果只能用口头方式完成,并以同样方式传播,又具有口头性和集体性。另外,歌谣的内容也自然反映着劳动人民的生活遭遇和表达着他们的思想感情。这最后一点,倒是我们的老祖宗在三千年前就认识得非常清楚的了。

歌谣作为民间文学的一种韵文样式,又同民间文学其他样式(包括其他韵文样式)有着多方面的区别。从音乐角度说,歌谣显示了它的第一个特征:可以歌唱或吟诵。从上面我们所引的资料看,英国人是很重视民歌的音乐性的,在他们的民歌观念里,民歌一定是可以唱的东西,他们没有涉及谣。我们的民歌是包括谣的,因此,其特征也应当包括诵,它是可唱或可诵的。这不仅与民间故事和传说等划清了界限,也与"谚"划清了界限。一般来说,"谚"是既不能唱,也不能诵的,它应当是"说"的;"说"没有腔调,而"诵"是有腔调的。歌谣作为一种可以歌唱的民间诗歌作品,其诗歌方面的有关特征它也都应当具备。因此,从篇幅方面说,歌谣是篇幅短小的;从感情特色上说,歌谣又是富有抒情性的,后者又从另一角度把歌谣与谚语进行了区分。从组织结构上说,歌谣也像诗歌一样具有高度集中的特征,它往往通过具有概括意义的一个细节、一个片断、一种情景来反映生活,表情达意。从语言运用来说,歌谣的语言简洁而富有音乐性,也是诗歌的特征。

　　歌谣的这些特质,我们把它们加以集中,并从理论角度进行概括和条理化,可以归纳出如下表式:

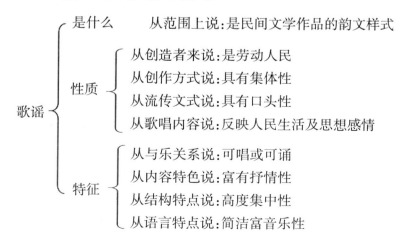

　　在对歌谣特质具有如上理论性认识的基础上我们把它们用理论化的语言加以表述,就为歌谣做出这样的定义:歌谣是由劳动人民集体创造,可以歌唱或吟诵,并以口头方式传播的一种民间韵文样式,它以篇幅的短小和抒情性与其他民间韵文相区别, 高度集中地来反映人民生活和思想感情,其语言简洁而富有音乐性。

　　(原文发表于《西北民族学院学报·哲学社会科学版》,1995 年第 3 期,第 97—103 页。)

教学论

理论教学应当坚持科学性、系统性和实践性

——关于《文学概论》内容改革的探索

　　我国高校所开的《文学概论》这门课,其理论体系是 20 世纪 50 年代从苏联引进的。50 年代末期以来,我国文学理法工作者逐渐把它"本土化",出现了多种《文学概论》教科书,被高教部列为高校教材并被广泛采用的以群主编本《文学的基本原理》(初稿完成于 1961 年)和蔡仪主编本《文学概论》(初稿完成于 1963 年)就是它们的代表。这些教材经数十年的使用,人们感到不少基本理论问题阐述不尽妥当;改革开放后,随着我国文艺事业的发展,有些问题的不当之处显得更突出了。因此,《文学概论》内容的改革势在必行。尽管近几年来各《文学概论》教材的内容都经过了一些修订,但与文学科学形势的发展仍不相谐调,必须在具体的教学工作中进一步加以改革。这几年我在教学中主要从以下三个方面对其内容进行了调整与改革的尝试。

一、加强教材内容的科学性

　　所谓加强教材内容的科学性,是指要改掉原教材中的不正确部分,使之更科学。这里所说"不正确部分",既包含错误的观点和理论,也包括不全面、不恰当或不完善的理论和提法,因为它们都与文学实际不相符合,而且给文学的实践活动带来了种种障碍或问题。这样的不科学的观点或理论,在原《文学概论》教材中表现不少,我们举以下几个例子来加以说明。

第一,关于文学与政治的关系问题。

这是关于文学的一个重要问题,也是文学理论界长期争论的问题之一。这个问题的传统回答:"文学从属于政治并为政治服务",它来源于毛泽东同志的《在延安文艺座谈会上的讲话》。

科学地回答文学和政治的关系问题,要从马克思主义关于经济基础与上层建筑的学说入手。文学与政治虽然都是在一定经济基础上形成的上层建筑,但它们距经济基础的距离远近不一,同经济基础的关系有直接与间接之别。具体地说,文学与经济基础距离较远、关系并不直接,而政治与经济基础距离较近、关系比较直接。这种位置和关系形成了文学、政治、经济三者之间的如下联系:经济通过政治决定文学,文学通过政治为一定的经济基础服务;政治成为文学与经济基础的中介和桥梁。基于文学与政治之间的这种联系,它们之间是相互影响的关系。这样,我们就科学地回答了文学和政治的关系问题。

第二,关于文学的主观性问题。

过去,几乎所有的《文学概论》教材都着重于讲述文学的客观性这一重要性质,即认为文学是社会生活的反映,而对文学的主观性则有所忽视,即不把文学表达创作者思想感情作为另一性质来加以阐述。这是不对的。考察一切文学作品,它们都是作家有所为之作,都在针对他们描写的对象表达着自己的感受、认识和评价。如果哪一件"创作"全然不表达任何主观,那它也就不能成其为文学作品了。

思想解放运动开展之后,有人提出了文学的主观性质问题,这本来是很正确的,但有人却把问题极端化,认为文学是纯主观的东西,是作家主观思想感情的宣泄,否则也就没有了文学。这就从一个极端走向了另一个极端。

需要说明的是,文学的纯主观论并不是什么新鲜的观点,它也是西方过去曾经流行过多年的传统观点。但是文学主观论有它合理的地方,因为它符合文学创作的实际,它可以上升为文学的一条规律。

既要纠正原教材只承认文学客观性的偏颇，又不能从一个极端走向另一个极端,用文学的主观性去否定文学的客观性。我们的做法是在坚持文学客观性的同时,再给文学补充一种性质——主观性。于是,文学就有了两个重要性质:它是社会生活的反映,具有客观性;同时,又表达着作家主观的思想感情,具有主观性,二者缺一不可,缺少了任何一条,都背离了文学的基本规律。这样,我们就既纠正了原《文学概论》教材只承认文学客观性的偏颇,同时又避免了从一个极端走向另一个极端的错误,在这个理论问题上真正做到了科学性。

二、增强教材内容的系统性

原《文学概论》教材,以高校普遍采用的以群主编本《文学的基本原理》为例,在总体上有两个重要的不足,一是内容较为繁杂;二是体系性不强。内容繁杂主要表现为不少内容前后重复,例如关于文学的性质和特点等许多基本问题,绪论部分都讲了,而后面的第一编、第二编的各章又在讲,能不能把它们精简合并呢? 体系性不强,主要表现为原教材所划分成的各部分之间缺乏内在的逻辑的联系，例如原教材把全部文学理论分成三编,每编又分成若干章,主要内容如下。

第一编主要讲解文学与社会生活，有人将它称为文学的外部规律,共包括三章:第一章文学与社会生活;第二章文学的阶级属性与服务对象;第三章文学的继承、革新与各民族文学的相互影响。

第二编主要讲解文学本身,有人将它称为文学的内部规律,共包括六章:第一章文学形象与典型；第二章文学的创作方法;第三章文学作品的内容与形式;第四章文学语言;第五章文学的体裁;第六章文学的风格、流派和民族特点。

第三编文学鉴赏与文学评论,共包括二章：第一章文学鉴赏;第二章文学评论。

总的来看,把文学的全部理论分为如上三大部分(三编)是没有多少道理的。它们之间有什么内部联系呢?如果说前两编是讲解文学的外部规律,那么它们同第三编讲文学的鉴赏与评论又是怎样的关系呢?何况关于文学的外部与内部的分法也极不科学。社会生活明明是文学作品的内容,怎么又划归为文学的外部规律?

再拿第一编所分的三章来看,文学与社会生活、文学的阶级性和文学的继承、文学的革新三者之间又是怎样的关系呢?它们又是凭什么而划分的呢?我们看不出其中的道理。至于每章中的分节分题,同样也存在着逻辑不通之处,例如第一编第一章的第一节,主要讲解文学与社会生活的关系,其结论应当是文学来源于社会生活,社会生活是文学创作的唯一源泉,可这里却把文学的起源问题也扯进来了。要知道,这里的两个"源"并不是一个概念,前者指与生活的关系,后者指从无到有的产生,这是全然不同的两个理论问题。

作为讲述文学基本理论的《文学概论》这门课程,应当有着严密的科学理论体系,像目前的《文学概论》教材的这种缺乏内在联系的"理论框架",只不过是一堆具体理论问题的松散杂凑而已,是很难称得上真正的科学理论体系的。

这种缺乏严密科学体系的"理论框架",给学习者带来的不利影响甚多。首先,学生很难较好地掌握某些理论问题的系统知识。例如,关于文学发展的基本规律问题,原教材是分散在不同的章节里讲解的,其社会影响部分在第一章,其文学本身规律部分又在第三章,二者之间插入了不少其他理论问题,讲课时间要隔好几周,怎么能使学生较好地获得关于文学发展的系统知识呢?其次,上述"理论框架"往往同文学实践中遇到的理论问题脱节,学生学了理论而难以应用到实践中去。例如,文学评论中往往会遇到的文学的真实性问题、思想性问题、艺术性等问题,在原教材中都难以找到答案。

鉴于这种情况,需要对原材料的"理论框架"进行调整,同时精简教材的内容。经过多年教学实践,我对《文学概论》的"理论框架"进行了重新设计,其基本思想如下。

我把全部文学理论从总体上分为以下五个单元:

第一单元　文学的基本原理
第二单元　文学的产生和发展
第三单元　文学作品的构成
第四单元　文学创作
第五单元　文学欣赏和文学评论

第一单元的基本原理,属综合性论述,讲解的是文学的最能概括其意义的基本规律;第二单元的产生和发展,是从"纵"的角度探讨文学的规律,主要讲述文学是怎样产生的,产生之后又是怎样发展变化的;第三、四、五单元从"横"的角度讲述有关文学的具体规律。在这五个单元之中,第一单元(文学的基本原理)是基础,第三单元(文学作品的构成)是重点。所谓"基础",是说基本原理部分是全部文学理论的基本点,换句话说,全部文学理论都是基本原理的引申、发挥和具体运用。这个部分真正学好了,整个文学理论也就容易掌握了。所谓"重点",是说"文学作品的构成"这个单元是文学具体实际的着重点,它客观展示了文学作品的构造规律,只有首先把这个方面的规律搞清了,才能在这些规律的基础上,阐明作家如何进行创作的规律(第四单元文学创作),和文学的接受者如何接受和评价它的规律(第五单元文学欣赏与评论)。

以上五个单元,是从概括与具体、纵向和横向等角度对文学的诸理论问题加以编排,从而构成文学概论的"理论框架"的,它克服了原教材体系性不强的弱点,给人们展现了一个较为科学的文学理论系统。为了进一步说明五个单元之间的内在联系,我们具体地将第一单元的内容加以介绍,并阐明它们同其他单元内容之间的关系。

第一单元"文学的基本原理"部分,中心要解答这几个问题:文学是什么? 它有什么性质? 它有什么特点? 即是要对文学进行多侧面、多角度的探讨,最后给它下一个科学的定义。这里提出了三个问号,对这三个问号的回答构成了第一单元全部内容的三章:

第一章文学是一种特殊的社会意识形态

第二章文学的性质

第三章文学的特征

第一章是对"文学是什么"的回答。"是什么"实际上是要在宇宙万物中确定该事物的具体范围,其结论:它是一种特殊的社会意识形态。作为社会意识形态,文学有什么性质?作为特殊的社会意识形态,文学又有什么特殊之处? 这就引出了第二章和第三章。

按照辩证唯物主义的观点, 对于文学这一社会现象的性质的探讨,不应当单就文学本身去探讨,而应当把它放在社会当中,从它与它周围事物的关系中去探讨,这样才能科学地揭示它的性质。文学以及与它有关的事物无非是社会生活、作品的创作者及作品的接受者。它们同文学之间构成了以下三组关系:

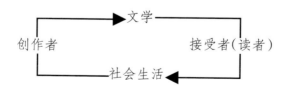

文学·社会生活

文学·作者

文学·读者

文学在这三组关系中显示出它的三种性质，即文学与社会生活有什么关系呢?结论:它是社会生活的反映，有客观性。文学与它的创作者有什么关系呢?结论:它表达着创作者的思想感情,有主观性。文学与它的接受者(读者)有什么关系?结论:它通过对读者的影响对社会产生广泛作用,有社会性。

同样，文学的特征是在文学与其他社会意识形态的对比中显示出来的，是通过艺术形象来反映客观的社会生活和表达主观的思想感情的,它具有形象性。而形象性是一切艺术共有的特征,文学这种艺术同其他艺术的不同之处，又在于它用语言塑造艺术形象,它是语言的艺术。

这样,文学就有了三种性质和两种特征,我们分两章共五节来讲述它们,这就构成了二、三章的内容:

第二章文学的性质

第一节文学是社会生活的反映——文学的客观性

第二节文学表达创作者的思想感情——文学的主观性

第三节文学有广泛的社会作用——文学的社会性

第三章文学的特征

第一节文学用艺术形象反映社会生活和表达思想感情——文学的形象性

第二节文学是语言的艺术

这里的五条性质和特征,也就是文学的五条基本原理,它构成了我们对"文学是什么"的基本认识。在这个基础上,我们在第一单元的末尾,才能概括出一个较为科学的文学的定义。

前面说过,第一单元是全部文学理论的基础,其他单元只不过是第一单元基本原理在不同范围的具体运用。下面,我们把第一单元的一些基本原理在后面的单元里以不同的方式出现的情况略加介绍，问题就清楚了。

例如，在第一单元里，我们讲过文学的两条基本性质：客观性和主客观。它们在第二单元里是以这样的样式在不同的理论问题上出现的。表现在作品的构成方面，客观的社会生活进入作品，转化为作品的题材；主观的思想感情进入作品，转变为作品的主题。表现在创作方法方面，以描写客观现实为主和以表现理想为主的两种倾向，正好是现实主义和浪漫主义这两种基本的创作方法。表现在文学体裁方面，又体现为叙事性和抒情性这两大类文学样式。而表现在文学作品语言的特点方面，形象性和感情性这两个最主要的特点（这里需要说明一句，原《文学概论》教材都未有文学语言的感情性这一重要特点，我们在改革教材内容时作了补充），也正好是文学语言从客观和主观方面的不同艺术要求。

又例如，在第一单元里，我们讲过文学的客观性、主观性和形象性是文学本身的三个最基本的因素，它们是构成文学作品基本单位——艺术形象的三要素。既然如此，第五单元文学批评的标准部分，就应当是对这方面水平的衡量与评价，而批评的标准也就是评价客观内容的真实性，评价主观内容的倾向性和评价形象化程度的艺术性了。这样，我们不仅把前后两个单元在内容上联系在一起，而且又避免了长期以来，把文学批评标准归结为政治标准与艺术标准（忽视了对客观内容——社会生活的评价）的偏颇。

可见，我们为《文学概论》设计的新的"理论框架"，较好地克服了原教材总体意识上不严谨、各部分之间缺乏内在联系的不足，大大增强了这门课程理论的系统性。这对学生很好地掌握这门课程的内容，是有着显著的帮助作用的。我按照这个"理论框架"，曾对我院的汉语系、少语系、艺术系、校外的多种电大辅导班、成人高考辅导班等20

多个班讲过《文学概论》，许多同学反映这种讲法使这门课的内容显得简洁，逻辑显得严密，条理更为清晰，理论的体系性更强，从而使这门课的内容比较容易理解和掌握。据几个电大班统考的结果看，《文学概论》的及格率有明显的提高。

三、提高课程教学的实践性

理论是从实践当中概括出来的规律性的东西，其目的是为实践服务——正确而有效地指导实践活动。《文学概论》也是如此，学习《文学概论》是为了指导文学的实践活动。目前的《文学概论》这门课的教材，比较重视理论本身的阐述，而对运用理论去指导实践则有所忽视。其主要表现是，没有把书本上的理论同文学实践中经常遇到的具体问题结合起来，用具体实践去印证文学理论，用文学理论去说明具体实践，从而缩小把理论用于实践的距离。为了增强学生用理论解决实际问题的能力，必须提高这门课程的实践性。

我国的文学实践受西方的影响不少，这包括欧美的也包括苏联的文学影响；我国的文学理论同样受西方的影响不少，这也包括欧美的和苏联文学理论的影响。在我国文学实践和文学理论的发展中，都存在着这样那样的问题。作为文学实际科学总结的文学理论，落后于文学实践的地方显得更突出一些。为此，以讲述文学基本规律的《文学概论》这门课程内容的改革，有着较为重要和迫切的意义。这项工作需要有较多的文学工作者参与，才能使它进行得好一些。我以上所做的工作，仅仅是从自己教学的角度，在自己的认识基础上提出来的，不妥甚至错误的地方一定不少，希望得到专家们的指正。

（原文发表于《探索·创新·求实——西北民族学院首届教改研讨会论文集》，第44—53页，西北民族学院教务处编，西安：三秦出版社，1989年。）

关于研究生教学的思考和实践

几年之前，我院开始招收硕士研究生，先是藏学方面的专业，接着是中国民间文学专业，我给这两个专业的研究生都授过课。据我所知，我院目前给研究生授课的教师，过去大都只给本科学生上课，因此，从教与学两方面说，关于研究生教学在我院都是一个新的课题。我在给研究生授课当中，曾针对如何对研究生开展教学活动进行过一些思考和探索，现将其结果归纳出来，以求得到其他老师们的指正，进而把研究生的教学工作搞好。

一

我在向研究生开展教学活动之前，先有一个如何进行教学的具体设想。这种设想是以研究生的培养目标为依据的。我院中国民间文学硕士研究生是以培养西北少数民族文学、民俗学方面的研究人员为专业方向的。这个专业方向蕴含着下面一些具体内容：从研究对象的范围说，它是西北的、少数民族的、民间的文学和民俗，其中包括四方面的因素；从培养目的来说，是培养在以上四个因素对象范围的具有研究能力的人才，其核心内容是培养研究生的研究能力。那么什么是研究能力呢？

要弄清研究能力，我们又得从学习观念谈起。我们平常所说的学习，其内容是指什么呢？一般人习惯地说：学知识，求学问，把学习的内容归结为知识或学问。这种说法是不科学的。"知"和"识"都是"了解了"的意思,"学"和"问"又是从不知到知、从不识到识的两种行为,它们都不能全面而科学地概括学习的内容。其实,我们先辈的学问家们对学习的内容的理解是非常细致而丰富的。他们认为学习的内容可以包括三个方面:学、才、识。唐代著名历史学家刘知几,有人问他:"自古文士多,而史才少,何焉?"他回答说:"史有三才,学、才、识,世罕兼之,故史才少。"他又说:"夫有学无才,如愚贾操金,不能殖货;有才无学,犹巧匠无楩楠斧斤,勿能成宝。"他不仅指出学习的内容包括学、才、识三个方面,而且对学与才的区别作了极为清晰的解答。不足之处是他没有提到识。而清代的诗人和文学评论家袁枚对学、才、识三者同时作了论述,他说:"学如弓弩,才如箭镞,识以领之,方能中鹄。"他把三者的功能和相互的关系都放进一个比喻中讲清楚了。现代的一些学问家,用现代的事物作比喻,把学、才、识三者的功能和关系讲得更明白和适于现代人接受。他们说:学是后勤部,才是战斗队,识是司令部。然而,上面所说的也只是在对比和关系中对它们的本质的理解和把握,还算不上是对三者的科学的解释。科学的解释应当是学是指知识,即过去不知道的东西,通过学习现在知道了;才是指能力,即具备完成某种具体实际工作的本领或主观条件;识则是指见识、眼力,它其实也是种能力,是更为高级的能力,即决策和指挥能力。

能力的内容概括起来,可以分为两个方面:认识能力和表达能力。所谓认识能力,包括感受能力和理解能力,也即是由外到内,把外界的客观实际引进人的头脑,转化为人的知识的能力,也可以称之为吸收能力。表达能力包括说、写、干等能力,也即是从内到外,把自己的认识外化、表现出来的能力,也可以叫做散发能力。这两种能力帮助人们不断完成由实践到认识,再由认识到实践的反复过渡,而在认识世界与改造世界的交替循环中把历史的车轮推向前进。

关于学习的学、才、识三个方面的内容,所获取的途径也是完全不同的。学靠积累,才靠锻炼,识靠更全面的积累和锻炼,尤其是思维能力方面的锻炼。我们每个人一辈子都在学习,而学习所包括的三个方面的内容,在不同年龄和学习阶段其比重又是不同的。孩童时期,什么都不知道,主要通过积累获取知识,能力的锻炼只占很小的比例;少年时代,有了相应的知识,学习中培养能力的比例就逐渐增大了;青年时代,除了在教师的帮助下继续掌握和积累专业知识外,能力的培养和锻炼应当占有相当比例。

关于学习的上述理论表明,学习活动本身也是有规律的,违反其规律行事,必然事倍功半。那种单纯用知识的积累来代替能力锻炼的教育方法,永远培养不出能力来,这也正是已往用单纯知识灌输完成大学教育,而学生毕业后往往不能很好适应工作的根本原因。

通过学习理论的探讨,通过对有关学习某种含糊认识的否定,刷新了学习观念,我们就可以在不同的学习转换阶段,自觉而及时地调整学习方法。这样,我们面前就展现出一条清晰的思路:大学教育的中心任务在于培养学生的能力。对于研究生来说,具体表现为研究能力。什么是研究能力?研究是对事物真相的探求,对事物规律的认识,研究能力就是对事物规律的探求和发现能力。

研究能力哪里来?是在不断对实践的规律性探求中逐渐锻炼出来的。研究生的教学活动中应当贯穿一个基本精神:一定要处理好"行"(实践)与"知"(理论)的关系,研究活动是一种在"行"中求"知"的认识活动,只有面对研究对象本身,才能通过对它的调查研究,在分析、综合、归纳、概括中完成对对象的规律性认识。有的研究者把自己的头埋在别人的研究成果堆里,企图在别人成果的基础上拼凑自己的"新"观点,这种本末倒置的做法,永远也跳不出别人划定的圈子。要教育我们的研究生,先不断地积累研究对象的资料,然后再在它的基础上开展研究。要建立科学的研究工作程序,在科学的程序中锻炼和提高研究能力。

对于研究生进行教育的方向明确了,接下来就是如何按这个方向来设计教授者的教育方法。既然研究能力属于一种能力,获取它的途径就只能是通过锻炼来达到。因此,我考虑采用双向教学来完成这种教学目的。所谓双向教学,或称交谈式教学,也就是在有问有答的教学活动中探讨获取具体研究能力的途径和过程,以培养研究生的研究能力。

以上,可以说是我关于研究生教育的教学思想。

二

有了明确的教学思想,并不等于必然带来正确的教学活动。让教学活动体现一定的教学思想,是一个在实践中通过探索去逐步解决的问题;只有在教学活动中,让一系列具体的教学内容都浸透着你的教学思想,教学活动才可能是清醒的,它才可能切实地去完成预期的教学目的。我在研究生教学中曾经进行过一些尝试,有了一些体会。

我是给中国民间文学专业(注:现"并轨"为民俗学专业)研究生讲授"歌谣学"这门课的。作为系统理论的"歌谣学"目前国内外尚少见有专著出版。因此,讲授这门课的过程,也是与同学们共同探讨有关这一科学体系如何建立的过程,这个过程也包含着一般科学研究的全部程序和方法,是融研究能力于知识传授这一教学思想在教学活动中的具体体现。

我是这样开展我的教学活动的。先讲"前言",介绍本课在中国民间文学专业中的地位,有关"歌谣学"目前的研究、出版状况和本课程的目的和任务,以及学习本课的方法。之后,向同学们布置作业:要他们自己设计出一个关于"歌谣学"这一学科的理论框架。所谓理论框架,是指研究者对某学科总体认识的理论表述,它包含这样两方面的基本内容:一是这一学科应当包含哪些内容;二是各内容之间的理论关系。

下一次上课时,由同学们逐个介绍自己关于本课理论框架的设计,我简要记录。通过这一教学活动,我对他们关于"歌谣学"的知识和有关思维能力有了比较具体的了解。于是我对他们的设计进行了评价,指出其成绩和不足。总的来说,他们对"歌谣学"的内容范围的理解还不完满,而对这一学科的理论考虑则又显出他们理论思维能力的明显不足。接着,我推出了我对该课的如下理论框架:

第一章　什么是歌谣

第二章　歌谣的分类

第三章　歌谣的内容

第四章　歌谣的艺术构思

第五章　歌谣的格律

第六章　歌谣的社会功能

第七章　歌谣与民俗

第八章　歌谣的产生和发展

第九章　歌谣的搜集整理、编选和研究

同时,我对各章内容之间的关系作了具体的讲解。第一、二章是对歌谣的综论,从总体上对歌谣进行认识。第三章是内容论,探讨歌谣的主、客观内容。第四、五章是形式论,从不同方面研究歌谣的艺术表现。第六章是影响论,从歌谣与其接受者间的关系角度讨论歌谣的社会作用。第七章是背景论,讨论歌谣与其他社会文化生活之间的关系。第八章是发展论,讨论歌谣的产生和纵的运动规律。第九章是实践论,研究以上述歌谣理论为指导,如何解决歌谣实践活动中的有关重要问题。这个理论框架回答了它的基本内涵:歌谣学的内容和各内容之间的理论关系，它体现了作为研究者的我对歌谣这一事物的宏观认识。通过这一教学活动，在传播知识的同时，向同学们进行了一次宏观认识事物的教育。

以下，进入"歌谣学"具体内容的讨论。每章都在探讨某个具体理论问题的同时，蕴含着一定的能力教育。

例如："第一章　什么是歌谣"，探讨的是歌谣的定义，其中蕴含的是定义的方法和下定义能力的教育。我们知道，学习任何科学，一开始首先碰到的就是关于这门科学研究对象的定义。一般教科书关于定义的探讨，大多是将定义直接写出就是了，或者将过去学者的多种定义依次写出，再确定出自己认为正确的一种。这是侧重于知识的介绍。我没有采用这样的方法。我从定义本身的含义和定义的制作过程入手，来探讨歌谣的定义。什么是事物的定义？它是关于事物的性质与特点的确切而简要的说明。那么，制作一个定义就需要做这样两件事：一是把握事物的性质和特征；二是将把握的结果用文字确切而简要地写出来。前者是对事物的认识，靠人们的认识能力来完成，后者是对认识结果的表达，通过人们的表达能力来实现。把握事物的性质与特点是首要的。为了把握歌谣的性质和特点，我先引用了古今中外许多学者关于歌谣的观念，观察他们如何认识歌谣。然后，用歌谣本身的实际来检验他们的认识，对他们的歌谣观念作出实事求是的评价，以便在此基础上有条件地继承前人的研究成果。对于先辈的研究成果的评价，贯穿着"行"中求"知"的原则，我们自己为歌谣下定义也遵循这一科学原则。我们通过对歌谣各方面具体实际的考察，把握了它们的多种性质和特点，之后，我们再把对歌谣性质和特点的这种把握，用理论语言加以固定，我们自己的歌谣定义就被制作出来了。这样的定义，无论是对前人的继承部分，还是在实际考察中获得的认识部分，都是通过"行""知"的唯物主义的认识路线完成的，它是科学的。

它不是简单地介绍歌谣的定义的知识，而是向学生们进行获得科学定义途径的教育，这种教育方法是以能力的培养为目的的。它不仅让学生懂得了歌谣的定义，更使他们学会了如何对一切研究对象制作科学的定义。

在"歌谣学"的第二章，我同研究生探讨歌谣的分类问题。分类是为了达到一定目的，按照一定原则，对一定考察对象进行归纳的工作。它是一切科学研究最常见、最普通的工作，其中蕴含的归纳则是科研工作者的一种重要的基本功。我通过关于歌谣分类的探讨，向同学们进行增强归纳能力方面的教育。

对歌谣分类的探讨是在对一些重要的分类方法的讨论中完成的。我引用了古今中外七八种歌谣实例，同同学们一起讨论。大家发现，这些分类实例各有各的分类标准，有单义的，有多义的，有些还相互雷同，但从总体上说，它们提供了多种分类标准。从各个实例的分类效果看，有成功的，也有不很成功的。大家还看到：有多少分类标准就会产生出多少分类实际；但是事物的分类标准又不是无限的，它包含在歌谣本身的存在之中，这种存在既表现为歌谣作为文学在本体方面的诸因素，又表现为它作为艺术在同有关事物关系方面的诸因素。这样，从理论上对歌谣分类的原则加以总结，就成为研究者责无旁贷的任务。于是，我们便把多种分类标准及其效果加以归纳和整理，并按歌谣作为文学和艺术所固有的规律性而加以理论化，最后，总结出歌谣的分类原则。由于这种原则是从分类实际中经过归纳上升为理论的，因而它也是科学的。

在歌谣分类实例的探讨中，贯穿着对歌谣实际分类的不断分析研究和检验评估，对多种分类实例进行探讨，等于进行了多次分类及归纳能力的练习，同样是寓能力培养于知识的传授之中。它们对提高研究生的这种能力，同样是有帮助的。

　　以后的"歌谣学"教学活动,大体上都是按照这样的认识和实践路线进行的。研究生们反映这样的教学活动很动脑筋,对他们启发较大。

　　这种教学活动也还存在着一些问题。一是这种双向式对话性教学,往往很难不间断地进行下去。主要表现为学生方面不能积极配合,因此,教着教着不由自主地又由对话式退回到教师一人唱独角戏状态。这大概是教与学双方都在旧的教学活动的路上走得太久了,习惯已成定势,很难打破的缘故。二是双向式对话性教学毕竟太花时间,以至于不能在计划时间内完满地完成教学任务,致使后面的教学活动不得不精减教学内容,草草收场。三是缺少参考资料提供等方面的有力配合。双向教学是以学方预先阅读大量有关教学参考资料为基础的,不能很好提供这方面的条件,对话的一方自然无话可对。这也是这种教学活动不能持续进行下去的物质原因。

　　以培养能力为重点的双向式教学活动,对我来说,实践才刚刚开始,还有待于继续探索。

1994 年 10 月

　　(原文完成于 1994 年 10 月,发表于《西北民族歌谣学》,北京:民族出版社,2001 年,第 325—332 页。)

附录一　专著及田野作业成果

花儿

版本简介

《花儿》，甘肃人民出版社编，甘肃人民出版社，1963 年。

内容简介

"花儿"是一种具有浓厚地方色彩的民歌，流传在甘肃、青海、宁夏一带。

这是一本能够代表甘肃"花儿"基本面貌的甘肃"花儿"选集，是从 1949 年前后出版的各种有关甘肃"花儿"选集、编印的有关甘肃"花儿"资料、发表在甘肃各报刊上的"花儿"以及民间文学爱好者所保存的"花儿"资料中挑选出来的,共 70 多首。包括了反映 1949 年前后各历史阶段具有代表意义的"花儿",也包括了传统的为广大群众所比较喜爱的爱情"花儿"。编选时,对不同样式和风格的"花儿"作了适当照顾。书末并附有"花儿"曲谱 15 首。

原著前言

在西北高原旅行,人们经常会听到一些农民、羊把式、赶车人或者筏客,唱着一种声调高亢、悠扬、感情深沉的山歌,这就是具有独特风格的西北高原民歌——"花儿"。"花儿"是西北高原人民的民间口头创作,是他们自己所创造、所传唱,并为他们所欣赏的文艺。在"花儿"流行的地区,"花儿"几乎是男女老少人人都会唱的。

"花儿"之被称做"花儿",与人们的爱情生活有着密切的关系。西北高原的青年男女,经常用山歌作为表情达意的手段,向对方倾吐自己的爱慕和心意。在山歌中,男方亲昵的称女方为"花儿",女方称男方为"少年",于是,这种用来称呼情人的名词,就变成这种山歌的名称了。与"花儿"相对的词是"少年",因之,"花儿"也称做"少年"。这是两个富有诗意的名称,它们也反映出了"花儿"这种民歌在内容上的基本特点。

"花儿"这种山歌形式产生于什么年代,现在还不太清楚。西北各地方志及有关历史、地理、文艺文献资料,均不见关于"花儿"的记载。唯有清代甘肃临洮县的诗人吴镇(字松崖)的诗作《我忆临洮好十首》中提到了"花儿"。其诗之第九首有"花儿饶比兴"之句。吴镇生于康熙六十年(1721),死于嘉庆二年(1797),《我忆临洮好十首》是他中年以后的作品,距今约 200 年,其中谈到了"花儿"的"饶比兴"的特点,可见"花儿"在大约 200 年以前,已经是一种独具风格的民间歌谣,而且在甘肃相当流行了。至于"花儿"的根源,不见于文字资料,有人推说它是在藏、蒙民歌影响下形成的一种特殊的汉族民歌;有人又说它是由外地迁来的回族人民的思乡曲之演化。这些说法都缺乏科学的依据,很不可靠,需要今后作更深入的调查研究和考证工作。不过,从"花儿"的名称和现在搜集到的"花儿"绝大部分是情歌这一事实看来,这种民歌大抵是最先由民间情歌开始,而后来才渐渐涉及其他方面的生活内容的。

"花儿"的内容,新中国成立前绝大部分都是描写普通男女之间的爱情的。这些情歌是传统"花儿"的最主要的内容,也是整个"花儿"的重要组成部分。它们歌唱了普通男女青年纯洁的爱情生活,表达了他们对爱情的欢乐、苦闷以及受到阻碍时的大胆、坚决的反抗,反映了旧社会在爱情、婚姻方面带给人们的痛苦和不幸。也有一部分"花儿",涉及爱情生活以外的其他生活面,其中主要是反映地主阶级对劳苦农民的压榨和国民党反动军阀马步芳统治西北时带给当地人民的灾难的。新中国成立以后,"花儿"的内容大大扩大了,它几乎完全由情歌翻转过来,变成了对整个新社会的颂歌。人们用"花儿"的形式来歌颂党和毛主席,歌颂各项政策和自己的幸福生活,表达他们对新社会的热爱,表达劳动人民在社会主义革命和社会主义建设的各个历史阶段的昂扬斗志和喜悦心情;歌唱社会各方面的变化,表达人们新的思想、感情和意愿。

"花儿"由于流行地区的不同,其风格、结构形式和唱法,也都很有不同。大致说来,可分为两大派别:一是以临夏地区"花儿"为代表的临夏"花儿",一是以临潭(即洮州)、岷县地区"花儿"为代表的洮岷"花儿"。

临夏"花儿"的流行范围比较广,包括甘肃的临夏、东乡,青海的同仁、循化、湟中、共和、民和、乐都,宁夏的吴忠、海原、固原等地,这些地区差不多都是汉、回、东乡、撒拉、保安民族的聚居区。这派"花儿"的基本样式是每首四句,前两句比兴,后两句本题。比兴的意义有些与本题起比拟或衬托作用,有些则与本题毫不相干,只是为了借韵叶律。其中一、三两句的结构相同,每句四个停顿;二、四两句的结构相同,每句三个停顿。每一停顿的字数,一般是最多不可多于三字,最少不可少于二字,唯一、三句之末顿必须是一个字,二、四句之末顿必须是两个字,例如:

　　一对的｜白马儿｜沿山根｜过,
　　我当了｜山上的｜雾了;
　　这两个｜小姊妹｜地边里｜坐,
　　我当了｜白牡丹｜树了。

也有一种一首是六句的六句"花儿",这种样式其实与四句"花儿"基本上是相同的,只是在四句"花儿"的一、三两句之后,各加添一个短句(半截句)。这类"花儿"也是一首分为前后两部分,前三句比兴,后三句本题。两个短句在整首歌中起着衬语的作用,它的停顿数是一句两顿,字数规律同四句"花儿"的一、三句,例如:

　　园子里｜长的是｜绿韭｜菜,
　　不要｜割,
　　就叫它｜绿绿地｜长着;
　　尕妹是｜阳沟｜阿哥是｜水,
　　不要｜断,
　　就叫它｜慢慢地｜淌着。

　　洮岷"花儿"的流行,主要在甘肃省境内,包括临潭、岷县、临洮、康乐等地,多是些汉民族居住地区。这派"花儿"有"单套"与"双套"之分,"单套"是基本样式,最为普遍,每首三句,第一句比兴,后两句本题。三句的结构相同,都是一句四个停顿。每顿的字数,末顿一字,其

余顿一般两字,有时三字,很有些像一般的快板诗的节奏,例如:

> 天边丨里的丨红云丨彩,
>
> 这个丨妹妹丨好人丨才,
>
> 好似丨牡丹丨才放丨开。

"双套"每首四或六句,其句法、停顿均与"单套"相同。洮岷"花儿"的句、顿不像临夏"花儿"的句、顿那么严谨,它常常可以增加几句或几个顿(顿的增加实际是字数的增加,因为每顿的字数一般是固定的),看起来形式好像比较活泼。但是,因为其句法组织缺少变化,读起来则感到要比临夏"花儿"单调些。"花儿"形式结构上的这些特点,是由"花儿"这种民歌是一种乐歌所规定的。

"花儿"的曲调叫做"令","令"一般因歌唱时所加衬语的不同而有所区别。一般常见的"令"有"洮州令""莲花令""河州令""阿哥的白牡丹""阿哥的肉""尕马儿""六六儿三"等。

"花儿"可以独唱,也可以合唱和对唱。另外,又有季节性的"花儿"赛会。赛会上,由各地人自己组成演唱小组,找其他地方人对唱,一问一答,相互诘难,或者大家轮唱,谁的歌多、歌美、唱得好,就算优胜。

"花儿"是一种具有浓厚地方色彩的民歌,是我国民间文艺遗产的宝贵财富。它记下了西北高原人民的生活、思想、感情和习俗,可以作为研究方志、民俗学等方面的宝贵资料。它又是优美的文艺作品,可供人们欣赏,其艺术形式也可以作为今天诗人创作新诗时有价值的借鉴。当然,由于时代的局限,在这份遗产中,也有不少封建性的糟粕。在情歌中,也掺杂着一些不健康的东西。需很好地加以鉴别与剔除。

目前我们对"花儿"的整理,特别是研究工作,还是做得很不够的,这有待于民间文学工作者、爱好者今后作更多的工作。

原著目录

临夏花儿

第一辑　解放前部分 …………………………………………（1）

穷人心里苦水多 ……………………………………………（3）

第二辑　解放后部分 ……………………………………（21）

中国有一个毛泽东 …………………………………………（23）

上来了解放的大军 …………………………………………（28）

毛主席派来了土改团 ………………………………………（30）

把美帝撵出个朝鲜 …………………………………………（32）

互助合作的道路好 …………………………………………（34）

总路线把我们照亮了 ………………………………………（43）

人民公社是阳关道 …………………………………………（61）

要学个文武双全 ……………………………………………（65）

学习文化信心大 ……………………………………………（67）

山里的豺狼你要打 …………………………………………（69）

各族团结力量大 ……………………………………………（71）

自己爱下的心疼 ……………………………………………（75）

第三辑　情歌 ……………………………………………（79）

尕妹是牡丹大骨朵 …………………………………………（81）

你心上来哩吗不来 …………………………………………（85）

亲亲热热地坐下 …………………………………………（100）

鱼离了河水是不成 ………………………………………（107）

连叫三声头没抬 ················· （116）

这一趟走了着啥时来 ············· （129）

想烂肝花痛烂心 ················· （135）

出门的哥哥回来了 ··············· （142）

年轻的时节草尖上飞 ············· （145）

十二月念情 ····················· （148）

杏花二月天（对唱） ············· （151）

洮岷花儿

第四辑　解放前部分 ··············· （155）

穷人活人实在难 ················· （157）

戒鸦片烟歌 ····················· （160）

第五辑　解放后部分 ··············· （163）

拨云见了青天了 ················· （165）

全国人民喜破天 ················· （168）

第六辑　莲花山情歌对唱 ············ （171）

拦路歌 ························· （173）

问答歌 ························· （176）

相认歌 ························· （179）

叙情歌 ························· （186）

送礼歌 ························· （194）

联欢歌 ························· （200）

祝愿歌 ························· （205）

离别歌 ························· （211）

十二月牡丹 ……………………………………………（216）

九九节 ……………………………………………………（219）

附录花儿曲谱 ……………………………………………（221）

后记 ………………………………………………………（234）

原著后记

甘肃是"花儿"的重要产地之一。我们很早就想编辑一本能够代表甘肃"花儿"基本面貌的书，因为种种原因，未能实现。去年，我们与甘肃省群众艺术馆研究合编这本书，并订出了计划。可是，工作开始不久，群众艺术馆的有关工作人员调动了工作，这个任务就由我们单独来继续完成了。由于我们能力的限制，前后花了六七个月的时间，直到现在才将这本书编成。

这里所编选的"花儿"，大部分是由解放前后出版的各种有关甘肃"花儿"选集、编印的有关甘肃"花儿"资料、发表在《甘肃日报》《甘肃农民报》《工农文艺》上的"花儿"当中挑选出来的，也有一部分选自甘肃省群众艺术馆所保存的资料和民间文学爱好者寄给我们的稿件。在资料的来源上，给我们帮助较大的有雪犁、蔡家祺等同志。他们都很热心地送来了不少他们搜集、整理的资料，供我们选用。在这里，我们对他们的热情支持和辛勤的劳动表示感谢。

搜集、整理者的姓名，有的可以找到，有的已经失去，我们考虑到民歌原本是广大劳动人民的共同创造，除了"莲花山情歌对唱"一辑是集中整理的标上了整理者姓名以外，为了统一，一律都不标出，望这些同志见谅。

这个集子我们虽然花费了一些精力，但是，因人力与水平所限，疏忽与不妥的地方一定还有很多，殷望读者多加批评、指正。

甘肃人民出版社编辑部

1963 年 5 月

西北花儿

版本简介

《西北花儿》,郗慧民编,西北民族学院研究所内部资料,1984 年 1 月,铅印本。

原著前言

在西北高原旅行,人们经常会听到一些农民、羊把式、脚户或筏客,唱着一种声调高亢、悠扬、感情深沉的山歌,这就是具有独特风格的西北高原民歌——"花儿"。"花儿"是生活在西北高原的回、汉、东乡、土、撒拉、保安、藏等族人民用汉语所歌唱的民间口头创作,是他们自己所创造,所传唱,并为他们所欣赏的文艺。在"花儿"流行的地区,"花儿"几乎是男女老少人人都会唱的。

"花儿"之被称为"花儿",与人们的爱情生活有着密切的关系。西北高原的青年男女,经常用山歌作为表情达意的手段,向对方倾吐自己的爱慕和心意。在山歌中,男方亲昵地称女方为"花儿",女方称男方为"少年",于是,这种用来称呼情人的名词,就变成这种以爱情为主要内容的山歌的名称了。与"花儿"相对的词是"少年",因之,"花儿"也被称做"少年"。这是两个富有诗意的名称,它们也反映出了"花儿"这种民歌在内容上的基本特点。

"花儿"这种山歌样式产生于什么年代,现在还不太清楚。西北各地方志及有关历史、地理、文艺文献资料,均很少见关于"花儿"的记载。最早提到"花儿"的,是清代甘肃省临洮县的诗人吴镇(字松崖),他的诗作《我忆临洮好十首》的第九首有"花儿饶比兴,番女亦风流"之句。吴镇生于康熙六十年(1721年),亡于嘉庆二年(1797年),《我忆临洮好》是他中年以后的作品,距今约二百年,其中谈到了"花儿""饶比兴"的特点,可见"花儿"在大约二百年以前,已经是一种独具风格的民间歌谣,而且在甘肃相当流行了。至于"花儿"的渊源,不见于文字资料,有人说它是在藏、蒙民歌影响下形成的一种特殊的汉族民歌;有人说它是由外地迁来的回族人民的思乡曲之演化;有人从"花儿"与元代散曲的形体样式的对比中,推测二者可能同出一源。这些说法虽然也各有理由,但似乎都还缺少有力的科学依据,尚有待于继续深入研究。

"花儿"的内容,新中国成立前绝大部分都是描写普通男女之间的爱情的(尤其是临夏型"花儿")。这些情歌是传统"花儿"最主要的内容,也是整个"花儿"的主要组成部分。它们歌唱了普通男女青年的纯洁的爱情生活,表达了他们对爱情的欢乐、苦闷以及受到阻碍时大胆、坚决的反抗,反映了旧社会在爱情、婚姻方面带给人们的痛苦和不幸。也有一部分"花儿",涉及爱情生活以外的其他生活面,其中主要是反映地主阶级对劳苦农民的剥削压榨和国民党军阀马步芳统治西北时带给当地人民的灾难的。新中国成立以后,"花儿"的内容大大扩大了,它突破了窄狭的爱情圈子,变成了对整个社会生活的抒情曲。人们用"花儿"的形式来歌唱党,歌唱社会主义,歌唱我们时代的种种巨大变化,以表达人们的思想、感情、愿望和要求。

"花儿"由于流行地区、民族等的不同,其风格、结构形式和唱法也很不同。一般认为可分为两大类型:一是以甘肃临夏地区"花儿"为代表的临夏型"花儿",一是以甘肃临潭(即洮州)、岷县地区"花儿"为代表的洮岷型"花儿"。

临夏型"花儿"的流行范围比较广,包括甘肃的临夏、积石山、东乡,青海的同仁、循化、民和、乐都、宁夏的吴忠、海原、固原,以及新疆的昌吉回族自治州等地。这些地区差不多都是回、汉、东乡、土、撒拉、保安、藏等民族的聚居区。由于临夏古称河州,临夏型"花儿"又称河州"花儿";又由于临夏型"花儿"的流行地区主要可以算作黄河、湟水流域,有些人也称它为河湟"花儿"。这种类型"花儿"的基本样式是每首四句,前两句比兴,后两句本题。比兴的意义有些对本题起比喻或衬托作用,有些则与本题毫不相干,只是为了借韵叶律。例如:

> 一对的 | 白马儿 | 沿山根 | 过,
> 我当了 | 山上的 | 雾了;
> 这两个 | 小姊妹 | 地边里 | 坐,
> 我当了 | 白牡丹 | 树了。

其中一、三两个上句的结构相同,每句四个停顿;二、四两个下句的结构相同,每句三个停顿。各句除末顿外的每一顿中的字数,一般是最多不多于三字,最少不少于二字;而上句的末顿必须是一个字,即单字尾,下句的末顿必须是两个字,即双字尾。

临夏型"花儿"还有每首六句的,这种样式民间称为"两担水"或"折断腰",即在一、二和三、四句之间各增加一个半截句。这其实不过是四句"花儿"的一种变体,其结构格式以及停顿数、顿中的字数都与四句样式完全相同,只是增加的两个半截句都各分为两顿,前顿二至三字,后顿一字。例如:

> 园子里 | 长的是 | 绿韭 | 菜,
> 不要 | 割,
> 就叫它 | 绿绿地 | 长着;
> 尕妹是 | 阳沟 | 阿哥是 | 水,

不要｜断，

就叫它｜慢慢地｜淌着。

临夏型"花儿"的这种格律是十分严格的,违反了它的规律,就会失去临夏型"花儿"的特点,不能入令、上口(配上曲调演唱),也就不能称之为临夏型"花儿"了。

洮岷型"花儿"主要流行在甘肃省境内,包括临潭、岷县、临洮、康乐等地,多是汉民族居住地区或汉藏民族聚居区。这种类型"花儿"有"单套"与"双套"之分,"单套"是基本样式,最为普通,每首三句,第一句比兴,其余句本题。例如:

天边｜里的｜红云｜彩，

这个｜妹妹｜好人｜才，

俊得｜活像｜牡丹｜开。

三句的结构相同,都是每句四个停顿。每顿的字数,除末顿一字(即单字尾)外,其余一般是每顿两字,也有少数是三字的,很有些像一般快板诗的节奏。"双套"每首四句、五句、六句以上,其句法、停顿都与基本样式的"花儿"相同。洮岷型"花儿"每句中的停顿不像临夏型"花儿"的停顿那么严格,有时可以适当增加。每增加一个停顿也即增加了两至三字,这种情况一般出现在末句。

两种类型"花儿"形体结构上的这种特点,是由它们作为一种乐歌的具体情况所决定的。

"花儿"的曲调叫做"令","令"一般因流传地区、民族和歌唱时所加衬语的不同而有所区别。一般常见的"令"有"河州令""脚户令""阿哥的肉令""阿哥的白牡丹令""尕马儿令""六六儿三令""莲花令""扎刀令"等。

"花儿"可以独唱,也可以合唱和对唱。另外,还可以在季节性的浪山会上演唱。会上,由各地歌手组成演唱小组,找其他小组对唱,一问一答，相互诘难，进行竞赛，谁的歌多、歌美、唱得好，就算优胜。洮岷型"花儿"主要在甘肃康乐县的莲花山或其他地方的浪山会上演唱。

"花儿"是一种具有浓厚地方色彩的民歌，是我国民间文艺遗产的宝贵财富。它记下了西北高原各族人民的生活、思想、感情和习俗，可以作为研究地方志、民俗学、民族学等方面的宝贵资料。它又是优美的文艺作品，可以供人们欣赏，其艺术形式也可以作为今天诗人创作新诗的有价值的借鉴。当然，由于时代的局限，在这份遗产中，也还有不少封建性的糟粕和其他不健康的成分，这又需要对它们采取批判的态度。

这是一本希望能够反映"花儿"基本面貌的"花儿"选集。20世纪50年代，我在甘肃人民出版社当编辑时就有过编辑这样一本书的打算，1963年我的这个打算曾一度得到实现，由我编辑的《花儿》一书出版了。但由于极"左"思潮的影响，这个选本刚出版几个月就被停止发行。其后，《花儿》一书得到了胡乔木同志的赞扬，并建议经我修订后由中央级出版社重新出版。于是《文学评论》等报刊对《花儿》一书进行了评介，然而这并没有能够改变《花儿》的命运。随着形势的变化，我寄往中央有关出版社的《花儿》修订稿也石沉大海。"文化大革命"中，《花儿》又自然成为我和有关同志们的"罪行"。总之，这本希望反映"花儿"基本面貌的《花儿》仅仅合法地存在了几个月，能看到它的民间文学爱好者、研究者究竟有多少呢？虽然如此，一些有机会看见过它的同志仍常常以怀念的感情谈及它。社会主义文艺园地复苏后，不少同志一再建议我重新再做编辑"花儿"的工作，我也感到这个工作并未做完，于是在工作之余完成了它。这个选本就是在原《花儿》的基础上，经过删削、补充、调整重新编成的。在编辑体例上，保持了原来的面貌；对内容上显然不适当或经过不妥的文字加工的作品作了删除或恢复;补充了近年来"花儿"的搜集新成果。同时,又用生活、思想内容和艺术表现结合的要求对所选作品重新进行鉴别,尽力使入选作品都能具有一定艺术质量和保留价值,最后,共得"花儿"916首。新补充的作品主要选自《临夏文艺》《甘肃日报》《新疆民族文学》《民间文学》及部分"花儿"研究者、爱好者所提供的资料,主要有李富、周梦诗、叶平、雍诚、马晓军等同志,在这里,我对他们的热情支持表示感谢。

这个选本的实际编辑过程可以说是比较长的,但由于编选者的水平所限,不妥甚至错误的地方一定还有不少,殷切期望读者多加批评、指正。

郗慧民

1963 年 5 月写成

1982 年 12 月改于西北民族学院

原著目录

临夏型花儿

第一辑　解放前部分 …………………………………………… （3）

"花儿"本是心上话 …………………………………………… （5）

穷人心里苦水多 …………………………………………… （13）

跟上个白彦虎上口外 …………………………………………… （28）

要上个抗日的战场 …………………………………………… （30）

熬五更 …………………………………………… （32）

第二辑　解放后部分 ………………………………………（35）

共产党一来者得解放 ……………………………………（37）

上来了解放的大军 ………………………………………（40）

毛主席好比亮明星 ………………………………………（42）

毛主席派来了土改团 ……………………………………（45）

山里的豺狼你要打 ………………………………………（47）

把美帝撵出个朝鲜 ………………………………………（49）

互助合作的道路好 ………………………………………（51）

盖一座社会主义大厦 ……………………………………（60）

学习文化信心大 …………………………………………（71）

各族团结的力量大 ………………………………………（73）

自己爱下的心疼 …………………………………………（75）

党中央把蓝天擦亮了 ……………………………………（79）

迎来了"四化"的春天 ……………………………………（84）

第三辑　情歌 ……………………………………………（89）

尕妹是牡丹大骨朵 ………………………………………（91）

你心上来哩吗不来 ………………………………………（96）

亲亲热热地坐下 …………………………………………（112）

鱼离了河水是不成 ………………………………………（119）

连叫三声头没抬 …………………………………………（128）

这一趟走了着啥时来 ……………………………………（141）

想烂肝花痛烂心 …………………………………………（148）

出门的哥哥回来了 ………………………………………（156）

年轻的时节草尖上飞 ……………………………………（159）

十二月念情 ………………………………………………（162）

杏花二月天(对唱) ··· （165）

尕豆过兰州(叙事"花儿") ····································· （168）

洮岷型花儿

第四辑　解放前部分 ··· （177）

穷人活人实在难 ··· （179）

戒鸦片烟歌 ··· （183）

南山飘来一朵云 ··· （184）

第五辑　解放后部分 ··· （185）

春雷一声天地变 ··· （187）

社会主义路上赛跑哩 ··· （191）

调动积极因素大干哩 ··· （196）

要唱实现"四化"哩 ··· （200）

十二月生产 ··· （203）

我来问,你来答(对唱) ··· （206）

第六辑　洮岷风情 ··· （209）

一年一趟莲花山 ··· （211）

死罪唱成活罪了 ··· （220）

喜鹊报者喜来了 ··· （223）

俊得活像牡丹开 ··· （225）

心想连你走一路 ··· （228）

你是酥油我是茶 ··· （235）

给你做下鞋着哩 ··· （241）

葛条上树缠到老 ··· （244）

阎王修的路不平 ……………………………………（249）

送上大路难分手 ……………………………………（251）

想得心里火着哩 ……………………………………（255）

新路倒把旧路堵 ……………………………………（262）

十二月牡丹 …………………………………………（267）

九九节 ………………………………………………（270）

附录 "花儿"曲谱 ………………………………（273）

西北花儿学

版本简介

《西北花儿学》,郗慧民著,兰州:兰州大学出版社,1989年。

内容简介

这是一部关于西北高原民歌——"花儿"的研究专著,也是一部学习"花儿"的入门书。它概括了历史上"花儿"研究的成果,全面而系统地提出了有关"花儿"的各种理论问题,内容涉及"花儿"的流布、类型、内容、形式、产生与发展,以及演唱等各个方面;既有关于"花儿"实际的资料介绍,又有对"花儿"研究情况的评述;对不同意见往往有具体而细致的理论性辨析,而且不时表露出作者的独到见解。它的特点在于资料丰富,文笔清晰,注重具体分析,有着较强的系统性和理论性。

原著序

慧民同志的《西北花儿学》将要出版了,这是近几年来"花儿"研究上的一个新的收获。

我是1958年以后在甘肃人民出版社认识慧民同志的。当时听说他是国民党县长的儿子,也曾把我愣了一下。不过当时我又心想:国民党咋哩,国民党里也不会是一团黑,何况人家本人又不是国民党。

"家庭出身不好"，这有什么要紧，我的家庭还是个工商业者兼地主，可我还不是革命了这么多年？"重在表现"么，我们不能嘴里向人家这么宣传，却一遇到具体问题就不看表现了。那不是同人家撒开谎了么？！

也许因为我同情他，加上我那时也受了"处分"，党藉什么的全没有了，心坎里颇有点惺惺惜惺惺的意味。因此我从来就没有把他当成外人看待。

当然，更重要的是慧民同志的性格，很让人喜欢。他沉默寡言，平日总是默默地埋头工作，从不说长道短，唠唠叨叨；从没有太高兴过，也没有看见他怎么悲观过。"适应环境，埋头苦干"这八个字，送给他最合适不过了。

慧民同志是1957年的大学毕业生，毕业后就分配到甘肃人民出版社当编辑了。他接受的第一个工作任务，就是给一本由兰州大学学生搜集整理的《青海山歌》当责任编辑，这时他还不知道"花儿"为何物哩！后来，他接受了编辑一本能代表"花儿"基本面貌的"花儿"选本的任务，这对于一个生长在西安这样的大城市、而对西北民歌全然没有接触过的人来说，确实是一件十分不容易的事。因为"花儿"不论在内容上、形式上都与其他的民歌不同，由于地域的差别，在词汇上也有着它自己的特点。但是，"顽强的毅力可以征服世界上任何一座高峰"（狄更斯），通过艰苦的努力，慧民同志终于编出了甘肃省在新中国成立后的第一本比较完整的"花儿"选本——《花儿》（1949年前还有一本，是张亚雄先生编的，这是中国的第一本"花儿"书，解放初我曾看见过，觉得很不错。1986年这本书经过修订，由中国文联出版公司再版了）。

慧民同志编辑的《花儿》出版后，曾得到当时中央一位领导同志的欣赏和赞扬，并建议中国民间文艺研究会的负责人贾芝同志选入他们的丛书,重版一下。这在当时的甘肃人民出版社来说,还是头一次,从来没有过的。但正当我们根据中央领导同志的建议,对这本书加以修订,准备再版时,"文化大革命"开始了。

"文化大革命"初期,慧民同志受到了冲击,接着就调去陇南山区,他同"花儿"的关系我就不清楚了。

党的十一届三中全会以后,历史为慧民同志卸掉了长期隐藏和压抑在心里的"出身"包袱,特别是碰上了西北民族学院的领导蒙定军等同志,他们不仅认识了慧民同志,也认识了"花儿"在西北地区,特别是甘肃、青海、宁夏的汉、回、东乡、撒拉、土、保安、藏等族人民文化生活中的地位。在他们的关心下,慧民同志在研究"花儿"上的聪明才智,像是瀑布终于喷涌出来,"水激千雷发,珠联万贯垂"了。他不仅根据他所能获得的新资料,在原《花儿》一书的基础上,重新编出了《西北花儿》,并且写出了这部30万字的《西北花儿学》,其中有10多万字的研究成果,已经以论文形式发表,如《关于"花儿"的类型》《"花儿"的流布》《"花儿"的衬词》《临夏型"花儿"艺术性考察研究》《"花儿"的内容与文学观念》《"花儿"格律与民间文学工作的科学性》等。同时还在西北民族学院开了"花儿概论"这门独特的学科。他真正把"花儿"提到了"花儿学"的水准,在更广的范围内开始他的研究工作了。

自从1981年甘肃省"花儿"研究会第一次学术讨论会上,有人提出"花儿学"这个科学的概念以后,在甘肃省,就"花儿"研究的广度和深度说,就我所知道的,慧民同志算是拔尖的一位了。可惜这件事,除文艺界的一定范围和西北民族学院的知情人外,由于他不善跑,也没空跑,不善说,多干点实事比多说些话,风格上不知要高多少倍,社会上知道的人并不多。

就"花儿"的研究,前些年曾红火了一阵子,这几年又差些了。有人中路改行研究别的去了；有的忙于行政工作无暇亲自调查研究了；有的年老体弱，精力来不及让他前进了；也有的忙于"经济效益"去了，始终坚持兢兢业业搞研究的，慧民同志是其中之一。当然，学无止境，"花儿"研究也是要一个高峰、一个高峰地向上攀登的。

在研究工作上，慧民同志知道自己的长处，那就是爱因斯坦说的："我没有什么特别的才能，不过喜欢寻根刨底地追究问题罢了。"他也知道自己的短处，最主要的是他不是"花儿"流行地区的人。民歌产生于民间，不熟悉当地的"民间"想获得当地民间的真情实感，以及由这真情实感迸发出来的"珍珠"，那是比较困难的，加上他自己忙于教学，没工夫多下去。为弥补这个缺陷，那只有广泛地搜集自己所能搜集到的文字或口头材料，详细地占有大量资料，严格按马克思在《资本论》第1卷第2版跋里说的那段话办："研究必须搜集丰富的材料，分析材料的种种发展形态，并探究这种种形态的内部关系。不先完成这种工作，则对于现实的运动，必不能有适当的叙述。"比如他要研究"花儿"的渊源，他便先把各种不同观点的文章，不管是专论的还是捎带着论的，分门别类加以归纳，然后一个一个进行研究，反复与"花儿"的实际加以比较和印证，给各种观点以科学的评价。在研究他人观点的基础上，吸取科学的意见，修正不科学的意见和做法，然后开展自己对"花儿"渊源的研究。这样的研究是一种保持清醒头脑的研究，所得出的结论往往能够比别人更进一步。又比如他研究"花儿"的艺术构思，硬是把近千首"花儿"拿来一首首地分析研究，最后，经过归纳，才得出河州"花儿"和洮岷"花儿"的艺术构思特点和规律。他的研究不是别人说啥，他也跟着说啥，也不是以崇拜人的结论为准绳，而是通过自己的大脑，经过自己对客观实际的调查研究寻求出自己的结论。他关于河州"花儿"与洮岷"花儿"的内容和文学观点的结论，就是这样。正因为如此，他的每项研究成果，大都能使人感到新颖不俗,的的确确是他自己的东西。

在"花儿"的研究过程中,他不只是仅就"花儿"去研究"花儿"(当然这也是必需的),而是把"花儿"作为一种社会历史现象去考察,把"花儿"放在社会的诸多因素(自然条件、经济发展、政治状况、历史演变、民族民俗等)的影响下特别是站在民族文化这个角度,多方面多层次多角度考虑"花儿"的特色和有关"花儿"的一些问题的。比如"花儿"的产生和演变,就是汉族、古羌族和中亚民族文化相互作用的产物,不对这三大民族文化影响作深入的探索,又怎么能寻找出"花儿"的渊源呢?

为了能真正掌握"花儿"的规律性,学习是很重要的。"硬着头皮往里钻",不但要熟悉"花儿"歌词的内涵,还要熟悉"花儿"的音乐,因为"花儿"歌词的文学形态是受"花儿"音乐形态的制约的,不了解"花儿"曲谱,也只能算懂得"花儿"的半拉子。学习"花儿"曲谱这在慧民同志当编辑的时候就开始了,要不,又怎能掌握编辑的主动权? 怎能当上"花儿"的合格编辑! 为了较好地完成编辑任务,刚出校门不久的慧民同志,放开思想,下茬子学开"花儿"的音乐了,而且坚持了好些年。苍天不负有心人,他终于"进入角色"了,终于敲开了"花儿"的门,登堂入室,进入"花儿"的精神境界里了。如今,慧民同志不但对"花儿"音乐的总体情况有了较清楚的认识,而且还能哼唱出最流行的20多个曲令哩!

时时不忘用理论指导自己的行动,时时不忘由实际出发,并时时注意把理论与实际结合起来,不装,不偷,不吹,这种严肃的工作精神,就是慧民同志编辑《西北花儿》和研究"花儿"的特点。若论优势,这也是他的优势的所在。

"花儿"是在发展的。"花儿"总是伴随着时代的步子走的。因此,慧民同志搜集、整理、研究"花儿"的工作,也是不会终止的。但我觉得最值得尊重的，还是他严肃的工作态度和不断探索、不断追求的工作精神。

研究"花儿"的文章，这几年我看过不少，但像《西北花儿学》这样，用较科学的观点和方法，全面、系统研究"花儿"的，过去是没有的，慧民同志做了总结"花儿"研究成果的工作。这本"花儿学"既是一部"花儿"研究专著，还是一本系统学习"花儿"的入门书，因此，无论如何，它是一部应该受到重视的书。

曲子贞

1988 年 8 月 10 日

原著后记

我写这本《西北花儿学》是在一些带有偶然性的因素下促成的。1957 年我从西北大学毕业后来甘肃工作，多年来一直干文艺编辑工作；先在甘肃人民出版社文艺编辑室，后在《甘肃文艺》月刊社（现更名《飞天》），都三要负责文艺理论方面的编辑工作。只是在出版社工作时，曾兼管过寺歌方面的编辑事务。1978 年，我调往西北民族学院任教，讲授的仍是文艺理论，由于我工作的地方是民族院校，当时的院领导希望我在授课之余搞点儿民族文学方面的研究，这样，我才开始了对从前有过兴趣的"花儿"的研究。后来，我陆续发表了一些关于"花儿"的研究论文，印行了一本"花儿"选本《西北花儿》。与此同时，从 1983 年起还合西北民院学生讲授《花儿概论》，居然成了一名"花儿"的研究者。这部《西北花儿学》就是我教学和研究工作的成果。

这部《西北花儿学》除了对"花儿"进行研究，我还想通过自己的努力，构筑一个关于"花儿"研究的理论体系，以便对"花儿"的认识系统化和科学化。本书的一至三章属综合性论述，从不同角度对"花儿"

进行总体认识;四至五章属内容论,对"花儿"的主、客观内容进行评述;六至九章属形式论,对"花儿"的一些重要艺术表现方面进行论述,十至十二章属"花儿"的历史研究,从纵的方面探讨"花儿"的产生与变化规律。由于"花儿"是一种民间歌唱艺术,其文学形态受音乐等因素的影响很大,我们在十三至十六章,又分别从其曲调,衬祠及歌唱地点、方式和歌手等方面进行了概括。这一理论体系同国内目前通行的艺术理论大体一致。

这部《西北花儿学》是在过去研究"花儿"的基础上写成的,它总结了"花儿"研究的成果,提出了本人对有关问题的种种见解。书中理所当然地要引用一些资料和研究者的见解, 为了不磨灭这些研究者所作的贡献,都标出了研究者的姓名和引文出处,并向作者表示谢意。写《西北花儿学》是一件从无到有的工作,正因为如此,不妥或错误的地方一定不少,殷望专家与读者给予批评指正。

这部《西北花儿学》在撰写、出版过程中,曾得到不少领导、前辈专家和热心民族文化事业的朋友们的支持和帮助,如甘肃省文联副主席、中国民间文艺家协会甘肃分会主席曲子贞同志,不仅对我的研究工作给予指导,还热情地给这本书写序。可以说,没有他们的帮助,本书的出版是不可能的。这里,我向他们表示诚挚的谢意。

郗慧民

1988 年 4 月

原著目录

序 …………………………………………… 曲子贞(1)

第一章　什么是"花儿" ………………………………… (1)

　一、对"花儿"认识的历史过程 …………………………… (1)

二、给"花儿"下一个定义 ·················（7）
三、关于"花儿"的命名 ·················（10）

第二章 "花儿"的类型 ·················（15）
一、关于"花儿"类型现象的表述 ·················（15）
二、"花儿"的类型 ·················（18）
三、对"花儿"两种类型的称呼 ·················（25）

第三章 "花儿"的流布 ·················（29）
一、"花儿"流行地区的分布 ·················（29）
二、"花儿"的最盛行地区和最主要的创造者 ··········（33）
三、"花儿"流布地区的历史演化趋向 ·················（44）

第四章 河州型"花儿"的内容 ·················（53）
一、感情浓烈的爱情"花儿" ·················（53）
二、富有特色的社会生活"花儿" ·················（70）
三、"本子花"及其他 ·················（85）

第五章 洮岷型"花儿"的内容 ·················（93）
一、风俗色彩浓郁的洮岷风情"花儿" ·················（93）
二、格调奇特的爱情"花儿" ·················（103）
三、涉足广泛的社会生活"花儿" ·················（107）
四、关于"整花" ·················（117）

第六章 河州型"花儿"的艺术构思 ·················（126）
一、艺术性和艺术构思的概念及河州型"花儿"的

　　　　艺术构思 ……………………………………（126）

　　二、"触物以起情"的兴体艺术构思 ……………（129）

　　三、"索相类之物以托情"的比体艺术构思 …………（136）

　　四、"叙物以言情"的赋体艺术构思 ……………（141）

　　五、对河州型"花儿"构思方式发展的认识和艺术性的估价

　　　　………………………………………………（145）

第七章　洮岷型"花儿"的艺术构思 ……………（153）

　　一、兴体艺术构思 ………………………………（153）

　　二、赋体艺术构思 ………………………………（158）

　　三、比体艺术构思 ………………………………（161）

　　四、对洮岷型"花儿"构思方式考察情况的分析 ……（162）

第八章　"花儿"的语言运用 ……………………（165）

　　一、通俗的口语化的文学语言 …………………（165）

　　二、独特的西北汉语方言 ………………………（171）

　　三、奇特的"风搅雪花儿" ………………………（184）

第九章　"花儿"的格律 …………………………（189）

　　一、格律的一般含义 ……………………………（189）

　　二、河州型"花儿"的格律 ………………………（195）

　　三、洮岷型"花儿"的格律 ………………………（204）

　　四、"花儿"格律是从形态上识别"花儿"与非"花儿"

　　　　的鲜明标志 ………………………………（211）

第十章　关于"花儿"渊源问题研究述评 …………………（228）

　一、关于"花儿"产生于原始社会和周代的观点 ……（230）

　二、关于"花儿"产生于唐代的观点 ………………（232）

　三、关于"花儿"产生于宋代的观点 ………………（234）

　四、关于"花儿"产生于明代的观点 ………………（238）

　五、关于从不同类型"花儿"传承关系角度研究"花儿"

　　　渊源的观点 …………………………………（241）

　六、关于从音乐角度探讨"花儿"渊源的观点 ………（245）

第十一章　"花儿"的渊源 …………………………………（249）

　一、关于研究"花儿"渊源问题的指导思想 …………（249）

　二、河州型"花儿"的渊源 …………………………（251）

　三、洮岷型"花儿"的渊源 …………………………（263）

　四、两种类型"花儿"渊源的异同 …………………（269）

第一二章　"花儿"的演变 …………………………………（272）

　一、河州型"花儿"的演变 …………………………（272）

　二、洮岷型"花儿"的演变 …………………………（284）

第十三章　"花儿"的曲令 …………………………………（287）

　一、关于"花儿"曲令的称谓 ………………………（287）

　二、河州型"花儿"的曲令 …………………………（290）

　三、河州型"花儿"主要曲令介绍 …………………（298）

　四、洮岷型"花儿"的曲令 …………………………（315）

第十四章　"花儿"的衬词 …………………………（323）

一、"花儿"衬词的分类和用法 ………………………（323）

二、"花儿"衬词的作用 ………………………………（335）

第十五章　所谓"花儿会" ………………………（340）

一、关于"花儿会"来历的传说 ………………………（340）

二、对"花儿会"的考察 ………………………………（343）

三、对"花儿会"的形成及其性质的认识 ……………（358）

第十六章　"花儿"的歌手 ………………………（367）

一、河州型"花儿"歌手概述 …………………………（367）

二、洮岷型"花儿"歌手概述 …………………………（374）

后记 ………………………………………………（379）

西北民族歌谣学

版本简介

《西北民族歌谣学》,郝慧民著,北京:民族出版社,2001 年。

原著后记

　　这部教材是根据为研究生讲课的纲要写成的。1991 年,西北民族学院开始招收中国民间文学专业硕士研究生, 作为导师我给学生们讲授《西北民族歌谣学》,到如今已经给 8 届研究生讲授过这门课程。刚开始时,仅有一个校为粗略的大纲,随后才逐渐细致起来。后来,由于研究生点的领导要求写出讲稿,这才把纲要转化成文字稿。这项工作差不多花了两年工夫,直到 1996 年才完成定稿。

　　这部教材是为硕士研究生使用的, 特别注意于对学生研究能力的培养。为此, 书中对问题的讨论多未用先实际而后理论的方法,即先考察研究对象的有关实际, 然后让考察结果自己把问题的结论引导出来。笔者认为,这是一种唯物主义的认识路线,也是一种科学的研究和认识问题的方法,对于学生研究能力的培养至关重要。这是本教材的第一个显著特点。另外,这部《西北民族歌谣学》是给设在西北民族学院的研究生点使用的, 其中理所当然地要向同学们介绍西北少数民族歌谣的有关情况,因此, 主要用西北民族歌谣资料来论述歌谣的一般理论,就成为本教材的又一显著特点。这二者都是由本研究生点的培养目标决定的。

　　这部教材的写定期间，笔者正以花甲之年热衷于电脑技术的学习，本教材的一半是写成后用电脑录入的，而另一半则直接用电脑"写"成。笔者深为这种先进工具的使用节省了大量劳力而欣喜。这部教材也蕴含着笔者对这种先进技术的浓厚兴趣和学习它所付出的努力，它的出版对于笔者的教学和科研生涯，也具有一种特殊的纪念意义。

　　学术界见到的"歌谣学"不多，这部《西北民族歌谣学》主要是笔者按照教学的需要，根据自己对歌谣实际与理论的学习和理解在摸索中写出来的，其中一定有许多不妥当和不科学的地方，殷切期望专家和读者批评指正。

郗慧民

1998 年 2 月

原著目录

第一章　什么是歌谣 ……………………………………（1）

　第一节　对我国歌谣学活动的考察 ………………（1）

　　一、古代的歌谣学活动 …………………………（2）

　　二、现代的歌谣学活动 …………………………（7）

　　三、抗战前后的歌谣学活动 ……………………（13）

　　四、新中国建立后的歌谣学活动 ………………（15）

　第二节　歌谣观念种种 ……………………………（17）

　　一、"言志"与"永言" …………………………（18）

　　二、"歌"与"谣" ………………………………（19）

　　三、释"风" ……………………………………（20）

四、"谣"与"谚" ···（22）

五、歌谣的异名 ···（24）

六、寻域歌谣解 ···（25）

第三节　给歌谣下个定义 ·······························（27）

一、关于歌谣特质的理论概括 ·······················（27）

二、歌谣的定义 ···（29）

第二章　歌谣的分类 ···································（30）

第一节　歌谣分类的意义 ·······························（30）

第二节　《歌谣周刊》关于歌谣分类的讨论 ···········（31）

第三节　几种重要的歌谣分类法及其探讨 ···········（38）

一、关于《诗经》的分类 ·······························（38）

二、关于国外的两种民歌分类法 ···················（42）

三、关于西北"花儿"的分类 ·······················（44）

四、关于安多藏区歌谣的分类 ·······················（50）

五、《民间文学概论》的歌谣分类法 ···············（52）

六、《中国歌谣集成》的分类法 ···················（53）

第四节　歌谣分类的基本规律 ·······················（55）

一、分类的标准 ···（55）

二、分类实践中的单一标准与多标准 ···············（56）

三、分类与分类的目的 ·······························（57）

四、恰当的分类的基本条件 ·······················（58）

第五节　编辑《中国歌谣集成·甘肃卷》的歌谣分类实践

···（58）

第三章　歌谣的内容 ……………………………………（62）

　第一节　歌谣内容的理论含义 ……………………（62）

　第二节　西北部分民族歌谣内容的考察 ……………（63）

　　一、关于"信天游"的内容 …………………………（63）

　　二、关于哈萨克族歌谣的内容 ……………………（91）

　第三节　关于歌谣内容考察的理论概括 ……………（115）

　　一、不忽视歌谣客观内容的研究 …………………（116）

　　二、重视歌谣主观内容的研究 ……………………（117）

　　三、关于歌谣选本的选择与对待 …………………（118）

第四章　歌谣的艺术构思 ……………………………（120）

　第一节　文学作品的艺术性和艺术构思 ……………（120）

　　一、关于文学作品艺术性的概念 …………………（120）

　　二、艺术构思的含义 ………………………………（121）

　　三、意境说与歌谣艺术构思的基本途径 …………（122）

　第二节　河州"花儿"艺术构思考研究举隅 …………（123）

　　一、关于河州"花儿"艺术构思的考察 ……………（124）

　　二、对河州"花儿"艺术性的几点认识 ……………（128）

　第三节　西北主要民族歌谣艺术构思模式 …………（133）

　　一、哈萨克族歌谣的艺术构思模式 ………………（133）

　　二、安多藏区歌谣的艺术构思模式 ………………（149）

　　三、维吾尔族歌谣的艺术构思模式 ………………（157）

第五章　歌谣的格律 …………………………………（165）

　第一节　什么是歌谣的格律 ………………………（165）

　　一、格律诗与格律 …………………………………（165）

二、格律的狭义与广义概念 ……………………………（166）
三、广义格律的内涵 ………………………………………（167）
第二节　西北少数民族部分歌谣格律的考察 ………（169）
一、河州"花儿"的格律 …………………………………（169）
二、安多藏区歌谣的格律 ………………………………（174）
三、白马藏区歌谣的格律 ………………………………（179）
四、维吾尔族歌谣的格律 ………………………………（183）
第三节　歌谣格律研究应该注意的几个问题 ………（184）
一、要注意对格律含义的全面理论认识 …………（185）
二、要把握所研究歌谣格律的规律 …………………（186）
三、关于民族语歌谣格律的研究 ……………………（188）
四、关于歌谣节奏的具体划分 ………………………（189）

第六章　歌谣的社会功能 ………………………………（193）
第一节　中国古代关于歌谣社会功能的重要见解
　　　　………………………………………………………（193）
一、《尚书》中有关歌谣社会功能的见解 …………（193）
二、孔子关于歌谣社会功能的见解 …………………（195）
三、《毛诗序》中有关歌谣社会功能的见解 ………（195）
四、《汉书·艺文志·序》中有关歌谣社会功能的见解
　　　　………………………………………………………（197）
五、《序山歌》中有关歌谣社会功能的见解 ………（198）
六、《古谣谚·序》中有关歌谣社会功能的见解 ……（199）
第二节　中国当代关于歌谣社会功能的主要理论
　　　　………………………………………………………（200）

一、《文学的基本原理》中关于歌谣社会功能的理论
……………………………………………（200）

二、《民间文学概论》中关于歌谣社会功能的理论
……………………………………………（202）

三、《中国民间文学概要》中关于歌谣社会功能的理论
……………………………………………（203）

四、《中国民歌》中关于歌谣社会功能的理论 ……（204）

第三节　西北民族歌谣与社会生活关系的考察 ……（206）

一、"花儿"与社会生活关系的考察 ………………（206）

二、安多藏区歌谣与社会生活关系的考察 ………（209）

三、哈萨克族歌谣与社会生活关系的考察 ………（212）

四、裕固族歌谣与社会生活关系的考察 …………（213）

第四节　关于歌谣社会功能的理论概括 …………（215）

一、"多功能"是歌谣社会功能的首要特征 ………（215）

二、"以直接功能为主"是歌谣社会功能的又一
　　重要特征 ………………………………（217）

三、歌谣的社会功能由其本身性质和特征所决定
……………………………………………（218）

第七章　歌谣与民俗 ………………………………（220）

第一节　什么是民俗 ………………………………（220）

一、关于民俗实际内涵的探讨 ……………………（220）

二、民俗的含义 ……………………………………（221）

三、民俗的具体范围 ………………………………（222）

第二节　西北部分民族歌谣与民俗关系的考察 ……（223）

一、关于"花儿"与有关民俗事项的考察 …………（223）

二、关于安多藏区歌谣与有关民俗事项的考察

 ·················· （232）

 三、关于裕固族歌谣与有关民俗事象的考察 ······ （235）

 四、关于哈萨克族歌谣与有关民俗事象的考察

 ·················· （239）

 第三节　歌谣与民俗关系的理论概括 ·············· （241）

 一、歌谣与民俗的共同性和个别性 ·············· （241）

 二、歌谣与民俗的关系 ··············· （243）

 三、学习和研究歌谣必须学习和研究民俗 ········ （246）

第八章　歌谣的产生和发展 ·············· （248）

 第一节　歌谣的产生 ··············· （248）

 一、关于艺术的起源 ··············· （248）

 二、关于歌谣的起源 ··············· （270）

 第二节　歌谣的发展 ··············· （281）

 一、中国歌谣演化概述 ··············· （281）

 二、关于歌谣发展的理论概括 ··············· （293）

第九章　歌谣的搜集整理、编选和研究 ·············· （298）

 第一节　歌谣的搜集整理 ··············· （298）

 一、关于"花儿"搜集整理的历史 ··············· （298）

 二、关于歌谣搜集整理问题的探讨 ··············· （303）

 三、如何搜集整理歌谣 ··············· （307）

 第二节　歌谣的编选 ··············· （309）

 一、歌谣的选本 ··············· （309）

 二、选篇工作 ··············· （310）

　　三、编辑工作 ……………………………………（312）

　第三节　歌谣的研究 ……………………………（315）

　　一、研究的定义 …………………………………（316）

　　二、研究的分类 …………………………………（316）

　　三、研究的方法 …………………………………（318）

附录:关于研究生教学的思考和实践 ………………（325）

后记 …………………………………………………（333）

参考书目 ……………………………………………（335）

中国歌谣集成·甘肃卷

版本简介

《中国歌谣集成·甘肃卷》,郗慧民主编,北京:中国 ISBN 中心,2000 年。

原著前言

一

甘肃位于我国的西北部,以省内甘州(今张掖市)、肃州(今酒泉市)二地的首字而得名,简称甘。由于省境大部在陇山之西,古代曾有陇西郡和陇西道的设置,又简称为陇。省会设在历史古城兰州。甘肃地处黄河上游,是一个地域辽阔的省份,东邻陕西,西连青海和新疆维吾尔自治区,南靠四川,北与内蒙古自治区、宁夏回族自治区以及蒙古人民共和国相连,面积达 45 万平方公里。在这辽阔的陇原大地上,居住着各族人民,据 1990 年人口统计 2230 万;超过千人的民族有汉、回、藏、东乡、土、满、裕固、保安、蒙古、撒拉和哈萨克等 11 个,其中裕固、东乡、保安为甘肃所独有的 3 个少数民族。他们团结友爱,和睦相处,共同开发甘肃,发展和繁荣当地的经济文化,在建设富有中国特色社会主义新甘肃中贡献着各自的力量。

甘肃地处我国黄土高原、内蒙古高原与青藏高原的交汇处,地形呈西北—东南走向的狭长状,境内地貌复杂,景象万千,东南的陇南地区为重峦叠嶂的山地;中、东部是沟谷纵横的黄土高原;西南的甘南草原有草原覆盖;西北部在合黎、祁连诸山间展现着千里带状平地,形成河西走廊,绿洲与沙漠、戈壁断续分布其中。全省海拔多在1000米以上,总体上说,是一个山地型的高原省。由于地理位置距海遥远,高山阻隔,海洋暖湿气流难以到达,省内大部分地区气候干燥,冬季漫长而寒冷,夏季短暂而温热,春季长于秋季,具有明显大陆性气候特征。全省以农业经济为主。地势平坦的陇东高原和千里沃野河西走廊,都是著名的粮食生产基地;甘南和河西草原地区,有数千万亩天然牧场,畜牧业较为发达,是我国重要的畜牧业基地。

甘肃是我国古代文明的发祥地之一。据考古发现,至迟在10万年以前,陇东庆阳一带就有人类活动,处于旧石器时代;而甘肃仰韶文化、马家窑文化、齐家文化和火烧沟、辛店等文化遗存的发现,又让人们在陇东、陇中、河西等地看到了甘肃先民从野蛮时代步入人类文明时期的历史痕迹。其后,甘肃在中华民族的发展中又较早地得到了开发,据古代文献记载,在西周和春秋战国的七八百年间,甘肃境内主要为戎狄等少数民族所居住。西周末年,秦国在今清水、天水一带兴起,并沿渭河逐渐向西开拓,设置陇西、北地二郡。秦始皇统一后,实行郡县制,陇西、北地二郡的辖地相当于今陇东、陇南及宁夏、陕北和内蒙古的一些地区。西汉时,武帝击败匈奴,河西走廊归入汉王朝版图;汉统治者在此设置河西四郡,筑长城,迁移民,戍边屯田,进行大规模经营开发。随着汉代疆域的开拓和丝绸之路在陇原的出现,河西走廊成为中西交通的孔道。通过它,中西方的经济文化得以长期相互交流,甘肃的经济文化也得到繁荣发展。汉以后的千余年间,不同朝代的不同政权在甘肃境内角逐,不同时期的不同民族在陇原大地活动,而阿拉伯、波斯等中亚民族又通过经商和战争等东迁,这些都对甘肃幅员和民族格局的形成以及经济文化的发展，产生了巨大影响。元统一后，在甘肃设行中书省，这是甘肃设省的开始，其辖地仅包括今甘肃的西部地区。清康熙八年（1669年）甘肃正式建省，辖地跨今甘、宁、青三省（区）。民国十八年（1929年），青海与宁夏分别建省，甘肃的幅员才形成今天这样的格局。目前，甘肃共设天水、庆阳、平凉、陇南、定西、临夏、甘南、武威、张掖、酒泉等10个地州和4个地级市。纵观甘肃开发的历史，有三件事是我们必须特别提及的：一是贯通中西交通的丝绸之路的开拓；二是敦煌艺术宝库——莫高窟的开凿；三是陇东革命根据地的建立。这三者不仅在甘肃，也在中国整个历史发展中产生了巨大作用，而且还具有世界性的影响。

甘肃是一个民间歌谣非常丰富的省份。它的歌谣的历史悠久，我国最早的诗歌总集《诗经》里就有歌咏甘肃的篇章；汉魏及北朝的乐府中也有不少甘肃民间歌谣；敦煌石窟发现的唐代曲子词中自然更不乏甘肃的歌谣。甘肃少数民族大都能歌善舞，在被发现的少数民族历史文书中，也有他们先辈们在千百年之前创作的作品。遗憾的是历史上的甘肃民间歌谣，没有被人系统地加以搜集整理编辑成书出版。我们这次编辑的《中国歌谣集成·甘肃卷》，所收歌谣基本上是清代以后的作品。它们从不同方面和角度反映了甘肃的社会生活，抒发了甘肃劳动人民的思想感情，是认识和研究甘肃社会政治、经济、历史、文化的珍贵历史文献。

二

甘肃歌谣按其传唱者的族别可分为汉族为主的陇上歌谣、多民族的"花儿"和以牧业为主的少数民族草原歌谣三大部分，各部分歌谣的内容各有特点，都分别反映着不同民族的社会生活，并表达着他们的感情。通过甘肃各族歌谣五彩缤纷的内容，我们可以认识甘肃各民族的不同生活及历史,领略不同民族的多种思想感情和愿望要求。

汉族的陇上歌谣覆盖着陇原大地,只要是有汉族居住和生活的地方,就有陇上歌谣流传。陇上歌谣的门类比较齐全,举凡我国通行歌谣分类法中所包含的各大类内容,在这一部分歌谣中都可以找到,显示出汉民族历史的悠久以及其文化在甘肃地区华夏文化发展史上的一定的主体地位。

陇上歌谣的劳动歌是多种多样的,包括农田歌、劳动号子及其他类型的劳动歌,而以农田歌的数量最多。农田歌涉及农业劳动的各个方面,从备耕、耕种、撒籽、田间管理到收割、打碾等全过程,都有专歌歌咏;劳动号子除了一般的打夯歌之外,又有筑城、渡船和拉木头等劳动中的号子;其他劳动歌中则有放羊、纺棉、采茶和折花椒等方面的内容。这些既反映出甘肃汉民族以农业生产为主的经济生活,又涉及他们多方面的副业生产,同时还触及了甘肃某些地区特殊的地理自然环境及社会历史所带来的特殊生活状况。

陇上歌谣的时政歌较为丰富,其内容大体包括讽刺和颂歌两个方面。新中国成立前的讽刺歌,多揭露国民党地方军阀给甘肃人民带来的灾难;新中国成立后的讽刺歌,则多对生活中某些不正之风进行鞭挞。颂歌主要对党的各项方针政策所带来的新景象的赞颂。这些,都在一定程度上显示了甘肃人民所触及的政治生活和他们对政治问题的态度。

革命斗争歌谣也是甘肃歌谣的突出特点之一,而且数量不少。产生这类歌谣的原因主要是红军二万五千里长征路经甘肃:著名的哈达铺会议、会宁大会师、四方面军在祁连山血战高台以及陇东革命根据地等革命活动的故事和革命将领的地方革命斗争故事都有歌谣流传。革命歌谣还有一些是用"花儿"的形式反映抗日战争的,这些构成了革命斗争歌谣。

陇上歌谣的仪式歌门类较为齐备,但又各有特点。诀术歌重在驱邪祛病,带有原始文化意识;节气歌多为关于"九九""四季""十二月"方面事项的显现,农事内涵较重。礼俗歌则有三方面的重点,一是闹社火歌较为普遍;二是陇南的乞巧歌程序完备;三是酒宴歌内容丰富,既有赞酒歌,又有划拳歌,还有酒宴中的风俗性表演唱,相比之下,人生主要的婚丧大事仪礼反倒显得有些薄弱。这一切可以明显看出甘肃汉族人民仪式歌的农业内涵以及受少数民族风俗影响,在酒宴歌方面发生的微妙变化。

陇上歌谣的情歌,不同地区有不同特点,陇南各县多山歌,陇东一些地区流行着"信天游",都属于山野之歌,而河西和陇中地区则小调较为普遍。情歌的内容,山歌以追求与相爱者居多,小调则以离别、相思与训谕方面的内容占主要地位。这些情歌内容上的差异,与不同地区人民群众的社会历史和文化影响有着一定的关系。

陇上歌谣的生活歌,内容相当广泛,主要包括各类人的苦歌、讽喻歌、训谕歌以及景物歌和情趣歌,其中关于妇女生活处境悲苦的咏叹占有重要地位。这类歌谣,从不同角度反映出了甘肃汉族人民的经济状况、道德观念和人情世态。

历史传说故事歌在陇上歌谣中占有一定地位,但其题材范围比较窄狭。历史歌数量很少,仅在个别地区的歌谣中对某些历史事件或人物有所涉及而已,如河西地区反映清朝平定准噶尔叛乱的《出大兵》,歌颂革命领袖人物刘志丹的陇东歌谣,以及歌咏抗日战将吉鸿昌在天水一带活动的民谣等。传说歌数量不多,内容主要为对汉族文化中某些传说或通俗小说中的故事人物的咏唱,如"孟姜女""八仙""二十四孝"之类。故事歌数量较多,但内容多集中于旧时妇女的生活苦难和爱情悲剧的歌唱,例如《方四娘》《蓝桥担水》等等。这些歌谣,在一定程度上反映了甘肃汉族人民对历史事件和人物的态度,他们所受传统文化影响的主要内容，以及妇女问题在他们心目中的重要地位。

甘肃汉族的儿歌较少数民族同类歌谣数量为多，且门类齐全。它们包括催眠歌、事物、娱乐歌和绕口令等四类，其中以事物歌数量最多，内容几乎涉及日常生活中儿童所能触及的一切事物，在游戏中融入知识的传授，而游戏歌与绕口令则侧重于娱乐。

多种民族共同创造和传唱的"花儿"，在甘肃歌谣中占有重要地位。"花儿"主要产生和流传在多民族杂居的临夏回族自治州和临潭、岷县等地。受多民族的影响，有些"花儿"几个民族共同演唱并流传，很难分清它是哪个民族的。但由于它流传地域和民族文化的影响不同，"花儿"分为河州"花儿"（临夏古称河州）和洮岷"花儿"（临潭古称洮州，岷县古称岷州）两大类型，传唱河州"花儿"的，有汉、回、撒拉、东乡、保安、土和裕固等 8 个民族。洮岷"花儿"只在洮岷一带的汉、藏民族中流行。两种类型"花儿"在文学和音乐形态以及内容上都有着明显的差别。

"花儿"中情歌的内容十分丰富，不仅数量极大、精品极多，而且其情的分类可以十分精细。相比之下，其他内容的"花儿"显得相当薄弱，甚至缺类。

河州"花儿"以抒情见长，其情歌的题材面很广，涉及赞慕、追求、相爱、热恋、别离、重逢、怨情等爱情进程中的种种行为及感情反应；除此之外，还有对不同恋爱行为"应当怎样"和"不应当怎样"的"训诫歌"。河州"花儿"情歌的感情内涵是悲怆，一种色彩极为浓烈的悲怆。这种感情同河州及其周围地区的特殊的自然环境、经济生活、历史社会、文化传统密切相关，而透过"花儿"所散发的这种特殊的情感，人们可以触摸到河州及其周围地区社会历史及各族人民的精神脉搏。

河州"花儿"的劳动歌数量很少。它们并不是典型意义上的劳动歌,既不产生于劳动过程之中,也不与劳动动作相配合,仅仅是内容触及了生产劳动而已。这类"花儿"全部产生于中华人民共和国成立之后。

河州"花儿"的时政歌和生活歌,总的来说数量都不少,只是真正产生于1949年之前的并不多,而且内容涉及的面也较窄。前者仅仅提供了国民党地方军阀统治西北时,对人民施行政治压迫的不多的几个画面,如重税及拉兵之类,后者也只是触及了穷苦百姓,特别是妇女所遭受的部分苦难。但是1949年之后,由于文化工作者的引导和提倡,河州"花儿"时政歌与生活歌大大发展起来,内容扩大到对整个社会生活的咏唱,诸如共产党、解放军、革命领袖以及社会主义革命和建设事业中的种种巨大变化。

河州"花儿"没有仪式歌和儿歌。

洮岷"花儿"以达意见长,具有较强的实用性。这种歌谣流行地区的人们往往以歌代言,用唱"花儿"的方式表达心意。加之,洮岷"花儿"又主要是以对唱方式表现的,因此,所涉及的生活内容远比河州"花儿"要广泛得多。人们不仅用"花儿"来谈情说爱,还用这种歌谣互道见闻、互致平安、相互邀请与应答,以及向神佛表示求助的心迹,甚至有的老人在临终时用唱"花儿"来对儿女安排遗嘱。举凡人与人在社会交往中所涉及的生活内容,绝大多数可以在洮岷"花儿"中找到。

洮岷"花儿"的劳动歌、情歌、时政歌与生活歌的有关情况及内容,同河州"花儿"大体相同。洮岷"花儿"也像河州"花儿"一样没有儿歌,但它却有仪式歌。这种"花儿"的实用性表现在庆贺生子上,形成《莲花山朝山歌》之类仪式歌,这些又涉及有关的民俗活动及内容。

此外,两种类型"花儿"中还有一种,可称之为起首歌或引歌。这类歌谣是一种关于"花儿"的"花儿"。它们涉及"花儿"对生活的作用、人们与"花儿"的关系,以及人们对"花儿"的认识等,其中反映着"花儿"流行地区人们的"花儿"观念。

　　草原歌谣是甘肃少数民族创造的歌谣，它们主要流传在甘南和河西走廊草原地区的藏、裕固、蒙古和哈萨克等少数民族群众之中。由于这些民族经济生活类似,他们的歌谣有不少共同之处,又因为他们社会历史及文化传统的差异,歌谣又有着各自的特点。这部分歌谣以不同风格和从不同角度反映这些民族的经济、历史和社会生活,表达他们的心意、愿望和思想感情。

　　甘肃草原民族的劳动歌，主要表现为牧业劳动的牧歌和牧业劳动之外的其他劳动歌。牧歌歌咏的对象主要集中在关于牧业的劳动、放牧与喂奶、挤奶劳动等三个方面,如《割草歌》《放牧歌》《挤奶歌》与《奶牛犊歌》等;其他劳动歌如《打酥油歌》《织褐子歌》等,则涉及了与牧业生产密切相关的牧业产品加工的劳动内容。以人体动作的活动为主要内容的劳动歌,如《擀毡歌》《割草歌》,带有很强的集体性,歌声节奏鲜明有力,与劳动动作配合,生活气息浓烈,具有原始歌谣的特点。这些都反映了从事牧业生产的甘肃少数民族经济生活,表现了这些民族的精神面貌。

　　甘肃草原民族的时政歌数量不多，几乎全部产生于 1949 年之后。内容主要为对新时代、新生活和社会主义祖国的热情赞颂,显露了甘肃藏、蒙古、裕固和哈萨克等草原民族在社会主义革命和建设中政治意识逐渐觉醒的可喜信息。

　　甘肃草原民族的仪式歌十分丰富，而不同民族又各显示着自己的特点。藏族的主要仪式为酒歌、香浪节歌和采花歌等。酒歌的程序性很明显,有起首歌、咏颂多种对象的赞歌和一问一答的盘歌,又有酒宴结束前的吉祥如意祝福歌,内容涉及风土人情、自然地理、历史社会等各个方面;香浪节歌和采花歌有着很强的地方性,富有特色的游乐活动中蕴含着庄严的祭神祈福内容。裕固族的仪式歌中礼俗歌非常突出,待客时有《待客歌》,饮酒中有《敬酒歌》,小孩满三岁的仪式上有《剃头歌》,马驹长成的仪式上又有《剪马鬃诵词》等等,而最隆重和热闹的婚礼,则有一整套礼仪程序,每个程序都有相应的歌。蒙古族礼俗歌以赞歌和祝词最富特色,它们贯穿在该民族的日常生活活动之中,无论是人们聚会、观赏马匹、新毡房搭成、举行婚礼,都要针对所见到的山川景色、生活景象、物品用具、主人家况等进行赞颂,内容涉及蒙古牧民普通生活的众多方面。哈萨克族是一个擅长唱歌的民族,他们以歌代言,用以表达自己的种种见闻和感受,其仪式歌触及人生历程的各种重要场景,尤以《婚礼歌》最为完备和热烈。总之,这些丰富多彩的仪式歌,都从不同角度和方面展现了甘肃草原民族特有的风俗习惯,而独特风习中又蕴含着多种社会、经济、文化等历史信息。

情歌在甘肃草原歌谣中占有重要地位,其显著特点是追求歌、相爱歌和热恋歌占绝大多数,而汉族与其他民族情歌中数量较多的别离歌和相思歌,在草原民族情歌中却相当少见。这种状况,反映了甘肃草原民族在爱情生活上一般享有更大自由这一现实。

甘肃草原民族的生活歌同陇上歌谣与"花儿"的生活内容很不相同。它很少有后二者歌中所大量展现的人生苦难,尤其是妇女的悲苦生活,倒有着许多汉族歌谣中少见的歌咏内容。藏、蒙古和哈萨克族的生活歌中都普遍存在着"恋乡念亲歌",表现人们对自己家乡的依恋和对亲人的怀念之情,其中藏族多怀念亲人、尤其是父母,而哈萨克族则更思念家乡。藏族生活歌中还有相当数量劝人为善的"讽喻歌"和"劝谕歌",一心向佛的"宗教歌",以及热烈欢腾的"舞蹈歌";哈萨克族的生活歌中又有一种以唱歌为内容的、劝人及时行乐的"欢乐歌"。这些都触及了这些民族有关历史、生活、风习和信仰等方面的独特内容。甘肃草原民族的故事歌,主要有流传在藏族和裕固族中的一些民间叙事诗,如藏族《娜尔杰才罗遗言》和裕固族的《黄黛琛》等,它们主要反映旧社会生活的苦难。历史歌数量不多,只有一些叙及裕固族的民族迁徙情况的歌,如《尧熬尔来自西至哈至》等,它们无疑是这个民族迁徙历史的宝贵纪录。

甘肃各草原民族的儿歌很少见到,这与草原民族的散居和游牧生活有关。

三

民歌是一种词曲结合进行演唱的艺术形式,歌词是其文学形态,曲调是其音乐形态的表现。甘肃歌谣的文学形态比较丰富,总的来说,其基本样式有四种。最简单的歌谣样式是流行在陇中和陇南等地区的山歌和陇东地区的"信天游"。这种歌谣样式每首两句:上句比兴,下句主旨,两句结构相同,每句四个音组,前三个音组基本上各有两个音节,末音组一个章节,即单音节句尾。两句表达一个完整意思,押同一个韵。"信天游"与山歌的不同处,主要表现为每句中前三个音组的音节较自由,可以是两个音节,也可以是三个或四个音节。流行在临潭、岷县等地的洮岷"花儿"是甘肃歌谣的另一种较简单的样式。每首基本有三句,第一句比兴,其余两句主旨。三句结构相同,每句四个音组,前三个音组各两个音节,单音节句尾。三句表达一个完整的意思,押同一个韵。临夏等地区流行的河州"花儿"是一种很特别的歌谣样式。其基本形态是每首四句,前两句比兴,后两句主旨,一、三两句结构相同,每句四个音组,前三个音组各三个音节,单音节句尾,二、四两句结构相同,每句三个音组,前两个音组各三个音节,双音节句尾。押韵方式主要在一、三和二、四句部位押对应的韵,且有半数是押多字韵的。河州"花儿"的这种四、三音组和单、双音节句尾交替以及押多字韵的方式,在我国整个民间歌谣中都是相当少见的。第四种歌谣样式是四句或多句组歌联唱式民歌,即每首歌分为若干段,每段四或多句,每句四个音组,前三个音组各二至三个音节,单音节句尾。押韵有多种格式。这种样式的歌谣在河西地区及全省其他各地都有流行。藏、蒙古、哈萨克和裕固等草原民族的歌谣,多为组歌联唱样式。每首歌一般都是多段体的,一段可以是两句,也可以是三、四句或更多句,而以每段三、四句的三段体歌谣最为常见。从每首歌谣表达内容的复杂程度上说,上述歌谣样式又可分为三种类型:散歌、组歌和叙事歌。散歌是每首只有两句、三句或四句的短歌。组歌是把若干短歌连缀起来,表达一个较为丰富的意思的歌。叙事歌则是指以短歌为表达单位和手段,去歌唱一个带有情节的事件。

歌谣的文学部分是和其音乐部分相配合的,文学形态在很大程度上要受音乐形态的制约。甘肃民歌的曲调大都由两个乐句组成的单乐段构成,如山歌、"信天游"和河州"花儿"都是如此。而各类小调的曲调多由四个乐句组成的单乐段构成。甘肃歌谣的绝大部分是词曲相配、有韵律、可以歌唱的歌;儿歌和大部分时政歌则是有词有韵律而无曲的谣。另外,蒙古族和裕固族的某些风俗歌祝词,只有词,而无曲无韵律,但有节奏,用一定腔调来吟诵,既不属于歌,也很难称之为谣,只能直说它们是诵词。甘肃歌谣除哈萨克族民歌演唱时一般要用冬不拉乐器伴奏外,其他歌谣是很少用乐器伴奏的。

甘肃歌谣在歌唱时,也像其他中国民歌一样,在特定的地方要加上一定衬词。而河州"花儿"和洮岷"花儿"的衬词尤为丰富,不仅种类繁多,而且变化多端,很难把握。这又更增强了这类民歌的独特地方色彩。

甘肃歌谣的歌唱,绝大多数采用独唱方式,藏族和哈萨克族的酒宴歌主要用对唱,即兴编词,有很强的竞赛性。洮岷"花儿"的歌唱方式最为独特,它主要采用集体性对唱方式,集体歌唱中既有独唱,又有轮唱,还有合唱,几乎囊括了所有歌唱方式。这种特别的唱法,在全国各族民间歌谣中也是极为少见的。

甘肃民歌的艺术形式及表现手法在各类序中进行了详细介绍,这里不多说了。

《中国歌谣集成·甘肃卷》编委会

原著后记

甘肃是一个民间歌谣非常丰富的省份,但由于历史的原因,对歌谣的搜集整理和出版工作还没有做得尽如人意,以至于丰富多彩的甘肃歌谣没有得到全面系统的保存,特别是某些产生较早的歌谣,随着时间的流逝已经在历史中消失了。这是让人们感到十分遗憾的事。

甘肃歌谣的搜集整理和出版工作是这样走过来的。在 20 世纪以前的几千年,由于社会历史和文化观的限制,甘肃的民间歌谣没有引起文化人的注意,自然也没有被搜集整理保存下来。直到 20 世纪 20 年代,在"五四"新文学影响下的歌谣学运动中,我国老一辈的地理学家袁复礼才在北京大学出版的《歌谣周刊》上刊出他搜集整理的 30 首河州"花儿"。这是甘肃近代歌谣搜集整理工作开始。20 世纪 30 年代,在《甘肃民国日报》工作的张亚雄利用编报之便征集"花儿",于 1940 年出版收编有 600 多首"花儿"的《花儿》集一书。其后,不少甘肃报刊开始零星地刊登了歌谣作品。这是甘肃搜集整理工作的继续。中华人民共和国成立以后,在政府和文化部门对文化工作的重视下,甘肃歌谣的搜集整理工作出现了突出的喜人变化,继续不断地出版了一系列歌谣选集,如 50 年代剑虹、周健编的《甘肃民歌选》(第一集),60 年代郗慧民编的《花儿》,改革开放后雪犁、柯杨选编的《西北花儿精选》、才让扎西和朵藏才旦选编的《藏族情歌》等。此外,还编印了不少有关甘肃歌谣的内部资料,使大量甘肃歌谣得以保存。尽管如此,甘肃歌谣的搜集整理和出版工作仍然存在着明显的不足,具体表现为:(1)"花儿"以外的歌谣的搜集整理与出版较为薄弱;(2)还没有从全省角度把甘肃歌谣进行一次全面系统的整理与编纂,以至于人们很难从整体上对甘肃歌谣获得一个明晰而科学的认识。

本卷的编纂工作则是在一个新的条件下进行的。1984年5月,中央文化部、国家民委和中国民间文艺研究会(今中国民间文艺家协会)发出关于编辑出版中国民间文学三套集,我省即由省委宣传部牵头,民研会主办,联同省文化厅和省民委成立领导小组,设立民间文学三套集成办公室,在全省各地开展起了普查和搜集整理民歌活动,使全面、系统地编纂甘肃歌谣的任务得以实现。为了使《中国歌谣集成·甘肃卷》达到国家所要求的既要有科学性和全面性,又要能代表甘肃歌谣的基本面貌的要求,民研会组织专业人员在各地、州、县普遍举办了业务学习班,并发动全省数万人次先后投入普查工作;当进入搜集整理阶段后,为做到忠实记录、科学整理,省民研会70多岁的老主席曲子贞带领协会工作人员多次亲临基层,现场指导。

本卷的编纂主要在各地(市)、县卷资料本的基础上进行,也选用了某些已出版歌谣集中的篇目,对于资料不足或空缺的,则从县以下的基层资料中精选,甚至从一些民间文学爱好者个人保存的手稿中查寻。由于搜集整理的基础工作做得比较扎实,较好地完成了能代表我省歌谣基本面貌的《甘肃卷》的任务。在我省歌谣的搜集整理和本卷的编纂过程中,甘肃省委、省政府领导对这项工作给予了高度的重视,各级基层领导也给我们了大力的支援,让我们在这里向他们表示感谢。我们更不能忘记那些为"集成"积劳成疾,甚至为之献身的人员,对他们的辛劳表示敬意,因为这部集子里也凝聚着他们的心血。在本卷送审过程中,国家卷总编委会的贾芝主编、张文副主编和吴超、晓星诸先生以及责任编辑,多次细心指导,特别是张文先生反复推敲,具体指点,使书稿趋于完善,对他们的热情关怀和辛勤劳动,我们表示特别的感谢。

需要说明的是,由于我省各地进行这项工作的不平衡,现在呈现在读者面前的这个《甘肃卷》,也还是不能让人感到完全满意的。不过我们认为,民间文学的搜集整理工作是不可能一次做完的,传统的民间文学作品不断被发现,新的作品又在不断产生,因此,这项工作实际上也是没有尽头的。这也有待于我们今后不断地发现和挖掘新的资料,在有机会的时候好补充和更完善我们的《甘肃卷》。

《中国歌谣集成·甘肃卷》编辑委员会

1993 年 7 月

"花儿"摘选

学习文化信心大

（1）

上天的梯子我搭下,

天上的星星摘下,

学习文化信心大,

文盲的帽子抹下。

（2）

铁青尕马好走手①,

尾巴上绾的是绣球;

扫盲运动上甭落后,

学文化要力争上游。

①好走手:方言,即走路的样子好看。

（3）

灯盏放在窗台上，

灯光下做针线哩；

尕书本放在膝盖上，

捎带着学两个字哩。

（4）

新打的镢头沙枣把，

要修个拦水的坝哩；

下放的干部社里来，

拜师傅学文化哩。

（5）

买一个学习的本子哩，

订一份工农的报哩；

我和尕妹挑战哩，

谁先抹文盲的帽哩。

（6）

低栽葫芦高搭架，

花败了葫芦儿吊下；

学了文化甭丢下，

心儿里牢牢地记下。

流传地：临夏州

演唱者：何彩梅　杨培梅

采录者：金钰　郝慧民

1980 年 2 月采录于临夏城关

我五尺的身子舍哩

（1）
太子山娘娘们请雨哩，
雾山的娘娘们挡哩；
睡给了半夜里想起你，
清眼泪冲塌个炕哩。

（2）
借情还魂的李翠莲，
阴间上舍了个命了；
白日里牵念晚梦见，
枕头上下了个泪了。

（3）
大红的桌子上吃酒哩，
怀抱了瓶，
对手(啦)抓住你哩；
你我(哈)要哥的心有哩，
实话(哈)说，
记首(哈)拿什么换哩？

（4）
金子的鞋里盘云字①哩，
后跟子拿什么做哩；
婚缘成了着约日子，
记首着扯了个纽子。

---

①盘云字:绣上云形图案。

（5）

上天的梯子(哈)你搭上，

天上的星星(哈)摘上；

你你的良心放公当①，

我我的性命舍上。

（6）

梯子搭在天边哩，

天上的星星摘哩；

阿哥是高贵着我跟哩，

我五尺的身子舍哩。

（7）

雷响了三声海动弹，

海里的鱼娃儿不安；

我死了走到阴间的鬼门关，

你丢下我，

我闹的着阎王着不安。

流传地：积石山县

演唱者：王德贤　张英梅

采录者：郗慧民

1986 年 2 月采录

---

①公当：公道。"你你的"或"我我的"，是临夏语言的一种特殊结构，即"我把我的"或"你把你的"。

账款逼着马不停蹄

（1）

凤凰落架不如鸡，

把老虎当成狗了；

账款逼着马不停蹄，

人前头都不敢走了。

（2）

财主到门上来逼账，

穷人的眼泪儿汪汪；

没有银子把房产当，

坛坛儿罐罐的捎上。

流传地：临夏州

演唱者：王绍明

采录者：郗慧民

1985 年 2 月采录于临夏县城关

毛主席恩情像大海（莲花山令）

（1）

钢二两，二两钢，

毛主席好比红太阳，

照得四海亮堂堂。

（2）

鞋两双，两双鞋，

毛主席恩情像大海，

穷人好比鱼得水，

鱼入大海多自在。

（3）

毛主席的政策到来了，

穷人个个有了吃穿了，

人人心上都安了，

拨云见了青天了。

流传地：临洮县

演唱者：赵惠琴　边冬兰

采录者：丁作枢　郝慧民

1980 年 7 月采录于莲花山

春雷一声天地变（莲花山令）

（1）

春雷一声天地变，

推倒头上三座山，

拨开乌云见青天，

人民当家坐江山。

（2）

金鸡叫鸣天亮了，

红旗插到庄上了，

人人高唱解放了，

世事大不一样了。

流传地：临洮县

演唱者：周四芳

采录者：郝慧民

1980 年 5 月采录于牙下乡

政策回到山垴呢（莲花山令）

（1）

政策回到山垴呢，

社员起黑贪早呢，

赶着日月赛跑呢，

尕日子越过越好呢。

（2）

风停了，雨散了，

哭丧脸脑不见了，

多劳多得如愿了，

穷山洼洼发展了。

（3）

冰糖又加蜜拌呢，

政策落实兑现呢，

社员高兴大干呢，

生产面貌改变呢。

（4）

三中全会光辉照，

干部群众心一条，

包工到组办法好，

农业生产掀高潮。

（5）

春风吹开红花了，

养牛养羊合法了，

利民又利国家了，

社员都有钱花了。

流传地:康乐县　渭源县
演唱者:张生彩　汪海娥
采录者:郝慧民　雍　诚
1980 年 7 月采录于莲花山

吃下大锅饭着呢(莲花山令)

天上云多月不明，
地上坑多路不平，
队里"官"多不做活，
年年盼富年年穷。
线杆捻麻线着呢，
人人地边转着呢，
"钢板田"里看着呢；
吃下"大锅饭"着呢，
生产没心干着呢。

流传地:临潭县
演唱者:苏四三
采录者:宁文焕　郝慧民
1986 年 5 月采录于苏家庄

莲花山朝山歌——问答歌(莲花山令)

什么穿青又戴白？
什么穿的一锭墨？
什么穿的麻道袍？

什么穿的红嘴绿袄袄？
喜鹊穿青又戴白，
乌鸦穿的一锭墨，
鹰鹞身穿麻道袍，
鹦哥红嘴绿袄袄。
什么干吃不喝水？
什么长的六条腿？
什么有眼没眉毛？
什么有翅飞不高？
蛐蟮干吃不喝水，
蚂蚁长的六条腿，

青蛙有眼没眉毛，
鱼儿有翅飞不高。
杈两根，一根杈，
什么有嘴不说话？
什么没腿游天下？
杈两根，一根杈，
茶壶有嘴不说话，
钱财没腿游天下。
什么花开不见花？
什么结籽一串搭？
什么穿的绿夹夹？
花椒开花不见花，
葡萄结籽一串搭，
蚂蚱穿的绿夹夹。

什么当强盗着哩？
什么睡大觉着哩？
什么叶叶吊着哩？
老鼠当强盗着哩，
西瓜睡大觉着哩，
枇杷叶叶吊着哩。
什么缠在莲花山？
什么落在米粮川？
什么没嘴讲得宽？
烟雾缠在莲花山，
碌碡落在米粮川，

收音机没嘴讲得宽。
什么有眼没眉毛？
什么有翅飞不高？
蛤蟆有眼没眉毛，
鱼儿有翅飞不高。
什么叶叶圆着哩？
什么根朝天着哩？
石榴叶子圆着哩，
冰凌根朝天着哩。
莲花山上对着唱，
我出题目你思量，
头一相是什么相？
安在骆驼的什么上？
莲花山上高声唱，

头一相是鼠的相，
安在骆驼的耳朵上。
柳木扁担五尺长，
第二相是什么相？
安在骆驼的什么上？
泉里担水装进缸，
第二相是牛的相，
安在骆驼的蹄子上。
八月十五圆月亮，
第三相是什么相？

安在骆驼的什么上？
八月十五好月亮，
第三相是虎的相，
安在骆驼的身子上。
莲花山上好风光，
第四相是什么相？
安在骆驼的什么上？
莲花山上的景致强，
第四相是兔的相，
安在骆驼的嘴头上。
麦豆绿，菜花黄，
第五相是什么相？
安在骆驼的什么上？
六月伏天热难当，
第五相是龙的相，

安在骆驼的脖子上。
牡丹花开各处香,
第六相是什么相?
安在骆驼的什么上?
七月收麦人正忙,
第六相是蛇的相,
安在骆驼的眼睛上。
洮河流水清又长,
第七相是什么相?
安在骆驼的什么上?

洮河岸边水白杨,
第七相是马的相,
安在骆驼的肉鞍上。
莲花山的古庙堂,
第八相是什么相?
安在骆驼的什么上?
莲花山,有名望,
第八相是羊的相,
安在骆驼的鼻子上。
六月会,年年浪,
第九相是什么相?
安在骆驼的什么上?
莲花山,我年年上,
第九相是猴的相,
安在骆驼的毛肚上。

三张白纸糊亮窗，
第十相是什么相？
安在骆驼的什么上？
手拿镢头挖大黄，
第十相是鸡的相，
安在骆驼的大腿上。
青铜锣,打的响,
十一相是什么相？
安在骆驼的什么上？

拿的柏木片①柏桨，
十一相是狗的相，
安在骆驼的腰子上。
天上发雨炸雷响，
十二相是什么相？
安在骆驼的什么上？
莲花山的松柏旺，
十二相是猪的相，
安在骆驼的尾杆上。
莲花山上摆歌场，
一人唱,万人帮,
你问单,我答双,

①片:方言,砍的意思。

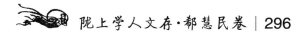

"花儿"悠悠随风扬。

演唱者:董芳兰　张生彩　汪莲莲

采录者:曹学泽　郗慧民

1986年7月采录于莲花山

你不丢来我不舍(啊呕令)

(1)

风不刮来树不摆,

露水留在草尖上,

你不丢来我不舍,

死活就在你身上。

(2)

山歌越唱越有音,

珍珠越擦越发明,

好酒越吃越有劲,

好"花"越缠越有心。

(3)

莲花山的鸳鸯嘴,

你是石头我是水,

水去了是石头在,

水把石头活想坏。

(4)

买马要买白鼻梁,

缠花就把命豁上;

哪怕一天杀十伙,

哥把贤妹绝不让。
（5）
麦子扬花抽穗子，
我俩要过一辈子，
耍像田禾丢穗子，
就像亲哥亲妹子。

流传地：岷县

演唱者：董明巧　李明德

采录者：郗慧民　雪　犁

1986 年 7 月采录于岷县二郎山

不怕枪打刀杀头（啊呕令）

肉一碗，一碗肉，
相思病儿妹搭救；
一心跟上你了走，
不怕枪打刀杀头！
我是阳山白葛条，
妹是阴山红樱桃；
葛条缠住红樱桃，
千年万年不开交！
丝线扎了枕头了，
你我婚姻扎稳了，
活像麻绳见水了，
浪头越大越紧了。
修店要修三合头，

房子后头栽石榴，

石榴不死根不朽，

贤妹不死不丢手。

流传地：岷县

演唱者：杨生春　刘秀莲

采录者：雪　犁　郗慧民

1980 年 6 月采录于二郎山

实心给我万没拿（啊呕令）

红心柳，杈套杈，

小妹说的人情话，

实心给我万没拿。

丝线买成捆着呢，

哥把小妹等着呢，

你拿人情哄着呢。

莲花山的盘盘路，

新路倒把旧路堵，

小妹心是铁碌碡。

燕麦颗颗两头尖，

说起缠你我在先，

今个要个姓王的，

把哥闪在门外前。

豌豆开花排成排，

人人都说我俩爱；

已经名声出四海，

妹把真心拿出来。
白马缰绳二尺长,
缰绳断了再续上;
过来过去疙瘩挡,
咋连从前不一样?
高高山上日头照,
玻璃瓦上晒花椒;
花椒原要日头晒,
缠花①原要两家爱。

流传地:宕昌县

演唱者:马永德　刘秀莲

采录者:雪　犁　郝慧民

1986 年 6 月采录于二郎山

---

①缠花:谈恋爱。

附录二

郗慧民先生年谱

1934年11月13日出生于西安市碑林区东大街七道巷4号,原名郗惠民,父亲郗之云,母亲赵雅亭,祖籍陕西省华阴市南洛村。

20世纪40年代就读于西安市百花村小学,1949年6月小学毕业。就学期间因父亲已去世,母亲需要更多精力照顾两个妹妹,于是便由祖母照顾起居,居住于三叔父郗之杰家中,每月回家一次。

1949年至1951年在西北大学附中浐灞中学完成初中学业。

1951年至1953年在西北大学附中浐灞中学完成高中学业。

1953年7月考入西北大学中文系学习,1957年7月大学毕业。毕业论文为《西安方言词汇》。

1957年7月,大学毕业后经组织分配至甘肃人民出版社工作,同年12月任甘肃人民出版社文艺编辑。

1958年4月由兰州大学中文系民间文学小组的学生季成家、辛存文、富礼、进仓、呼晨搜集整理的《青海山歌》在甘肃人民出版社出版,郗慧民担任该著责任编辑。

1958年"八一"建军节与陈泽翠(1935.11—2010.7)结为伉俪。

1959年11月,论文《伟大工程与英雄人民的赞歌:读〈银河落人间〉》发表于《读书》1959年第21期,第18—19页。

1961年4月,连环画《李贡》出版,该画册由罗承力绘画,郗慧民撰写文学脚本,敦煌文艺出版社出版。

1962年11月,儿子郗萌出生。

1963 年,甘肃人民出版社编《花儿》出版,《花儿》的编选由郗慧民先生完成。

1968 年底被下放至甘肃省武都地区武都县"五七"干校劳动。

1972 年调任甘肃省武都县汉王公社文艺宣传队指导老师。

1973 年调回兰州,在《甘肃文艺》月刊编辑部(后改名《飞天》杂志社)任理论编辑。

1978 年调至西北民族学院汉语系任教,直到去世。

1978 年,论文《唯心主义形而上学的破产——为话剧〈岳飞〉辩诬》发表于《甘肃文艺》1978 年第 10 期,第 90—95 页。

1978 年至 1982 年,兼职西北民族学院学报承担编辑工作。

1980 年,论文《"花儿"的格律和民间文学工作的科学性》发表于《西北民族学院学报·哲学社会科学版》,1980 年第 1 期,第 52—58 页。

1980 年,文章《读〈一个"老运动员"的故事〉》发表于《甘肃文艺》,1980 年第 2 期,第 88 页。

1980 年,文章《寓教于乐——文艺的社会作用》发表于《陇苗》,1980 年第 4 期,第 28 页。

1981 年,文章《祝贺与希望——读〈红柳〉1981 年第一、二期合刊》发表于《红柳》,1981 年第 3 期,第 31—33 页。

1982 年,论文《临夏"花儿"艺术性的考察研究》发表于《西北民族学院学报·哲学社会科学版》,1982 年第 2 期,第 15—32 页。

1984 年,选编的《西北花儿》由西北民族学院研究所铅印。

1984 年,论文《关于"花儿"的类型》发表于《民族文学研究》,1984 年第 2 期,第 88—95 页。

1986 年,论文《关于对西北民歌"花儿"的认识》发表于《西北民族研究》1986 年第 243—253 页。

1987 年,论文《"花儿"的流布》发表于《民间文艺季刊》,1987 年第 1 期,第 179 页。

1987 年,论文《"花儿"的内容与文学观念——两种类型"花儿"对比研究之一》发表于《民族文学研究》,1987 年第 1 期,第 85—89 页。

1987 年,论文《"花儿"的衬词》发表于《西北民族学院学报·哲学社会科学版》,1987 年第 4 期,第 60—69/74 页。

1988 年,论文《多系统文化融合的结晶——"花儿"渊源探寻》发表于《西北民族研究》,1988 年第 2 期,第 194—206 页。

1989 年,学术著作《西北花儿学》由兰州大学出版社出版。

1989 年,论文《感情浓烈撼人心肺的心灵之歌——河州型爱情"花儿"的内容及其特点》发表于《西北民族学院学报·哲学社会科学版》,1989 年第 1 期,第 76—83 页。

1989 年,论文《理论教学应当坚持科学性、系统性和实践性——关于〈文学概论〉内容改革的探索》发表于《探索·创新·求实西北民族学院首届教改研讨会论文集》,第 44—53 页。

1989 年,《西北花儿学》获得中国民间文艺家协会甘肃分会授予的"'十年'民间文学作品一等奖"。

1989 年,晋升教授职称。

1990 年,《西北花儿学》获得甘肃省教育厅授予的"甘肃省高等学校 1979—1989 年度哲学社会科学优秀成果一等奖",获得中国当代文学研究会授予的"新时期当代文学研究成果奖"。

1991 年起,担任西北民族学院中国民间文学专业的硕士导师。

1992 年起,享受国务院批准的政府特殊津贴。

1992 年,论文《"花儿"的搜集整理和民间文学工作的科学性》发表于《西北民族学院学报(哲学社会科学版)》1992 年第 4 期,第 97—

102/115 页。

1993 年,《西北花儿学》获得甘肃省人民政府授予的"甘肃省第三次哲学社会科学优秀成果二等奖"。

1994 年,论文《甘肃草原歌谣》发表于《丝绸之路》,1994 年第 1 期,第 20—22 页。

1994 年,论文《甘肃歌谣概观》发表于《西北民族学院学报·哲学社会科学版》,1994 年第 3 期,第 101—105 页。

1995 年,论文《从歌谣观念到歌谣的定义》发表于《西北民族学院学报·哲学社会科学版》,1995 年第 3 期,第 97—103 页。

2000 年,论文《花开廿年红——西北民族学院新时期民族民间文学研究述评》发表于《西北民族研究》2000 年第 2 期,第 223—232 页。

2000 年,《中国歌谣集成甘肃卷》由中国 ISBN 中心出版,郗慧民任该卷主编。

2001 年,《西北花儿学》获得中国文联授予的"中国民间文艺'山花奖'首届学术著作奖二等奖"。

2001 年,学术著作《西北民族歌谣学》由民族出版社出版。

2002 年,论文《"花儿"研究与"花儿学"》发表于《西北民族学院学报·哲学社会科学版》,2002 年第 4 期,第 11—13 页。

2003 年,论文《"花儿"研究与"花儿学"》发表于《舞台艺术》2003 年第 1 期,第 27—30 页。

2003 年,为庆祝西北民族学院更名为西北民族大学,应刊物特约撰写《更校名来之不易创一流仍需努力——欢庆我校成功更名为西北民族大学》,发表于《西北民族大学学报·哲学社会科学版》,2003 年第 3 期,第 6—7 页。

2005 年,论文《"花儿"物质民俗的文化内涵》发表于《西北民族大学学报·哲学社会科学版》,2005 年第 1 期,第 98—105 页,合著,第一作者。

2005 年,为郗萌编著的《"花儿"民俗辞典》作序,该著 2009 年由甘肃民族出版社出版。

2007 年 1 月 22 日病逝于兰州市城关区民族花苑家中。

《陇上学人文存》已出版书目

■ · 第一辑 · ■

《马　通卷》马亚萍编选　　　《支克坚卷》刘春生编选
《王沂暖卷》张广裕编选　　　《刘文英卷》孔　敏编选
《吴文翰卷》杨文德编选　　　《段文杰卷》杜琪　赵声良编选
《赵俪生卷》王玉祥编选　　　《赵逵夫卷》韩高年编选
《洪毅然卷》李　骅编选　　　《颜廷亮卷》巨　虹编选

■ · 第二辑 · ■

《史苇湘卷》马　德编选　　　《齐陈骏卷》买小英编选
《李秉德卷》李瑾瑜编选　　　《杨建新卷》杨文炯编选
《金宝祥卷》杨秀清编选　　　《郑　文卷》尹占华编选
《黄伯荣卷》马小萍编选　　　《郭晋稀卷》赵逵夫编选
《喻博文卷》颜华东编选　　　《穆纪光卷》孔　敏编选

■ · 第三辑 · ■

《刘让言卷》王尚寿编选　　　《刘家声卷》何　苑编选
《刘瑞明卷》马步升编选　　　《匡　扶卷》张　堡编选
《李鼎文卷》伏俊琏编选　　　《林径一卷》颜华东编选
《胡德海卷》张永祥编选　　　《彭　铎卷》韩高年编选
《樊锦诗卷》赵声良编选　　　《郝苏民卷》马东平编选

━━━• 第四辑 •━━━

《刘天怡卷》赵 伟编选 《韩学本卷》孔 敏编选
《吴小美卷》魏韶华编选 《初世宾卷》李勇锋编选
《张鸿勋卷》伏俊琏编选 《陈 涌卷》郭国昌编选
《柯 杨卷》马步升编选 《赵荫棠卷》周玉秀编选
《多识·洛桑图丹琼排卷》杨士宏编选
《才旦夏茸卷》杨士宏编选

━━━• 第五辑 •━━━

《丁汉儒卷》虎有泽编选 《王步贵卷》孔 敏编选
《杨子明卷》史玉成编选 《尤炳圻卷》李晓卫编选
《张文熊卷》李敬国编选 《李 恭卷》莫 超编选
《郑汝中卷》马 德编选 《陶景侃卷》颜华东 闫晓勇编选
《张学军卷》李朝东编选 《刘光华卷》郝树声 侯宗辉编选

━━━• 第六辑 •━━━

《胡大浚卷》王志鹏编选 《李国香卷》艾买提编选
《孙克恒卷》孙 强编选 《范汉森卷》李君才 刘银军编选
《唐 祈卷》郭国昌编选 《林家英卷》杨许波 庆振轩编选
《霍旭东卷》丁宏武编选 《张孟伦卷》汪受宽 赵梅春编选
《李定仁卷》李瑾瑜编选 《赛仓·罗桑华丹卷》丹 曲编选

第七辑

《常书鸿卷》杜　琪编选　　　《李焰平卷》杨光祖编选
《华　侃卷》看本加编选　　　《刘延寿卷》郝　军编选
《南国农卷》俞树煜编选　　　《王尚寿卷》杨小兰编选
《叶　萌卷》李敬国编选　　　《侯丕勋卷》黄正林　周　松编选
《周述实卷》常红军编选　　　《毕可生卷》沈冯娟　易　林编选

第八辑

《李正宇卷》张先堂编选　　　《武文军卷》韩晓东编选
《汪受宽卷》屈直敏编选　　　《吴福熙卷》周玉秀编选
《塞长春卷》李天保编选　　　《张崇琛卷》王俊莲编选
《林　立卷》曹陇华编选　　　《刘　敏卷》焦若水编选
《白玉岱卷》王光辉编选　　　《李清凌卷》何玉红编选

第九辑

《李　蔚卷》姚兆余编选　　　《郗慧民卷》戚晓萍编选
《任先行卷》胡　凯编选　　　《何士骥卷》刘再聪编选
《王希隆卷》杨代成编选　　　《李并成卷》巨　虹编选
《范　鹏卷》成兆文编选　　　《包国宪卷》何文盛　王学军编选
《郑炳林卷》赵青山编选　　　《马　德卷》买小英编选